Couvertures supérieure et inférieure [handwritten, partly legible]
8° S
9995
DEPOT LÉGAL
178376

MANUEL

D'AGRICULTURE

ET DE

VITICULTURE

AVEC DES NOTIONS D'HORTICULTURE ET DE SYLVICULTURE

A L'USAGE DES ÉCOLES PRIMAIRES

Par F. T. D.

Ouvrage honoré d'une médaille d'or

Par la Société des Agriculteurs de France.

NOUVELLE ÉDITION.

LYON

LIBRAIRIE GÉNÉRALE CATHOLIQUE ET CLASSIQUE

EMMANUEL VITTE, DIRECTEUR

Imprimeur-Libraire de l'Archevêché et des Facultés catholiques de Lyon.

3, Place Bellecour, 3

1899

MANUEL

D'AGRICULTURE ET DE VITICULTURE

8° S
9995

LA SEMENCE

Un homme sortit pour aller semer son grain. Or, pendant qu'il semait, une partie de la semence tomba le long du chemin où elle fut foulée aux pieds et les oiseaux du ciel la mangèrent. Une autre partie tomba dans des endroits pierreux, et ayant levé, elle sécha faute d'humidité. Une autre partie tomba au milieu des épines, et les épines croissant avec la semence l'étouffèrent. Enfin, une autre partie de la semence tomba dans la bonne terre où ayant levé elle porta du fruit. Quelques grains rapportèrent cent pour un, les autres soixante et les autres trente. (Saint-Luc, VIII ; Saint-Mathieu, XIII).

MANUEL

D'AGRICULTURE

ET DE

VITICULTURE

AVEC DES NOTIONS D'HORTICULTURE ET DE SYLVICULTURE

A L'USAGE DES ÉCOLES PRIMAIRES

Par F. T. D.

Ouvrage honoré d'une médaille d'or

Par la Société des Agriculteurs de France.

NOUVELLE ÉDITION.

LYON

LIBRAIRIE GÉNÉRALE CATHOLIQUE ET CLASSIQUE

EMMANUEL VITTE, DIRECTEUR

Imprimeur-Libraire de l'Archevêché et des Facultés catholiques de Lyon.

3, Place Bellecour, 3

1899

RAPPORT

Présenté à la Section de l'Enseignement agricole

DE LA

SOCIÉTÉ DES AGRICULTEURS DE FRANCE

Par M. le baron Sébastien DE LA BOUILLERIE

sur le « Manuel d'Agriculture et de Viticulture » des Frères Maristes

le 8 mars 1898.

Monsieur le Président,
Messieurs,

Les appels pressants et réitérés de la Société des Agriculteurs de France en faveur du développement de l'enseignement primaire agricole ont produit d'heureux résultats.

Après l'Institut des frères de Ploërmel, qui a l'honneur, il ne faut point l'oublier, d'avoir abordé le premier cette voie nouvelle, avec les Frères des Ecoles Chrétiennes, dont la science ne pouvait faillir en pareille circonstance, voici que les Frères Maristes apportent également à l'œuvre commune le contingent de leur expérience.

Le manuel qui renferme l'enseignement destiné à être professé dans les écoles dirigées par les Frères Maristes se présente aujourd'hui devant la 10e section. Il contient deux parties principales : agriculture et viticulture, suivies de trois autres divisions moins importantes, relatives à l'horticulture, à la sylviculture, aux animaux utiles ou nuisibles, et enfin d'un chapitre consacré aux notions de droit rural et à l'association.

De nombreuses illustrations bien personnelles et choisies avec discernement, accompagnent le texte.

Celui-ci est composé par l'emploi simultané de deux sortes de caractères : ce qui est imprimé en gros représente l'indispensable à une première année d'enseignement pour conduire l'élève au certificat d'études agricoles ; ce qui est imprimé en caractères plus fins constitue le programme suffisant pour une deuxième année préparant au diplôme de l'enseignement agricole.

Ainsi l'élève a sous la main, en un seul volume, les deux éléments correspondant à deux cours se complétant l'un l'autre.

Les qualités du fond répondent à l'excellence de la forme.

Les Frères Maristes, opérant la plupart du temps au milieu des campagnes, et s'adressant en général à des intelligences rurales, ont concentré la méthode de façon à la rendre perceptible sans ambages ; ils l'ont dégagée des dissertations trop élevées, lorsque ces dissertations ne devaient aboutir qu'à des accessoires d'érudition inutiles dans la pratique ; ils l'ont, au contraire, appuyée de notions scientifiques très claires, toutes les fois que ces notions devenaient nécessaires à l'exercice d'une agriculture progressive.

C'est bien ainsi que doit être compris un enseigne-

ment rural, un enseignement primaire destiné à faire, non point des savants, mais de bons fermiers, de bons ouvriers de culture.

La partie viticole, véritable cours de viticulture, est basée sur les principes qui régissent la partie agricole. M. Duport, président de l'Union du Sud-Est, en a revu les épreuves. Dire cette sorte de collaboration, c'est résumer d'un seul coup tous les éloges.

Les proportions que prend en ce manuel la viticulture se justifient du reste amplement. Le siège de l'Institut des Frères Maristes est à Lyon; un grand nombre de leurs écoles sont au milieu des pays de vignes et se trouvent peuplées de vignerons; ils ne pouvaient mieux faire que d'aménager leur premier ouvrage en vue de donner une large place à cette maîtresse branche de l'agriculture.

Parmi les excellentes choses qui terminent le volume, il faut signaler le chapitre relatif à l'association. Le mouvement si fécond qui, d'un bout à l'autre de la France, fait sortir le paysan de l'isolement où l'avait plongé l'abolition de toutes les anciennes institutions, le mouvement si bien approprié aux nouvelles conditions de la vie sociale et des besoins présents, a paru aux Frères Maristes, avec juste raison, nécessiter une place spéciale dans un manuel rural. Ils en ont fait l'histoire et retracé les avantages en quelques lignes pleines de valeur.

En résumé, parfaitement adapté à l'enseignement primaire agricole, très heureusement équilibré pour le degré de connaissances utile aux fermiers et aux cultivateurs en général, le manuel des Frères Maristes rentre dans la catégorie de ces œuvres pour lesquelles l'éloge doit dépasser la portée de la parole et se traduire par des actes.

En conséquence, la 10e section demande au Conseil de décerner au Manuel d'agriculture et de viticulture *des Frères Maristes une médaille d'or.*

MANUEL
D'Agriculture et de Viticulture

PREMIÈRE PARTIE
AGRICULTURE PROPREMENT DITE

PRÉLIMINAIRES

Qu'est-ce que l'agriculture ?

1. L'**agriculture** est l'art de *cultiver* la terre, c'est-à-dire de la travailler et de la féconder, afin de lui faire produire, avec l'aide de Dieu, les plantes utiles à l'homme. On y rattache l'élevage des animaux domestiques et l'administration des domaines ruraux.

L'agriculture est le plus ancien, le plus utile et le plus moralisateur de tous les arts. Non seulement elle fournit directement à nos premiers besoins, mais elle est encore la mère et la nourrice d'une foule d'autres industries, qui ne peuvent prospérer que par elle. Elle inspire à ceux qui l'exercent des goûts simples et modérés, qui éloignent d'eux les besoins factices ; elle prévient l'ennui par la diversité agréable des travaux qu'elle exige ; elle amortit le feu des passions dangereuses par les fatigues qu'elle impose, et entretient le sentiment religieux par la contemplation continuelle des œuvres de Dieu.

Enfin, non moins utile à la société qu'aux individus, elle est la base la plus solide de la richesse des Etats, dont la prospérité ou la décadence, au dire des plus sérieux économistes, date presque toujours de l'amélioration ou du délaissement de l'agriculture.

On ne saurait donc trop regretter, à tous les points de vue, la tendance malheureuse qui porte les cultivateurs à abandonner la vie modeste et laborieuse, mais tranquille et libre des champs, pour affluer dans les villes, où tant de déceptions les attendent. Ils apprendront bientôt à leurs dépens, les pauvres malavisés, combien était sage le conseil du poète :

Aux voix qui vous diront la ville et ses merveilles
N'ouvrez pas votre cœur, paysans mes amis ;
A l'appel des cités n'ouvrez pas vos oreilles :
Elles donnent, hélas ! moins qu'elles n'ont promis. *(Dictées I et II).*

AUTRAN.

Comment se divise l'agriculture ?

2. L'agriculture se divise en cinq branches principales, savoir : 1° l'*agriculture proprement dite* ou culture des champs ; 2° la *zootechnie* ou élevage des animaux domestiques ; 3° la *viticulture* ou culture de la vigne ; 4° l'*horticulture* ou culture des jardins ; 5° la *sylviculture* ou culture des forêts.

Plusieurs de ces divisions principales admettent des subdivisions. Ainsi, l'horticulture comprend : *l'horticulture potagère* ou culture des légumes, l'*arboriculture* ou culture des arbres et la *floriculture* ou culture des fleurs,

Quel nom donne-t-on à celui qui exerce l'agriculture ?

3. Celui qui exerce l'agriculture proprement dite prend le nom d'**agriculteur**, de *cultivateur* ou de *laboureur*. Celui qui s'occupe surtout d'une branche spéciale comme l'horticulture ou la viticulture, lui emprunte généralement son nom. Ainsi l'on dit : *horticulteur*, *viticulteur*, *sylviculteur*, etc.

Quel est le meilleur agriculteur ?

4. Le **meilleur agriculteur** est celui qui sait tirer du sol, sans l'appauvrir, la plus grande quantité des meilleurs produits avec le moins de dépenses.

C'est là un problème plus difficile à résoudre qu'on ne le croit d'ordinaire et qui demande, pour bien mettre d'accord toutes ses données, une somme fort peu commune de connaissances et d'aptitudes ; ce qui prouve, pour le remarquer en passant, combien se trompent ceux qui disent : « J'en saurai bien toujours assez pour être cultivateur. » Il est vrai qu'on peut-être *cultivateur* sans savoir grand'chose; les exemples n'en sont malheureusement que trop communs; mais pour être *bon cultivateur*, on n'en sait jamais trop.

Quelles sont les connaissances nécessaires à l'agriculteur ?

5. Le bon agriculteur doit posséder à la fois sur son art des *connaissances théoriques* et des *connaissances pratiques*. Ainsi il doit savoir non seulement comment on manie la charrue ou les autres instruments agricoles, mais encore pourquoi un engrais convient mieux qu'un autre dans tel ou tel sol; pourquoi, dans le

même terrain, il vaut mieux faire succéder les cultures dans tel ordre plutôt que dans tel autre, etc.

Sans la pratique, les plus belles théories restent infructueuses et vides de résultats; sans la théorie, la pratique, emprisonnée dans le cercle étroit de la routine, ne peut guère que se traîner péniblement, sans parler de la multitude d'écarts, d'erreurs et de fautes auxquels elle se trouve fatalement exposée.

Avec les principes de la science agricole proprement dite, il serait désirable que tous les cultivateurs possédassent, au moins d'une façon élémentaire, les notions les plus importantes de la *chimie*, de l'*histoire naturelle*, de la *physique*, de l'*économie rurale* et du *droit rural*, car il est difficile, sans ces notions, de se tenir au niveau d'une agriculture rationnelle et vraiment progressive, la seule qui puisse aujourd'hui être rémunératrice.

Outre les connaissances relatives à son art, le cultivateur, pour réussir, n'a-t-il pas besoin d'autres qualités ?

6. Outre les connaissances théoriques et pratiques relatives à son art, le cultivateur, pour réussir et vivre heureux, doit posséder plusieurs autres qualités dont les principales sont : l'*activité*, la *vigilance*, l'*ordre*, l'*économie*, la *moralité* et la *religion*.

1) Dans la vie rurale plus encore que partout ailleurs, l'**activité**, l'amour du travail, est le principe et la condition première de toute prospérité, comme la paresse est la proche avant-courrière de la décadence et de la ruine. L'expérience de tous les jours montre qu'entre les mains de l'homme laborieux, les terres réputées les plus stériles manquent rarement de se couvrir bientôt de belles récoltes, tandis que les plus fertiles ne tardent pas à tomber en friche dès qu'elles passent aux mains de l'indolent. Tant vaut l'homme, tant vaut la terre. (*Dictées III et IV*).

2) La **vigilance** consiste à avoir l'œil à tout, de façon que chaque chose se fasse en son temps, que les ouvriers s'acquittent fidèlement de leur tâche, et que rien ne se perde ou reste en souffrance. Une légère négligence peut devenir la source de grands malheurs ; aussi le bon cultivateur ne s'en remet-il à personne du soin de surveiller sa maison, se souvenant de cet avis du fabuliste :

T'attendre aux soins d'autrui, quand tu dors, c'est erreur;
Couche-toi le dernier et vois fermer ta porte.
Que si quelque chose t'importe,
Ne le fais point par procureur.

3) L'**ordre** et l'**économie** sont le complément nécessaire de l'activité et de la vigilance. L'un multiplie le temps, l'autre conserve les choses ; tous deux produisent les plus heureux résultats, non seulement en contribuant à entretenir dans la maison l'harmonie et la paix, mais en influant puissamment sur la prospérité des affaires. Sans ces précieuses qualités, les plus grandes fortunes finissent toujours par péricliter ; avec elles, au contraire, il est rare que les plus modestes d'abord n'arrivent pas, en s'augmentant peu à peu, à produire l'aisance sinon la richesse.

4) Par **moralité** nous entendons l'ensemble des vertus personnelles et sociales qui rendent l'homme digne de sa propre estime et de celle de ses semblables ; telles sont la tempérance, le respect de soi-même, le courage dans l'accomplissement du devoir, la probité et la bonne foi dans les transactions, la fidélité à tenir sa parole, la compassion pour les malheureux, la condescendance pour les faibles, etc. C'est avant tout pour elles-mêmes que ces vertus doivent être recherchées ; mais leur pratique journalière et constante est aussi une condition essentielle de tout véritable bonheur. Sans compter, en effet, que les actes qui leur sont contraires entraînent ordinairement avec eux les conséquences matérielles les plus funestes, celui qui les commet trouve toujours dans sa conscience un censeur inflexible qui ne lui laisse goûter ni tranquillité ni repos : « *L'oreiller du méchant est plein d'épines* ».

5) Enfin le bon agriculteur doit être **religieux** : 1° parce que la religion est un devoir pour tous les hommes ; 2° parce qu'ayant sans cesse devant les yeux les miracles de sagesse et de bonté de la divine Providence, le laboureur serait, en quelque sorte, plus coupable que les autres hommes s'il n'était pas pénétré pour Elle d'une reconnaissante admiration ; 3° enfin parce qu'il a, plus directement que personne, besoin d'attirer les bénédictions du ciel sur ses travaux. Il plante et il arrose, mais c'est Dieu seul qui peut donner l'accroissement. « Avec quelle espérance on enfonce le soc dans le sillon, dit avec raison l'auteur du *Génie du Christianisme*, après avoir invoqué Celui qui dirige le soleil, et qui garde dans ses trésors les vents du midi et les tièdes ondées ! » *(Dictée V)*.

RÉDACTIONS

1. Comparez une maison où règne l'ordre à une maison où règne le désordre et dites les réflexions que cette comparaison vous inspire.

2. Montrez, au moyen de quelques exemples, la vérité de cette pensée : « On perd souvent plus en un jour par la négligence qu'on ne gagne dans une semaine par le travail. »

3. Développez et commentez cette pensée de Cicéron : « Rien n'est meilleur que l'agriculture, rien n'est plus beau, rien n'est plus doux, rien n'est plus digne d'un homme libre.

CHAPITRE PREMIER

PRINCIPES GÉNÉRAUX

I. — LES PLANTES

Quel est l'objet principal de l'agriculture?

7. L'objet principal de l'agriculture est la production des *plantes*.

Qu'est-ce que les plantes ?

8. Les **plantes** ou *végétaux* sont des êtres vivants fixés au sol et qui y puisent une partie de leur nourriture. Pourvues d'organes comme les animaux, elles se nourrissent, respirent et se reproduisent, mais la plupart ne donnent aucun signe de sensibilité ni de mouvement spontané, quoique peut-être elles n'en soient pas entièrement dépourvues.

Dans leur ensemble, les plantes forment un des trois grands règnes de la nature : le **règne végétal**. Immensément variées dans leurs formes et leurs propriétés, elles font le plus bel ornement du globe, et plusieurs d'entre elles sont pour l'homme d'une très grande utilité. C'est de ces dernières surtout que s'occupe l'*agriculture. (Dictée VI)*.

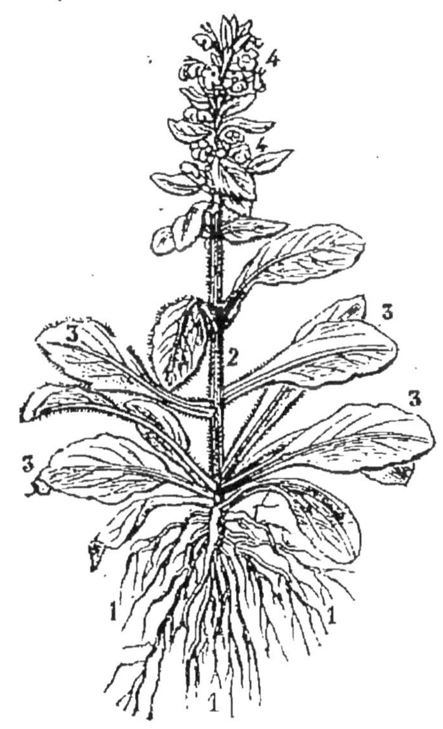

Fig. 1. — Plante entière.

1. Racine. — 2. Tige. — 3. Feuilles. 4. Fleurs.

Quelles sont les parties principales dont se compose une plante?

9. Une plante complète se compose ordinairement de

quatre parties principales : la *racine*, la *tige*, les *feuilles* et les *fleurs*.

Ces différentes parties sont formées de *tissus*, constitués eux-mêmes par la réunion de corpuscules capsulaires extrêmement ténus qu'on appelle, selon le cas, *cellules* ou *fibres*. Dans l'intérieur de ces tissus circulent une multitude de canaux ou *vaisseaux* généralement trop petits pour qu'on puisse les voir à l'œil nu.

Qu'est-ce que la racine ?

10. La **racine** est la partie de la plante qui s'enfonce dans la terre, pour l'y fixer et y puiser les sucs nécessaires à sa conservation et à son développement.

La racine est quelquefois *simple*, comme dans la carotte ; d'autres fois, elle est *ramifiée* comme dans les arbres. Dans tous les cas, elle émet des racines plus petites, appelées *radicelles*, dont l'ensemble forme ce qu'on appelle le *chevelu*. Chaque radicelle, vers son extrémité, est pourvue de *poils absorbants*, qui forment une espèce de suçoir.

Comment les racines puisent-elles dans le sol les matières nutritives de la plante?

11. Parmi les matières dont se nourrit la plante (*azote*, *acide phosphorique*, *potasse*, *chaux*, etc.), les unes se trouvent dissoutes dans l'eau que contient la terre humide et les autres sont combinées avec les particules du sol. Les premières sont absorbées directement, avec l'eau qui les contient, par les suçoirs des racines; les autres ont le même sort après avoir été préalablement dissoutes par un suc acide que les racines secrètent. Les unes et les autres s'élèvent ensuite graduellement dans toutes les parties du végétal, en suivant les nombreux canaux qui circulent à travers ses divers organes.

Mêlées à l'eau qui leur sert de véhicule, ces matières forment la **sève**, qui est comme le sang des végétaux. Cette sève, après s'être dépouillée dans ses feuilles, par le moyen de la transpiration (nº 14), d'une grande partie de son eau et d'autres matières devenues inutiles, redescend vers les racines en passant entre la tige et l'écorce et s'incorpore aux tissus de la plante, qu'elle entretient et développe.

Qu'est-ce que la tige ?

12. **La tige** est la partie de la plante qui sort de terre

et sert de support aux feuilles et aux fleurs. Suivant sa forme et ses dimensions, elle prend différents noms : on l'appelle *tronc* dans les arbres, *stipe* dans le palmier, *chaume* dans les céréales, *hampe* dans l'oignon et le poireau, etc.

Elle est *herbacée*, quand elle a la consistance de l'herbe; *ligneuse*, quand elle a la consistance du bois; *sous-ligneuse*, quand elle est ligneuse à sa base et herbacée à son sommet. Lorsqu'elle se traîne par terre, comme dans la courge, elle est *rampante;* si elle s'élève en spirale, comme dans le liseron, on dit qu'elle est *volubile*, etc.

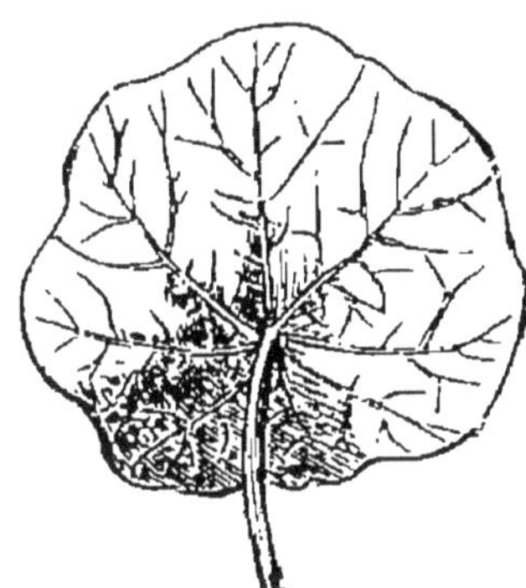

Fig. 2. — Feuille.

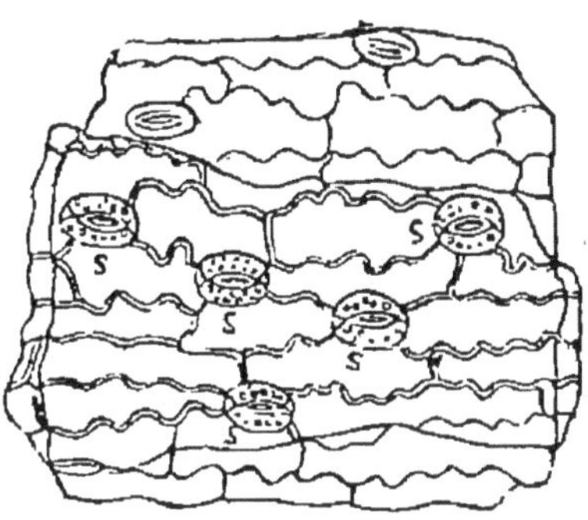

Fig 3. — Partie de feuille vue au microscope et montrant les stomates.

Qu'est-ce que les feuilles?

13. Les **feuilles** sont des organes minces et plats, le plus souvent de couleur verte, qui naissent de la tige des végétaux. On y distingue ordinairement deux parties : le *limbe*, ou feuille proprement dite, et le *pétiole* ou queue de la feuille. *(Dictée VII).*

Le limbe est formé par un réseau plus ou moins serré de nervures dont les mailles sont remplies par un tissu mou nommé *parenchyme*, qui renferme la matière colorante verte appelée *chlorophylle*. Ses deux faces sont tapissées chacune d'une membrane ou *épiderme*, percée d'un grand nombre d'ouvertures microscopiques qu'on désigne sous le nom de *stomates*.

Quel est le rôle des feuilles dans les végétaux?

14. Les feuilles, dans les végétaux, jouent un rôle très important. Elles sont à la fois des organes de *respiration*, de *transpiration* et de *nutrition*.

1) La **respiration**, pour les plantes comme pour les animaux, consiste à absorber de l'*oxygène* et à exhaler de l'*acide carbonique*. Cette fonction, qui dans les animaux s'accomplit au moyen de poumons, de branchies ou de trachées, s'effectue, dans les végétaux, sur toutes les parties de la surface, et principalement au moyen des feuilles, dont les stomates mettent continuellement la sève en communication avec l'atmosphère.

2) La **transpiration**, qui s'accomplit également au moyen des stomates des feuilles, consiste dans l'exhalation de la vapeur d'eau que la sève venant des racines contient en excès. La quantité d'eau exhalée est considérable; on a calculé que pour un seul pied de blé elle n'est pas inférieure à un kilogramme par mois, et qu'un chêne en exhale chaque année un poids au moins 200 fois égal au sien.

3) Enfin, sous l'influence de la lumière, les parties vertes des végétaux décomposent l'acide carbonique de l'air, exhalent l'oxygène et absorbent le carbone qu'elles fixent dans leurs tissus. Cette fonction, désignée sous le nom de *fonction chlorophyllienne*, constitue une véritable **nutrition.** (*Dictée VIII*).

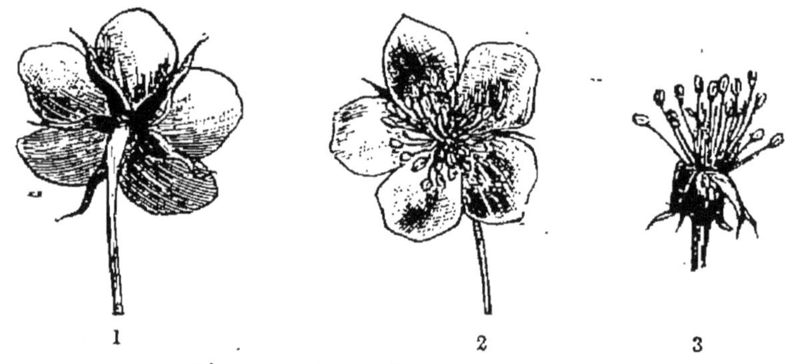

Fig. 4. — Fleur de rosier sauvage.
1. Calice, composé de sépales. — 2. Corolle, composé de pétales. — Etamines et pistil.

Qu'est-ce que les fleurs?

15. Les **fleurs** sont les *organes de reproduction* des plantes. Une fleur complète se compose de quatre parties, qui sont, en allant de l'extérieur à l'intérieur : le *calice*, la *corolle*, les *étamines* et le *pistil*.

1) Le **calice** est la partie la plus extérieure de la fleur; il est composé ordinairement de feuilles vertes appelées *sépales*.

2) La **corolle** est située à l'intérieur du calice; elle est formée de *pétales*, sortes de feuilles tantôt libres, tantôt soudées ensemble, qui présentent généralement une coloration vive et éclatante.

3) Les **étamines**, situées à l'intérieur de la corolle, se composent chacune d'un filet surmonté d'un petit renflement membraneux, l'*anthère*, plein d'une poussière jaune ou rouge appelée *pollen*. C'est cette poussière qui, en se répandant sur les ovules contenus dans l'ovaire, les féconde et leur donne la faculté de reproduire le végétal.

4) Enfin, le **pistil** est la partie la plus intérieure de la fleur. La partie inférieure, appelée *ovaire*, contient les *ovules* qui, fécondés par le pollen, deviennent la *semence*. L'ovaire lui-même, en se développant, devient le fruit.

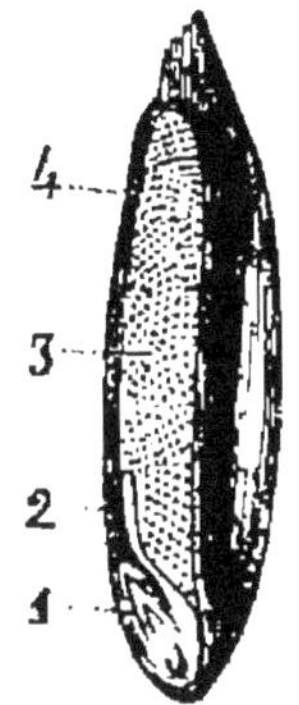

Fig. 5. — Coupe d'un grain de blé.

1. Embryon. 2. Cotylédon. 3. Albumen. — 4. Périsperme.

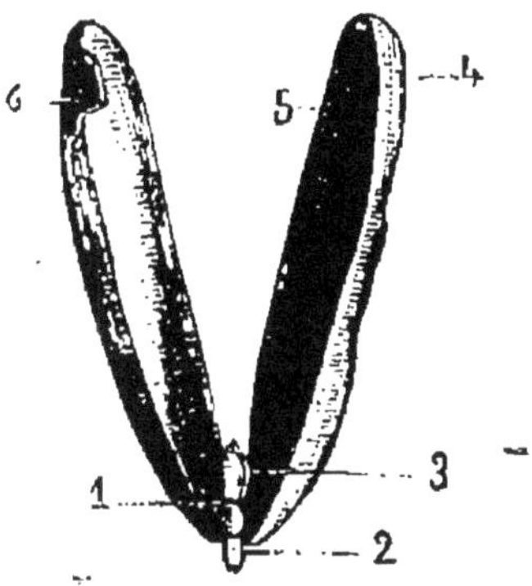

Fig. 6. — Graine de l'amandier.

1. Tigelle. — 2. Radicule. — 3. Gemmule. — 5-6. Cotylédons.

Qu'est-ce que le fruit?

16. Le **fruit**, c'est le pistil de la fleur, et particulièrement l'ovaire, parvenu à son complet développement. Il se compose de deux parties : le *péricarpe* et la *graine*.

1) Le **péricarpe** est l'enveloppe où la graine se trouve renfermée; il est tantôt charnu et mou comme dans la cerise et le melon, tantôt dur et coriace comme dans la faîne et la châtaigne.

2) La **graine** est la partie la plus importante du fruit : elle contient l'*embryon* qui, en se développant par la germination, est capable de donner naissance à un végétal semblable à celui dont elle provient. L'embryon lui-même se compose de quatre parties essentielles : la *radicule*, la *gemmule*, la *tigelle* et les *cotylédons*.

Qu'est-ce que la germination?

17. La **germination** est l'ensemble des phénomènes par lesquels l'embryon contenu dans la graine se développe et devient un nouveau végétal. Cette fonction s'accomplit toutes les fois que la graine se trouve dans

des conditions favorables, c'est-à-dire qu'elle a autour d'elle la *chaleur*, l'*air* et l'*humidité* qui lui sont nécessaires.

Si les circonstances extérieures sont défavorables, la graine peut se conserver longtemps sans s'altérer. On en a trouvé qui dataient de plusieurs siècles et qui étaient encore propres à la germination.

Quels sont les principaux phénomènes qui accompagnent la germination?

18. Sous l'influence de l'air, de l'humidité et d'une chaleur modérée, la graine gonfle et se ramollit, les deux parties extrêmes de l'embryon, la *radicule* et la *gemmule*, destinées à devenir la racine et la tige de la plante nouvelle, se dessinent d'une façon plus apparente ; bientôt elles déchirent leurs téguments et paraissent au dehors, se dirigeant l'une en bas l'autre en haut. Enfin, au bout de quelques jours, la gemmule sort de terre, ses folioles se déploient peu à peu dans l'atmosphère et acquièrent graduellement tous les caractères des feuilles, dont elles ne tardent pas à remplir les fonctions. En même temps, la radicule s'enfonce dans la terre, y pousse des radicelles et devient une véritable racine.

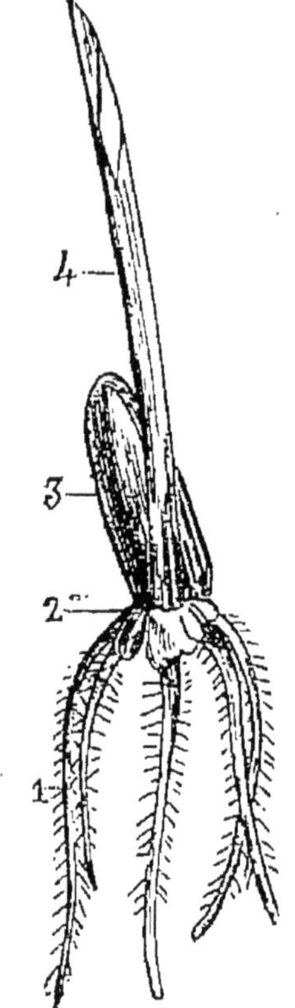

Fig. 7. — Germination du blé.
1. Racine. — 2. Cotylédon. 3. Albumen. — 4. Tigelle.

La germination est alors terminée; la jeune plante, pourvue de ses organes fondamentaux, peut vivre désormais de sa vie propre et parcourir les diverses phases de la végétation.

La germination est-elle le seul moyen qu'ont les plantes pour se reproduire?

19. La **germination** ou reproduction par semis est de beaucoup le moyen le plus général par lequel les plantes se reproduisent, mais ce n'est pas le seul; plusieurs d'entre elles peuvent encore se multiplier par

bulbe, comme l'oignon et le lis; par *tubercule*, comme la pomme de terre ; par *bouture* et par *marcotte*, comme le peuplier, le saule, la vigne; par *greffe*, comme la plupart des arbres fruitier s, etc.

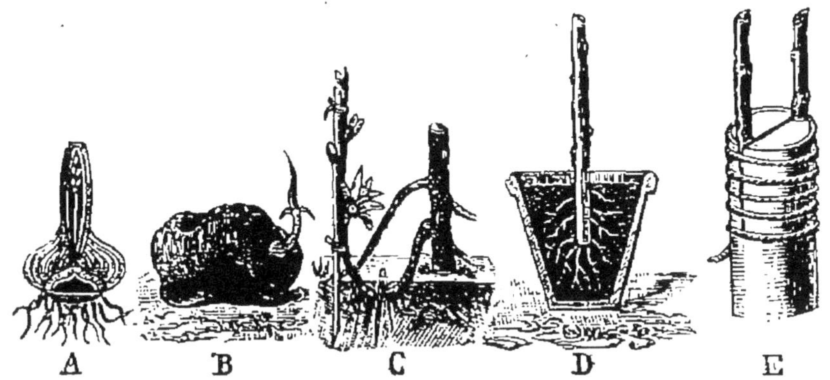

Fig. 8. — Divers modes de reproduction des végétaux.
A. Bulbe. B. Tubercule. C. Marcotte. D. Bouture. E. Greffe.

1) La **multiplication par bulbe** et par **tubercule** a une grande ressemblance avec la multiplication par graine. En effet, le bourgeon du bulbe ou du tubercule a la plus grande analogie avec la gemmule de l'embryon de la graine; son extrémité inférieure est capable d'émettre des racines, et la nature a mis auprès de lui une matière de réserve pour fournir à son alimentation dans les premiers temps. Il suffit de le mettre dans des conditions favorables à la germination pour qu'il se développe, comme la graine, et donne naissance à un végétal semblable à celui dont il provient.

2) La **multiplication par marcotte** ou le *marcottage* consiste à enfoncer en terre la partie centrale d'un jeune rameau sans le séparer de la plante mère et à relever son extrémité libre verticalement au moyen d'un tuteur. La partie du rameau enfoncée en terre pousse des racines, et au bout de quelque temps on n'a qu'à séparer le rameau du sujet qui l'a produit pour avoir une nouvelle plante.

3) La **multiplication par bouture** ou le *bouturage* diffère du marcottage en ce qu'on détache le rameau avant de le mettre en terre. Pour opérer ce genre de multiplication, on n'a qu'à couper une jeune branche de la plante que l'on veut reproduire et à enfoncer l'extrémité coupée dans la terre humide et bien préparée : bientôt la partie qui est en contact avec la terre pousse des racines, tandis que la partie aérienne prend tous les caractères d'une véritable tige.

4) La **greffe** est un mode de reproduction qui consiste à transporter un fragment d'une plante sur une autre plante et à le placer dans des conditions telles, qu'il puisse se souder à elle et se développer en vivant de la sève qu'elle lui fournit. La plante qui reçoit la greffe s'appelle *sujet* et le fragment appliqué s'appelle *greffon*.

RÉDACTIONS

4. Dites brièvement comment les plantes se nourrissent, respirent et se reproduisent. Quels organes, chez elles, concourent à ces trois fonctions?

5. Enumérez les principaux services que les plantes rendent à l'homme, et faites ressortir combien ces services sont précieux.

II. — LE SOL

Où croissent les plantes?

20. Les plantes croissent sur le *sol* qui leur sert de point d'appui et d'où elles tirent une grande partie des éléments nécessaires à leur subsistance.

Qu'est-ce que le sol?

21. Le **sol** est la partie superficielle du globe terrestre. On donne spécialement le nom de *sol arable* à la couche de terre ordinairement remuée par les instruments de culture. La terre qui le compose est appelée *terre végétale*.

La terre végétale a été formée principalement par la pulvérisation ou l'effritement des roches plus ou moins compactes qui forment les montagnes, et qu'on retrouve même dans les plaines et les vallées, quand on creuse à des profondeurs plus ou moins considérables. Sa profondeur varie entre trois mètres environ et quelques centimètres. (*Dictée IX*).

Quelles sont les principales matières qui composent la terre végétale?

22. La **terre végétale** se compose de quatre éléments principaux : l'*humus*, la *silice*, l'*argile* et le *calcaire*.

1) L'**humus** est une substance onctueuse, de couleur brune ou noirâtre, provenant de la décomposition des substances animales ou végétales qui se sont trouvées mélangées naturellement à la terre ou qu'on y a ajoutées; c'est ce qu'on appelle vulgairement *terreau*.

2) La **silice**, également désignée sous le nom de *silex* ou de *pierre à feu*, est une substance pierreuse très dure, qui produit des étincelles, quand on la frappe avec le briquet. C'est elle, en grande partie, qui compose le sable et les cailloux.

3) L'**argile** est une sorte de terre grasse et molle, susceptible de former avec l'eau une pâte qui se laisse facilement mouler et qui durcit par la cuisson. C'est avec elle qu'on fabrique les tuiles, les briques, les poteries, etc. On l'appelle aussi *terre glaise.*

4) Le **calcaire**, enfin, est une substance terreuse ou pierreuse diversement colorée, quoique ordinairement blanchâtre et qui peut se transformer en chaux par la cuisson. Elle fait effervescence au contact du vinaigre et des acides.

Ces quatre éléments se trouvent-ils en proportion égale dans tous les terrains?

23. L'**humus**, la **silice,** l'**argile** et le **calcaire** se trouvent dans les divers terrains dans des proportions fort inégales, et c'est en grande partie pour cela que tous les sols n'ont pas la même fertilité. Lorsque les quatre éléments sont mélangés dans les proportions les plus avantageuses, ils constituent les terres parfaites ou *terres franches;* lorsque l'un d'eux domine d'une façon trop considérable, le terrain est plus ou moins défectueux (1).

---

(1) Il est assez facile d'apprécier, d'une manière approximative, la composition d'une terre. Voici comment on procède :

On prend une certaine quantité de la terre à analyser, que l'on a soin de débarrasser de ses pierres et de bien dessécher. On pèse ensuite 100 grammes de cette terre, on les place dans une grande cuiller en fer que l'on porte au rouge. La terre ainsi chauffée prend d'abord une coloration noirâtre et répand une odeur d'herbes brûlées, due à la calcination de ses matières organiques. Lorsque la terre ne répand plus d'odeur et qu'elle a repris à peu près sa couleur primitive, on la laisse refroidir et on la pèse de nouveau. La perte de poids qu'a subie l'échantillon soumis à l'analyse indique approximativement la quantité d'humus qu'il contenait.

Pour doser l'argile, on prend 100 grammes de la terre primitive ; on jette cette terre dans un grand verre plein d'eau et on agite le tout pendant quelque temps à l'aide d'une baguette. Après une minute ou deux, le sable et le calcaire sont tombés au fond du verre, tandis que l'argile restera en suspension dans le liquide. Il suffira alors de retirer l'eau argileuse, de faire dessécher le dépôt qu'elle donnera et de peser ce dépôt, pour avoir la proportion d'argile contenue dans les 100 grammes de terre soumise à l'analyse.

Pour doser la silice, on prend le dépôt resté au fond du verre dans l'opération précédente, on le dessèche et on le pèse. On verse ensuite sur ce dépôt de l'acide chlorhydrique ordinaire. Immédiatement une vive effervescence se produit, tout le calcaire se décompose en produits solubles et en acide carbonique, qui se dégage. Après cette opération, le dépôt ne contiendra plus que de la silice, dont il sera facile de déterminer le poids.

Le poids de la silice connu, on obtiendra aisément par différence celui du calcaire décomposé.

La terre franche contient ordinairement de 8 à 10 % de calcaire, de 5 à 12 % d'humus, environ 25 % d'argile et le reste de sable, c'est-à-dire plus de la moitié de son poids. Les terres défectueuses peuvent être rapprochées de cette terre type au moyen d'amendements (n° 33).

Les terrains ne prennent-ils pas différents noms suivant que l'humus, l'argile ou un autre élément y domine?

24. Les terrains prennent généralement le nom de leur élément dominant. C'est ainsi qu'on appelle *terrains humifères* ceux où l'humus domine ; *terrains argileux*, ceux où l'argile est l'élément principal; *terrains siliceux* ou *terrains sablonneux*, ceux où le sable est en excès, et *terrains calcaires*, ceux qui contiennent une proportion plus considérable de calcaire que celle de la terre franche.

Un terrain principalement caractérisé par une substance peut l'être encore sensiblement, quoique à un degré moindre, par une autre. Dans ce cas, on forme le nom du terrain en faisant précéder le nom de l'élément principal par celui de l'élément secondaire terminé par O. Ainsi un terrain dans lequel la silice domine à un degré supérieur et l'argile à un degré moindre sera appelé *argilo-siliceux;* on l'appellerait *silico-argileux*, si l'argile était l'élément principal et la silice l'élément secondaire. D'après ce principe rien n'est plus facile que de comprendre la signification des mots *argilo-calcaire*, *calcaro-argileux*, *calcaro-siliceux*, etc., souvent employés en agriculture.

Quels caractères présentent les terrains humifères?

25. Les **terrains humifères** sont ceux qui renferment plus de 20 % d'humus. Ils sont noirâtres, onctueux et retiennent facilement l'humidité Lorsqu'ils reposent sur une couche de terrain perméable qui leur permet de s'égoutter facilement, leur fertilité est généralement considérable ; dans le cas contraire ils sont le plus souvent marécageux et peu fertiles.

Il y a d'ailleurs des débris végétaux qui constituent un humus de mauvaise qualité, soit à cause de la nature des végétaux dont ils proviennent, soit à cause des conditions défavorables où s'est opérée leur décomposition. C'est ce qui arrive pour le terrain de bruyère, qui renferme un principe astringent nuisible à la végétation, et pour le terrain tourbeux, qui contient des principes acides également malfaisants pour les plantes.

Quels sont les caractères des terrains argileux?

26. Les **terrains argileux** appelés aussi *terres fortes*, sont gras au toucher et forment avec l'eau une pâte liante qu'on peut pétrir avec les doigts ; en temps humide, ils sont boueux et s'attachent fortement aux pieds et aux instruments de culture, tandis qu'ils durcissent et se fendillent pendant la sécheresse.

Ils s'épuisent difficilement et donnent des récoltes abondantes lorsque l'excès d'argile n'est pas trop considérable ; mais ils sont d'une culture difficile et exigent des labours profonds et répétés. Lorsque la production d'argile y atteint 80 °/₀, ils sont impropres à la culture.

Quels sont les caractères des terrains siliceux?

27. Les **terrains siliceux** sont légers, sans liaison, rudes au toucher et semés de points brillants ; ils s'échauffent facilement au soleil. se dessèchent promptement et n'offrent que peu de résistance aux instruments de travail. Assez fertiles dans les climats humides, ils sont presque stériles dans les climats chauds et secs, à moins qu'on ne puisse les irriguer, c'est-à-dire y amener l'eau des rivières ou des ruisseaux voisins.

Quels sont les caractères des terrains calcaires?

28. Les **terrains calcaires** se reconnaissent à leur couleur généralement blanchâtre et à la vive effervescence qui se produit quand on les arrose avec un acide. Ils sont souples au toucher et adhèrent légèrement à la langue. Ils sont naturellement froids parce que leur couleur blanche répercute la chaleur, ils retiennent mieux l'humidité que les terrains siliceux et se travaillent aussi facilement, mais il leur faut beaucoup d'engrais, parce qu'ils ont la propriété de les rendre solubles et de les consumer promptement. Si la proportion de calcaire dépasse 70 °/₀, ils sont à peu près stériles.

Les terres ne reçoivent-elles pas différents noms d'après leurs caractères physiques?

29. Oui, d'après les caractères physiques qu'elles présentent, les terres reçoivent différents noms. Ainsi les

terres compactes et tenaces, qui opposent une grande résistance aux instruments de culture, sont appelées **terres fortes**, tandis que celles qui sont naturellement meubles et se laissent facilement travailler se désignent sous le nom de **terres légères** ; celles qui s'échauffent tardivement au printemps et se refroidissent vite en automne, sont dites **froides** ou *tardives*, et on appelle **chaudes** ou *hâtives* celles qui s'échauffent de bonne heure et se refroidissent tard.

Les terres argileuses et les terres humifères sont *fortes* et *froides;* les terres siliceuses sont *légères* et *chaudes;* les terres calcaires sont *légères* parce qu'elles n'ont que peu de liaison, mais elles sont généralement *froides* parce qu'à cause de leur couleur blanche, elles reflètent la chaleur au lieu de l'absorber.

Fig. 9. — Coupe d'un terrain montrant le sol et le sous-sol.
A. Sol actif, ordinairement remué par les instruments de culture.
B. Sol inerte, atteint seulement par les labours de défoncement. — C. Sous-sol.

Quel nom donne-t-on à la couche de terrain sur laquelle repose le sol arable?

30. La couche de terrain sur laquelle repose le sol arable porte le nom de **sous-sol.** Elle se compose, selon les lieux, d'argile, de sable, de gravier, de cailloux, etc.

Selon qu'il est plus ou moins *perméable*, c'est-à-dire qu'il se laisse traverser par l'eau avec plus ou moins de facilité, le sous-sol exerce une grande influence sur la végétation. S'il est trop imperméable, il s'oppose au passage de l'eau et le sol devient marécageux ; si, au contraire, il est trop perméable, il ne conserve pas suffisamment l'humidité et le sol craint la sécheresse. Un sous-sol perméable est avantageux sous un sol argileux et un sous-sol imperméable sous un terrain siliceux et calcaire.

Qu'appelle-t-on exposition d'un terrain?

31. L'**exposition** d'un terrain est la direction de sa surface par rapport aux divers points de l'horizon. On dit, par exemple, qu'un coteau est exposé au nord, au midi, à l'est ou à l'ouest, suivant que sa pente regarde l'un ou l'autre de ces points cardinaux.

L'influence de l'exposition est très puissante en agriculture et les cultivateurs doivent y faire grande attention, parce que le genre de culture dont une terre est susceptible, dépend souvent de la manière dont elle est exposée. Ainsi l'olivier, le figuier, l'abricotier, etc., demandent l'exposition au midi ou au levant; le châtaignier, ainsi que le pin et le sapin et d'autres arbres résineux prospèrent mieux au nord.

RÉDACTIONS

6. Où les plantes puisent-elles les substances nécessaires à leur développement? Au moyen de quels organes et de quelle façon les y puisent-elles?

7. Quels noms donne-t-on aux quatre principaux éléments qui constituent la terre arable? Quels sont les avantages et les inconvénients qui résultent pour un terrain de la prédominance de l'un de ces éléments?

8. Dites ce qu'on entend par terres fortes, terres légères, terres chaudes terres froides, terres hâtives, terres tardives. Pourquoi ces terres sont-elles appelées ainsi?

III. — AMÉLIORATION DU SOL

Lorsqu'un terrain est naturellement défectueux, ne peut-on pas l'améliorer?

Il est rare qu'on parvienne à corriger entièrement la mauvaise nature d'un terrain, mais il est presque toujours possible, par un travail intelligent et assidu, d'atténuer ses défauts et d'augmenter ses qualités. Les principaux moyens que l'on emploie pour cela, sont: les *amendements*, l'*épierrement*, l'*écobuage*, le *drainage* et les *irrigations*.

Qu'entend-on par amendements?

33. Les **amendements** sont des substances qu'on mélange au terrain pour en corriger la consistance ou la nature physique, rendant plus tenaces et plus compacts

ceux qui sont trop meubles, ou plus perméables ceux qui sont trop tenaces ou trop compacts.

Ainsi l'addition d'une certaine quantité d'**argile** est un excellent moyen d'amender un sol siliceux ou calcaire, naturellement friable, léger et très meuble ; elle donne à la terre plus d'imperméabilité et y favorise la concentration d'une plus grande quantité d'humidité. Le **sable**, au contraire, amende les terrains argileux, en divisant l'argile et en lui permettant ainsi d'absorber l'eau plus facilement. (*Dictée* X).

Qu'appelle-t-on épierrement?

34. L'**épierrement** est l'action d'enlever les pierres des champs. Il doit être pratiqué toutes les fois que, par leur trop grand volume, les pierres deviennent gênantes pour les labours ou pour les récoltes. Les pierres enlevées sont ensuite utilement employées à améliorer les chemins de la ferme ou des environs.

Quant aux petites pierres qui ne gênent pas la culture, il n'y a pas lieu de les enlever, surtout dans les sols perméables ; elles retiennent l'humidité dans la terre et augmentent sa chaleur.

En quoi consiste l'écobuage?

35. L'**écobuage** consiste à écroûter la surface du sol au moyen d'une sorte de houe appelée *écobue*, à brûler sur place, après leur dessèchement, les plaques ainsi enlevées et à répandre ensuite les cendres sur le terrain. Cette opération a pour but de favoriser et de hâter la végétation, soit en détruisant la racine et les germes des mauvaises plantes, soit en fournissant au sol, au moyen des cendres brûlées, des principes fertilisants.

On s'accorde à considérer l'écobuage comme éminemment propre à favoriser l'amélioration : 1° des terrains tourbeux et marécageux ; 2° des terres incultes qui ont une certaine profondeur ; 3° des terrains argileux et compacts. Quant aux terres légères et sablonneuses, l'écobuage y produit, selon la plupart des agronomes, des effets plutôt désavantageux que favorables.

Qu'appelle-t-on drainage?

36. Le **drainage** est un ensemble d'opérations qui ont pour but le dessèchement du sol, au moyen d'un système de canaux souterrains qui permettent à l'eau de s'écouler. Il est éminemment utile aux terres froides

Stassfurth, en Prusse, et des marais salants qui bordent l'étang de Berre. Son prix est d'environ 25 fr. les 100 kilos.

2) Le **sulfate de potasse** vendu dans le commerce provient aussi des mines de Stassfurth. Il produit les mêmes résultats que le chlorure de potassium, qu'il peut remplacer. Il peut être suppléé lui-même par les *cendres de bois* et par la *vinasse*, qui contiennent de grandes quantités de potasse.

Quels sont les principaux engrais calcaires?

56. Les principaux **engrais calcaires** sont : la *chaux*, la *marne* et le *plâtre*. Ils conviennent aux terrains où l'élément calcaire est trop peu abondant.

1) Outre qu'elle est un aliment indispensable à toutes les plantes, **la chaux**, mise en contact avec les débris animaux et végétaux qu'elle rencontre dans le sol, en active la décomposition et les rend ainsi plus promptement assimilables aux plantes. Elle modifie aussi certains éléments minéraux du sol, qu'elle transforme en sels solubles capables d'être absorbés par les racines des plantes, et corrige heureusement l'acidité des terrains tourbeux et des landes nouvellement défrichées. On l'emploie au printemps ou en automne mélangée avec de la terre et des matières organiques, avec lesquelles elle forme une espèce de *compost*. L'emploi de la chaux comme engrais se nomme *chaulage*.

2) La **marne** est une substance friable, formée en proportions variables d'un mélange d'*argile* et de *calcaire*. Elle améliore puissamment, par l'apport du second de ces éléments, les sols qui en sont privés. De plus, comme la chaux, elle fait disparaître l'acidité des terrains nouvellement défrichés et favorise la végétation des plantes fourragères les plus précieuses : sainfoin, trèfle, luzerne, etc. Indépendamment de son utilité comme engrais, la marne est encore employée comme amendement pour ameublir les terres argileuses, si elle contient beaucoup de calcaire et de silice, et pour donner de la consistance aux terres trop légères, si elle contient beaucoup d'argile.

3) Enfin, le **plâtre** ou *gypse* (sulfate de chaux) a, comme engrais, des propriétés analogues à celles de la marne; mais c'est surtout à titre de *stimulant* qu'il est employé en agriculture. Répandu à l'état pulvérulent sur les feuilles de certains végétaux, tels que le *trèfle*, la *luzerne*, le *sainfoin*, les *choux*, les *pois*, les *haricots*, les *navettes*, etc., il en active puissamment la végétation, sans qu'on puisse bien s'expliquer comment. On l'emploie au printemps, en saupoudrant les jeunes feuilles lorsqu'elles sont encore humides de la rosee du matin. Un temps brumeux et calme est le plus favorable pour cette opération (1).

---

(1) « On raconte, au sujet de l'action fertilisante du plâtre sur les luzernières, la curieuse démonstration que voici : Franklin, l'une des plus belles gloires des Etats-Unis de l'Amérique du Nord, connaissant les puissants

Quelles sont les principales circonstances dont il faut tenir compte dans l'emploi d'un engrais quelconque ?

57. Le grand principe qu'il ne faut jamais perdre de vue dans l'application d'un engrais, quel qu'il soit, c'est que, pour être bon, il doit *apporter au sol les éléments fertilisants qui lui manquent et dans la proportion où ils lui manquent.* Il suit de là qu'on ne saurait appliquer judicieusement un engrais quelconque sans tenir compte des quatre circonstances suivantes : 1° la *nature du sol ;* 2° la *composition de l'engrais ;* 3° le *degré de solubilité et de division de cet engrais ;* 4° les *exigences particulières des plantes que l'on cultive.*

1) Il est évident, tout d'abord, qu'il faut tenir compte de la **nature du sol ;** car, suivant qu'il sera plus ou moins riche en principes fertilisants, il aura besoin d'une quantité d'engrais ou plus faible ou plus forte, et la composition de l'engrais devra être différente selon que c'est de l'un ou de l'autre de ces éléments que le sol manque le plus *(Dictées XIV et XV).*

2) Pour la même raison, il faut connaître la **composition chimique de l'engrais** et en tenir compte en faisant varier sa quantité selon sa plus ou moins grande richesse en principes fertilisants. Supposons, par exemple, qu'il faille 13.000 kilos de fumier de ferme pour fumer un hectare de blé : toutes choses étant égales d'ailleurs, il suffira d'employer 650 kilos de bon guano pour arriver au même résultat, car le bon guano, à poids égal, contient vingt fois plus de principes fertilisants que le fumier de ferme.

3) **Le degré de solubilité** de l'engrais est également une circonstance importante et qu'il faut bien prendre garde de négliger. En effet, selon qu'il est plus ou moins soluble, l'engrais se décompose d'une manière plus ou moins rapide, et il produit son effet plus tôt ou plus tard. Par exemple, le *phosphate de chaux* naturel ne cède la première année que le quart de son acide phosphorique, tandis que le *superphosphate* en cède la moitié ; par conséquent, pour produire le même résultat la première année, il faudra employer la moitié plus du premier

effets du plâtre, voulut propager l'emploi agricole de cette matière parmi ses concitoyens ; mais ceux-ci, fidèles aux vieilles routines, ne l'écoutaient pas. Pour les convaincre, Franklin sema du plâtre dans une luzernière, au bord de la route la plus fréquentée de Philadelphie, et répandit la matière sur les plantes, de façon à tracer des lettres et des mots. La luzerne poussa partout, mais beaucoup plus haute, plus verte, plus touffue sur les endroits plâtrés, de sorte que les passants lisaient dans le champ de luzerne ces mots formés de lettres gigantesques : **Ceci a été plâtré.** L'ingénieux expédient eut un plein succès, le plâtre ne tarda pas à être adopté en agriculture. »

J.-H. FABRE : *Le Livre des Champs.*

que du second, en supposant que leur richesse en acide phosphorique soit la même.

4) Enfin, il faut faire attention aux **exigences particulières des plantes que l'on cultive,** parce que, tout en prenant chacune les quatre éléments fertilisants, elles prennent une quantité plus ou moins grande de l'un et de l'autre selon leur nature. Ainsi, les *betteraves*, les *carottes*, les *choux*, le *colza*, les *céréales*, le *chanvre*, *le houblon* ont une préférence marquée pour l'**azote**; le *maïs*, le *sarrasin*, les *navets*, les *raves*, le *rutabaga*, le *sorgho*, pour l'**acide phosphorique**; la *vigne*, la *pomme de terre*, le *lin*, la *luzerne*, le *trèfle*, le *sainfoin* et toutes les plantes de la famille des *légumineuses*, pour la **potasse.** L'élément fertilisant pour lequel les plantes ont ainsi une sorte de prédilection s'appelle la *dominante* de ces plantes,

Remarque. — Connaissant la richesse naturelle de la terre à fumer, il est facile de calculer approximativement la fumure qui lui convient, au moyen des deux tableaux ci-après :

A. Richesse en matières fertilisantes des engrais les plus usités.
(Pour 100 kilogrammes).

NOMS DES ENGRAIS	Azote.	Acide phosphor.	Potasse.	Chaux.	Quantité absorbée la 1re année.
	kilog.	kilog.	kilog.	kilog.	
Fumier de ferme	» 50	» 20	» 50	» 70	1/2
Purin de fumier	1 50	» 10	4 50	» 30	tout
Poudrette	1 50	3 50	1 30	» 60	2/3
Colombine	7 50	6 75	5 20	» 10	2/3
Os broyés	4 50	18 50	» 20	20 30	2/3
Sang desséché	12 50	2 »	» 80	» 80	4/5
Noir animal	1 30	25 »	» 10	45 »	2/3
Guano du Pérou	9 20	16 »	2 30	10 »	2/3
Suie	1 50	» 40	2 50	2 40	tout
Cendres de bois	»	8 50	10 »	33 »	3/4
Sulfate d'ammoniaque	20 »	—	—	—	tout
Nitrate de potasse	13 »	—	45 »	—	4/5
Nitrate de soude	15 50	—	—	—	tout
Sulfate de potasse	—	—	45 »	—	3/4
Chlorure de potassium	—	—	53 »	—	tout
Phosphate de chaux naturel	—	18 à 40	—	30 »	1/4
Superphosphate de chaux	—	8 à 24	—	20 »	1/2
Tourteaux de graines oléagineuses	5 50	3 »	2 »	» 50	3/4
Varechs (goémon)	» 50	» 40	» 60	» 60	1/2
Marc de raisins	1 »	» 30	» 85	» 30	1/2
Engrais verts	» 55	» 15	» 45	» 50	1/2

B. Quantité approximative des matières fertilisantes exigées, à l'hectare, par les principales cultures. (D'après G. Ville).

NATURE de la RÉCOLTE A FUMER	Az Azote	PhO^5 Acide phosphor.	KO Potasse.
Prairies naturelles	40 k.	50 k.	50 k.
Chanvre	80	60	100
Colza	80	60	100
Blé	60	30	50
Orge, seigle, avoine	40	30	50
Sarrasin	25	40	60
Betteraves	100	60	100
Pommes de terre	45	60	120
Vigne (vie générale)	80	60	100
— (fructification)	70	90	230
Arbres fruitiers	70	90	230
Choux	100	60	100
Carottes, panais	100	60	100
Navets, turneps, rutabagas	28	90	90
Topinambours	28	90	90
Maïs	28	90	90
Luzerne, trèfle, sainfoin	10	60	100
Vesces, pois, haricots, fèves, lentilles	0 à 25	60	100
Jardinage et fleurs	100	60	100

RÉDACTIONS

11. Le fumier de ferme, sa préparation, son mode d'emploi.

12. Les engrais chimiques, leurs principales espèces, services qu'ils peuvent rendre à l'agriculture.

13. Développez cette pensée de Fénelon : « Tout ce que la terre produit, se corrompant, rentre dans son sein et devient le germe d'une nouvelle fécondité. Ainsi elle reprend tout ce qu'elle a donné pour le rendre encore. Ainsi la corruption des plantes et des animaux qu'elle nourrit la nourrissent elle-même et perpétuent sa fertilité. »

PROBLÈMES

3. Un cultivateur a répandu 13.900 Kg de fumier sur un hectare de terre ; s'il eût employé du sang desséché, 262 Kg 50 auraient suffi. Combien 1 Kg de sang desséché vaut-il de Kg de fumier ?

4. On estime que pour la fumure d'une terre, 15 Hl de noir animal valant 5 francs l'Hl, peuvent remplacer 54.000 Kg de fumier, valant en moyenne 6 francs les 1.000 Kg ; mais tandis que les frais de transport du fumier peuvent être considérés comme nuls, ceux du noir animal reviennent à 21 fr. 24 la tonne, et l'hectolitre de noir animal pèse 200 Kg. Quel est le plus économique des deux engrais et de combien ?

5. Un cultivateur, voulant fumer un terrain de 8 Ha 12, achète 9m³ 002 d'os bruts au prix de 0 fr. 10 le Kg. Pour les broyer, il faut payer 1 fr. 50 l'hectolitre. Sachant que le mètre cube d'os bruts pèse 220 Kg, à combien revient la fumure de ce champ et quelle est la dépense par are ?

V. — CULTURE DU SOL

Que faut-il entendre par culture du sol ?

58. On entend par **culture du sol** l'ensemble des opérations ou façons qui ont pour but de rendre la terre propre à être ensemencée ou plantée. Les principales de ces opérations sont le *labour*, le *hersage* et le *roulage*.

En quoi consiste le labour ?

59. Le **labour** consiste à ameublir la terre en la retournant et en l'émiettant, afin que les racines des plantes puissent s'y développer à l'aise, que l'air y circule sans obstacle et qu'elle se laisse facilement pénétrer par la chaleur et l'humidité. Il peut aussi avoir pour but de détruire les mauvaises herbes, de mêler les engrais avec la terre végétale ou de couvrir les semences.

Suivant la fin qu'on se propose, le labour est plus ou moins profond, il s'exécute à bras d'homme ou au moyen d'instruments tirés par des bêtes de somme et il donne une forme différente à la surface des champs.

Combien distingue-t-on de sortes de labours relativement à leur profondeur ?

60. D'après la profondeur à laquelle ils pénètrent dans le sol, on distingue trois sortes de labours : les *labours superficiels*, qui ne vont guère au delà d'un décimètre ; les *labours moyens*, qui peuvent aller jusqu'à 25 centimètres, et les *labours profonds* ou de défoncement, qui pénètrent parfois jusqu'à 40 centimètres.

1) On laboure **superficiellement** pour ouvrir le sol aux influences de l'atmosphère, pour couper les racines des mauvaises herbes, pour enfouir les fumiers courts ou les engrais chimiques et pour couvrir les semences. Ces labours sont très bons aussi comme dernière façon avant les semailles.

2) Les **labours moyens** sont le plus généralement usités ; ils ont pour but de remuer la couche végétale dans toute son épaisseur. On en multiplie plus ou moins le nombre entre deux récoltes suivant la nature de la terre et les exigences des plantes cultivées.

3) Les **labours profonds** ou de défoncement pénètrent au-dessous de la couche de terre remuée par les instruments aratoires dans les labours ordinaires, et, au lieu de revenir tous les ans, ne se font que de temps à autre. Pratiqués avec discernement, ils assainissent les terres, y entretiennent une grande fraîcheur et donnent aux racines une grande facilité de développement. De plus, ils améliorent le sol en le mélangeant avec le sous-sol, lorsque la nature de l'un ou de l'autre autorise ce mélange; par exemple, lorsqu'on a un sol argileux et un sous-sol sablonneux ou réciproquement.

Combien distingue-t-on de sortes de labours relativement aux instruments au moyen desquels ils s'exécutent ?

61. Relativement aux instruments au moyen desquels ils s'exécutent, on distingue les *labours à la houe*, les *labours à la bêche* et les *labours à la charrue.*

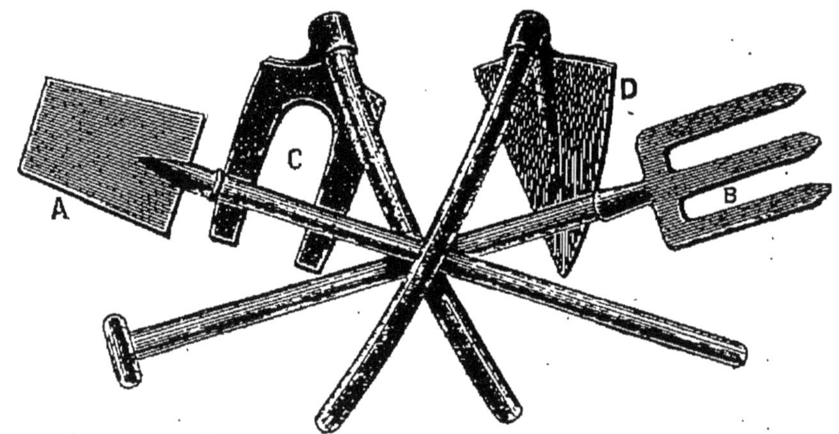

Fig. 16. — La bêche et la houe.

A, bêche parisienne ou *louchet ;* — B, bêche trident ou *triandine ;* — C, houe à lame fourchue ou *bêchard :* — D, houe à lame triangulaire.

1) Les **labours à la houe** et **à la bêche** sont les meilleurs, lorsqu'ils sont bien exécutés, parce qu'ils divisent bien la terre et la retournent complètement; mais ils ont le défaut d'être lents et coûteux ; ils sont presque exclusivement réservés aujourd'hui au jardinage et à la petite culture.

2) Le **labour à la charrue**, outre qu'il a pour lui les deux grands avantages de la célérité et de l'économie, donne, lorsqu'il est fait dans de bonnes conditions, des résultats peu inférieurs à ceux du labour à la bêche ou à la houe ; aussi est-il à peu près le seul en usage dans la grande culture. Pour qu'il soit bien fait, il faut que les raies soient droites et parallèles, que les bandes de terre détachées par la charrue soient toutes égales en largeur et en épaisseur et qu'elles soient renversées régulièrement les unes contre les autres de manière à reposer au fond du sillon par un de leurs angles (*Dictée XVI*).

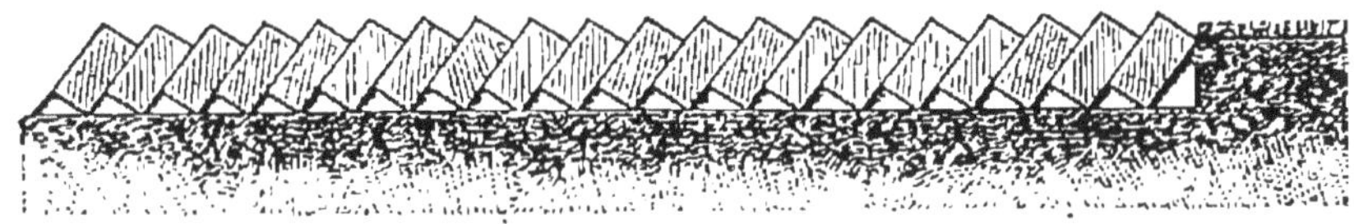

Fig. 17. — Disposition des tranches de terre dans un terrain bien labouré.

Qu'est-ce que la charrue ?

62. La **charrue** est un instrument de labour ordinairement tiré par des chevaux ou des bœufs ; dirigée par un ouvrier qui se tient derrière ; elle creuse le sol en avançant, au moyen d'une pointe de fer appelée *soc*. Elle affecte des formes assez diverses, mais lorsqu'elle est bonne on y trouve presque toujours cinq organes essentiels : l'*age*, le *coutre*, le *soc*, le *sep* et le *versoir*. Les charrues perfectionnées ont, en outre, un *régulateur* et le plus souvent un *avant-train* (1).

Fig. 18. — Araire de Dombasle, perfectionné par Bodin.
A, age ; — C, coutre ; — U, soc ; — V, versoir ; — R, régulateur ; — S, sep ; M, mancherons.

1) L'**age** qu'on appelle aussi **haie** ou *flèche*, forme comme le corps ou la charpente de la charrue ; c'est une pièce solide de bois ou de fer qui occupe la partie supérieure de l'instrument et à laquelle sont fixées la plupart des autres pièces ; elle se termine en arrière par un ou deux manches qui servent à diriger la charrue.

(1) Les charrues à avant-train sont les *charrues* proprement dites ; les charrues sans avant-train sont le plus souvent désignées sous le nom d'*araires*.

2) Le **coutre** est une sorte de couteau fixé à l'age en avant du soc. Il sert à limiter, en la tranchant verticalement, la bande de terre que doit retourner la charrue.

3) Le **soc** est la partie la plus importante. Il consiste en une pièce de fer ou d'acier, ayant généralement la forme d'un demi-fer de flèche, placée en avant de la partie inférieure de la charrue. Sa fonction est de soulever la terre et de la couper horizontalement.

4) Le **versoir** ou *oreille* est une lame de fonte ou de fer plus ou moins tournée en spirale et placée en arrière du soc, auquel il fait suite. Il retourne, en la jetant de côté, la bande de terre tranchée par le coutre et soulevée par le soc.

5) Le **sep** ou *semelle* est une pièce de bois ordinairement garnie de fer qui glisse au fond du sillon et forme la base de la charrue. Il est relié à l'age par deux pièces de fer appelées *étançons*.

6) Le **régulateur** a pour but de régler l'*entrure* de la charrue, c'est-à-dire de la faire enfoncer plus ou moins. Il est ordinairement placé vers l'extrémité antérieure de l'age et affecte diverses formes selon les espèces de charrue.

7) Enfin, l'**avant-train** se compose de deux roues, tantôt égales, tantôt inégales, réunies par un essieu fixé à l'avant de l'age. Il a pour but de maintenir la charrue dans une bonne direction et de la rendre plus facile à conduire.

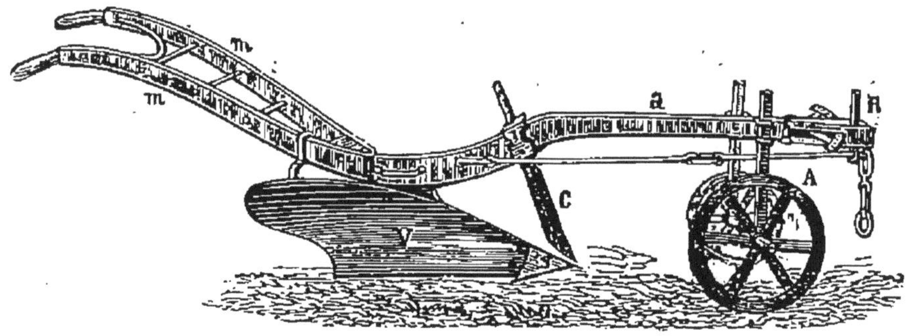

Fig. 19. — Charrue d'Howard.

a, age ; — C, coutre, — V, versoir ; — R, régulateur ; — A, avant-train ; m m, mancherons.

Quelles sont les qualités d'une bonne charrue?

63. Une charrue est d'autant meilleure qu'elle est à la fois plus *simple*, plus *solide*, plus *facile à conduire et à régler* et qu'elle *peut donner un meilleur travail avec moins de dépense de forces.*

Grâce aux efforts combinés de savants agronomes et de constructeurs intelligents, nous avons aujourd'hui plusieurs types de charrue qui réunissent ces conditions à un degré remarquable ; telles sont : le *Brabant double*, le *Brabant simple*, l'*araire de Dombasle* diversement perfectionné, la charrue anglaise d'*Howard*, etc.

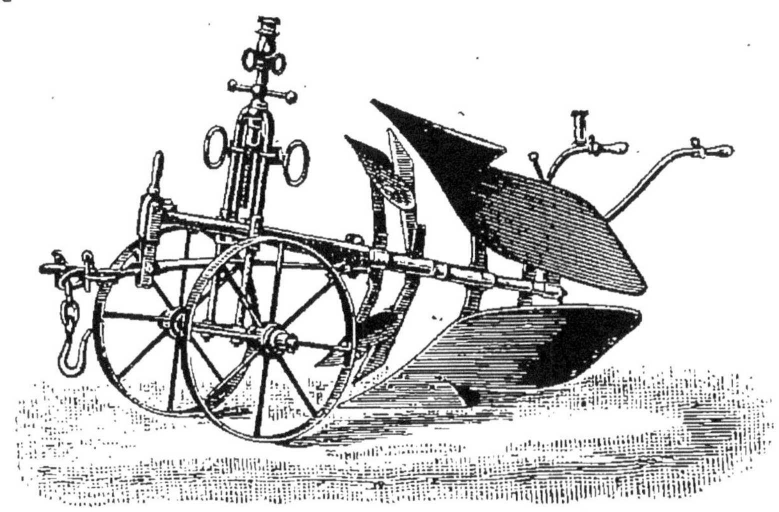

Fig. 20. — Charrue Brabant double.

Cette charrue, employée surtout pour les labours à plat, se compose de deux corps de charrue montés sur un age commun, autour duquel ils peuvent pivoter. Elle permet de renverser toujours la terre du même côté en évitant les longs contours. Lorsque le laboureur est arrivé au bout de son sillon, il n'a qu'à faire basculer l'instrument et à revenir sur ses pas.

Combien distingue-t-on de sortes de labours d'après la forme qu'ils donnent à la surface du champ?

64. Relativement à la forme qu'ils donnent à la surface du champ labouré, on distingue : 1° le *labour en billons*, qui divise le terrain en bandes parallèles étroites et très bombées au milieu (billons) ; 2° le *labour en planches*, qui le partage en bandes plus larges, à peine bombées au milieu, et séparées par des rigoles profondes appelées *dérayures ;* 3° le *labour à plat*, qui laisse le champ uni, sans dérayures ni bandes bombées.

1) Le **labour en billons** a l'avantage de favoriser l'écoulement des eaux dans les terres humides et d'augmenter l'épaisseur de la couche végétale dans les terres peu profondes ; malheureusement il rend difficile l'égale répartition des semences, la faux n'y fonctionne qu'avec peine et les attelages ne peuvent guère y circuler. Il est surtout en usage dans les terres fortes.

2) Le **labour en planches** peut se pratiquer dans presque toutes les terres. Il a une partie des avantages du labour en billons sans en avoir les inconvénients. On fait les bandes plus ou moins larges selon que le terrain est plus ou moins perméable.

3) Le **labour à plat** est théoriquement le plus parfait : il utilise tout le terrain, supprime les longs contours dans l'exécution, fait que les plantes profitent toutes également des rayons solaires et permet facilement l'emploi de toutes les machines agricoles. Cependant il est rarement pratiqué dans les terres humides, parce que les dérayures forment pour les terrains des rigoles d'assainissement qu'il serait plus coûteux de creuser de toute autre manière.

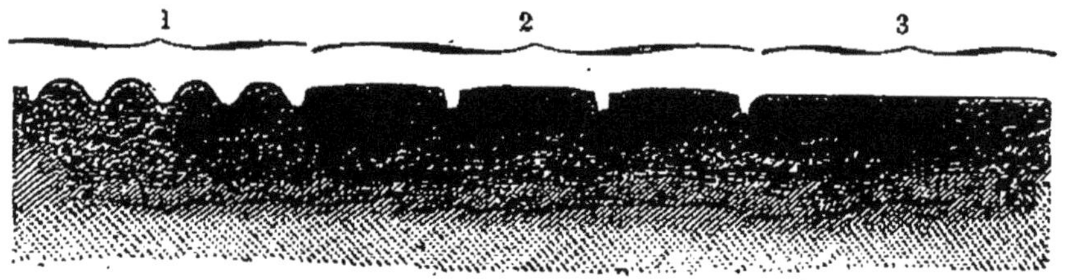

Fig. 21. Profil, après le hersage, d'un terrain labouré.
1, Labour en billions. — 2. Labour en planches. — 3. Labour à plat.

Qu'est-ce que le hersage ?

65. Le **hersage** est une opération culturale, une *façon*, dont on fait suivre ordinairement le labour à la charrue pour en compléter l'action. Le labour ne fait que retourner la terre en bandes, le hersage l'émiette et la rend ainsi plus propre à produire.

Outre sa destination principale, qui est d'achever l'ameublissement du sol en émiettant les bandes de terre retournées par la charrue, le hersage peut encore avoir pour fin de recouvrir les semences, de détruire les mauvaises herbes, de mélanger les engrais pulvérulents avec la terre, de défricher les gazons, etc.

Avec quels instruments se fait le hersage ?

66. Le hersage se fait avec des instruments en bois ou en fer appelées *herses*. Ces instruments consistent le plus ordinairement, en un châssis ayant la forme d'un triangle, d'un trapèze ou d'un parallélogramme et garni de dents par-dessous; quelquefois ils sont composés seulement de pièces de fer pointues reliées entre elles par des chaînes.

Les herses sont pour la grande culture ce qu'est le râteau dans le jardinage. Il est bon que dans la même ferme il y en ait plusieurs. Dans les terrains couverts de grosses mottes, on commence par employer une herse pesante à dents de fer très écartées ; ensuite on en prend de plus légères pour terminer le travail.

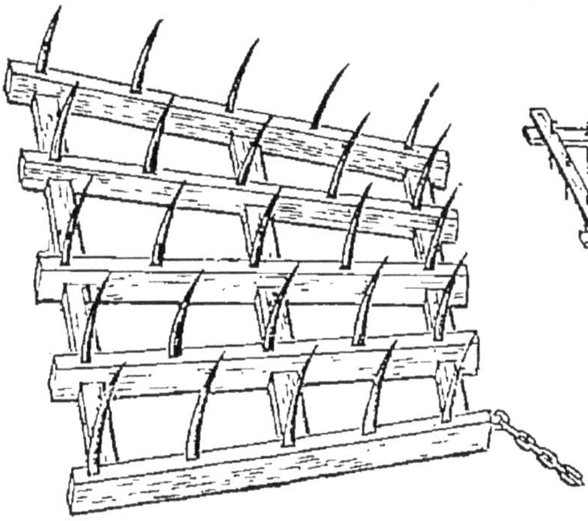

Fig. 22. — Herse pesante à dents de fer.

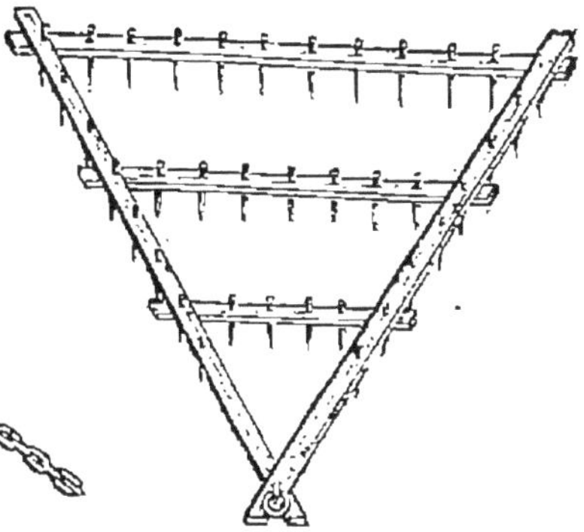

Fig. 23 Herse légère à dents de bois

Quelles conditions doit remplir une bonne herse?

67. Une bonne herse doit remplir deux conditions principales : 1° elle doit avoir les dents assez longues et assez écartées pour que les mottes ne s'y engagent pas ; 2° les dents doivent être disposées de telle sorte que chacune d'elles trace une raie distincte et que toutes les raies soient également distantes les unes des autres.

Les dents de la herse ne sont pas ordinairement plantées perpendiculairement au châssis, mais d'une manière oblique, toutes inclinées du même côté, et l'instrument peut indifféremment être attelé par les deux bouts. Lorsqu'on veut faire un hersage énergique, on attèle la herse de façon que les dents soient inclinées du côté de l'attelage ; lorsqu'on veut faire un hersage léger on attelle en sens inverse. Dans le premier cas, on herse *en accrochant* et dans le second, *en décrochant*.

En quoi consiste le roulage ?

68. Le **roulage** consiste à promener sur toute la surface du champ un cylindre en bois ou en fonte appelé rouleau.

En règle générale, il faut éviter de faire cette opération lorsque la terre est trop humide ; autrement elle se pétrit, puis se durcit d'une manière fâcheuse.

Quel est le but du roulage ?

69. Le roulage a deux fins principales : dans les terres fortes, il sert à *briser les mottes* qui n'ont pas été suffisamment divisées par le labour ou par le hersage ; dans les sols légers, il sert à *plomber la terre*, c'est-à-dire à la tasser, à la rendre plus lourde, plus compacte et à affermir les semis ou les jeunes plants qui seraient déchaussés par la gelée.

Fig. 24. — Rouleau brise-mottes de Crosskil.

Suivant qu'on se propose l'une ou l'autre de ces deux fins, les rouleaux employés sont un peu différents. Ceux qui servent à tasser la terre, les *rouleaux plombeurs*, ont généralement leur surface lisse et unie, tandis que celle des *rouleaux brise-mottes* est presque toujours armée de pointes ou d'arêtes tranchantes. Parmi ceux de ce dernier genre, un des plus puissants et des plus justement appréciés est celui de **Crosskil**, qui se compose d'une vingtaine de disques montés sur un même axe et dont la circonférence est découpée en dents aiguës comme celles d'une scie.

RÉDACTIONS

14. Les labours, leur but, leurs diverses espèces, conditions qu'ils doivent remplir pour pour être bien faits.

15. Enumérez en les décrivant brièvement les principaux instruments qui servent à ameublir le sol.

16 Développez cette pensée de Xénophon : « Il n'y a presque point de terre entièrement ingrate si l'homme ne se lasse point de la remuer pour l'exposer au soleil. »

PROBLÈMES

6. Combien économiserait-on sur un labour de 8 Ha 25, en employant un attelage de deux chevaux de préférence à un attelage de deux bœufs? Les chevaux labourent 6 ares par journée de 8 heures, tandis que les bœufs n'en labourent que 5, et le prix de l'heure de travail est de 0 fr. 75 pour chaque attelage, soit de chevaux, soit de bœufs?

7. Combien faut-il de journées de 8 heures pour herser un champ de 504 mètres de long sur 180 mètres de large, la herse ayant 1 m. 50 de large si cet instrument est conduit par deux bœufs avec une vitesse de 36 mètres par minute? A combien s'élèvera le prix de cette opération, la journée d'attelage de deux bœufs étant de 10 francs, y compris le salaire du conducteur?

8. Un cultivateur prend à ferme 96 Ha de terres labourables et veut savoir combien il lui faudra d'attelages de 2 bœufs pour son exploitation, sachant qu'un attelage ne peut faire que 192 journées par an et que chaque Ha en exige 14.

VI. — CULTURE DES PLANTES

Quel est le but de la culture du sol ?

70. Le but de la culture du sol est de préparer aux plantes un milieu où elles puissent se développer à l'aise et réaliser la fin qu'on se propose en les cultivant.

En quoi consiste la culture des plantes ?

71. La **culture des plantes** est l'ensemble des travaux et des soins dont elles doivent être l'objet depuis le moment où on les met en terre jusqu'à celui où elles sont prêtes à être utilisées. Cette culture comprend trois séries d'opérations : l'*ensemencement*, les *soins d'entretien* et la *récolte*.

Qu'entendez-vous par ensemencement ?

72. L'**ensemencement** consiste à répandre sur le sol les graines des plantes qu'on veut cultiver, et à les recouvrir ensuite de terre. Il se fait de deux manières : *à la main* et *au semoir*.

1) **L'ensemencement à la main** se fait *à la volée*, *en ligne* ou *au plantoir*. Dans le premier cas, le semeur, avançant à pas mesurés, lance avec la main la graine sur le sol en ayant soin de la distribuer aussi également que possible : c'est ainsi que l'on sème ordinairement les céréales, les graines fourragères, etc. Dans le second, on creuse d'abord des raies au moyen d'un instrument appelé *rayonneur ;* on y répand les semences, soit avec la main si elles sont un peu grosses, soit au moyen d'une bouteille si elles sont petites, puis, comme dans le premier cas, on les recouvre avec la herse. C'est le procédé employé pour le maïs, le sorgho, l'œillette, etc. Enfin, dans le troisième cas, on fait dans la terre, au moyen du plantoir, de petits trous régulièrement espacés, on met une ou deux graines au fond de chacun, et on referme de nouveau les trous. Ce procédé n'est guère employé que dans le jardinage ou la petite culture pour les haricots, les melons, les fèves, etc.

Fig. 25. — Semoir mécanique.

2) Le **semoir mécanique** a le précieux avantage d'économiser à peu près le tiers de la semence, et de la répartir très régulièrement, en même temps qu'il l'enfonce dans le sol, à la profondeur qu'on désire ; malheureusement, il est un peu coûteux et demande, pour être bien conduit, un ouvrier très habile. (*Dictée XVII.*)

Est-il bien important de choisir la semence ?

73. Oui, il est très important de bien choisir la semence, et c'est un soin que le bon agriculteur ne néglige jamais. L'expérience a mille fois prouvé qu'une graine de mauvaise qualité donne toujours naissance à une plante chétive ou prédisposée aux maladies.

1) Il ne suffit pas même que la semence soit de bonne qualité ; il faut encore qu'elle soit pure, c'est-à-dire qu'elle ne soit pas mélangée avec d'autres graines. Pour la rendre telle, il faut la soumettre à l'action d'un bon crible, ou mieux d'un appareil spécial appelé *cylindre trieur.*

2) De plus, les semences du blé, du seigle et quelques autres doivent être *chaulées* avant de les mettre en terre, afin de préserver les épis qui en naîtront de certaines maladies auxquelles, sans cela, ils sont sujets (*carie, ergot, charbon,* etc.). Le chaulage consiste à tremper les graines dans une bouillie formée de 2 kilogrammes de chaux et de 50 litres d'eau. Au lieu de la chaux, on peut employer le sulfate de cuivre, et l'opération prend alors le nom de *sulfatage*.

Sème-t-on toutes les graines directement sur le terrain où elles doivent parvenir à maturité?

74. Non, certaines graines, par exemple celles du chou, du rutabaga, du tabac et d'un grand nombre de plantes potagères sont d'abord *semées en pépinière* et les jeunes plantes sont ensuite *repiquées* dans un champ préparé à cet effet.

Qu'entend-on par soins d'entretien?

75. On entend par **soins d'entretien** des plantes cultivées, les menues façons qu'elles exigent pendant qu'elles sont en terre. Les plus importantes de ces façons sont le *binage*, le *sarclage* et le *buttage*.

1) Le **binage** consiste à labourer légèrement, avec une petite houe appelée *binette*, la surface du sol afin de la maintenir toujours meuble.

2) Le **sarclage** est l'action d'enlever du terrain ensemencé les plantes inutiles ou nuisibles. Il se fait ordinairement à la main en même temps que le binage.

3) Le **buttage** est une opération qui a pour objet d'amasser de la terre au pied des plantes de manière à les entourer d'une sorte de *butte*. Il convient surtout au maïs et aux plantes sarclées et s'exécute à la main, ou à l'aide d'une charrue à deux versoirs appelée *buttoir*.

Qu'est-ce que la récolte?

76. La **récolte** est l'action de *cueillir* les fruits et les produits utiles des plantes cultivées. Suivant la nature de ces fruits, la récolte prend souvent un nom particulier; ainsi la récolte des foins s'appelle *fenaison;* celle des céréales, *moisson;* celle des raisins, *vendange*, etc.

1) La **fenaison** comprend deux opérations distinctes : le *fauchage*, qui est l'action de couper l'herbe, et le *fanage*, qui consiste à la préparer et à la ramasser. Naguère encore, le fauchage se faisait presque partout avec la *faux;* aujourd'hui on tend de plus en plus à remplacer ce dernier instrument par la *faucheuse* mécanique, qui donne un travail à la fois très rapide et très régulier. De même pour le fanage, la fourche et le râteau à main disparaissent peu à peu dans les grandes exploitations, devant la *faneuse* mécanique et le *râteau à cheval*. *(Dictée XVIII.)*

2) La **moisson** s'exécute au moyen de la *faucille*, de la *faux*, de la *sape* ou de la *moissonneuse* mécanique. Les tiges coupées sont étendues sur le sol en *javelles* pour qu'elles aient le temps de se sécher, puis elles sont liées en bottes appelées *gerbes*.

Une fois sèches, les gerbes sont réunies en tas plus ou moins grands, diversement arrangés selon les pays et que l'on désigne sous le nom général de *moyettes*.

Fig. 26. — Faucheuse mécanique.

3) Quant à la **vendange**, elle se fait simplement en détachant la grappe du cep au moyen d'une serpette ou d'un couteau. Les grappes sont d'abord déposées dans des corbeilles, puis placées dans de grands baquets en bois, appelés *bennes* ou *bachous*, en attendant qu'elles soient transportées au *cellier*, où se fabrique le vin.

RÉDACTIONS

17. La semence : comment il faut la choisir, comment il faut la préparer, comment il faut la répandre.

18. Vous avez assisté au travail de la fenaison. En écrivant à un de vos cousins qui habite la ville, vous lui racontez en quoi consiste ce travail et les agréments qu'il procure

19. Travaux que nécessite le blé avant d'être propre à servir d'aliment. Combien sont coupables les enfants qui gaspillent le pain. (*Dictée XIX*).

PROBLÈMES

9. On a soumis 650 gerbes déjà battues au fléau à une batteuse qui en a tiré encore 200 litres de grain. Quel bénéfice donnerait cette machine à un fermier qui récolte annuellement 14.950 gerbes et qui vend son blé 18 francs l'Hl ?

10. Un cultivateur employait annuellement 54 Hl de blé pour ensemencer à la volée 30 Ha de terrain ; aujourd'hui il se sert d'un semoir et économise le tiers de la semence. Combien lui en faut-il en tout et par Ha ? Quelle est la valeur totale de son économie si le blé de semence coûte 23 francs l'Hl ?

11. Si les machines à moissonner étaient généralement employées en France, la moisson pourrait toujours être bien faite en temps utile. Cet avantage équivaut à une augmentation d'un cinquième sur la production totale du blé. Quelle serait la valeur de cette augmentation, sachant que la production du blé en France est de 110 millions d'Hl et que le prix moyen de 1 Hl est de 19 francs?

VII. — ASSOLEMENTS

Est-il indifférent de faire succéder, dans le même champ, une culture quelconque à une autre culture?

77. Il n'est pas indifférent, à beaucoup près, de faire succéder dans le même champ la culture d'une plante à celle d'une autre plante quelconque. L'expérience démontre, au contraire, que les récoltes sont très différentes en valeur et en quantité et que la fertilité du terrain peut se conserver plus ou moins longtemps, suivant l'ordre dans lequel on fait suivre les différentes cultures.

La raison de cela, c'est que les plantes cultivées épuisent chacune le sol d'une manière spéciale. Les unes ont des préférences pour l'azote, les autres pour la potasse, ou l'acide phosphorique; quelques végétaux, comme ceux de la famille des légumineuses (1), empruntent à l'air de grandes quantités d'azote, tandis que d'autres puisent presque tout le leur dans le sol; certaines, plantes à racines courtes et traçantes, n'épuisent que la surface, tandis que d'autres, à racines longues et pivotantes, vont chercher leur aliment à de grandes profondeurs. Il est donc facile de comprendre que si dans un terrain on faisait toujours la même culture, ou des cultures similaires, les principes absorbés par les plantes qui en font l'objet finiraient par s'épuiser, et le sol, par devenir tout à fait improductif.

Comment peut-on diviser les plantes cultivées d'après leur action sur la fertilité du sol?

78. D'après leur action sur le sol, on peut diviser les plantes cultivées en deux grandes catégories : les *plantes épuisantes* et les *plantes améliorantes*.

1) Les **plantes améliorantes** sont celles qui doivent être fauchées avant la fructification, dont les racines, les fanes, les

---

(1) Ce n'est pas cependant que les plantes légumineuses absorbent l'azote de l'air extérieur au moyen de leurs feuilles, comme le croyait Georges Ville et comme on l'a cru longtemps d'après lui. Des expériences récentes ont démontré que ces plantes empruntent l'azote dont elles ont besoin *à l'air contenu dans les pores du sol*, sous l'influence de petits êtres microscopiques, qui se développent dans des renflements ou *nodosités* dont sont garnies leurs racines.

feuilles sont enfoncées par les labours, et qui vivent plus aux dépens de l'atmosphère qu'aux dépens de la terre, Tels sont le lupin, le sarrasin, le trèfle, le sainfoin, et généralement toutes les plantes de la famille des légumineuses.

2) Les **plantes épuisantes** sont celles dont on laisse mûrir les graines et qui puisent dans le sol plus que dans l'air; comme les céréales, le colza, le lin, le chanvre; le tabac, la navette, le pavot, l'œillette, la cameline, etc.

Quel nom donne-t-on à l'art de faire suivre les cultures de façon à obtenir du sol son maximum de rendement?

79. L'art de faire succéder les cultures de façon à obtenir du sol son maximum de rendement est désigné en agriculture sous le nom d'**assolement** ou de *rotation des cultures*.

Les mots *assolement* et *rotation* sont souvent pris comme synonymes; cependant ils expriment chacun une idée distincte; par *assolement*, on entend, en termes propres, la division d'un terrain en un certain nombre de parties, ou *soles*, destinées à à porter *successivement* une récolte déterminée, et par *rotation*, l'ordre dans lequel les récoltes se succèdent. Ainsi, par exemple, l'*assolement triennal* suppose que le domaine est divisé en trois soles, tandis que la *rotation triennale* indique que les cultures se succèdent de telle sorte que chacune d'elles revient sur le même terrain tous les trois ans.

Quelles sont les principales règles qui régissent la pratique des assolements?

80. On ne peut guère arriver à un assolement parfait qu'après un grand nombre d'essais dirigés avec intelligence, car la succession des plantes doit varier avec la fécondité naturelle du sol, sa composition, ses qualités physiques et d'autres circonstances encore. Cependant pour l'établir il faut toujours tenir compte des quatre principes suivants :

1° Faire succéder une plante qui prend presque tout son azote dans l'atmosphère à une autre qui le puise principalement dans le sol.

2° Alterner la culture des plantes qui absorbent beaucoup de potasse avec celle des végétaux qui exigent spécialement de l'acide phosphorique.

3° Cultiver une plante dont les racines s'enfoncent

profondément dans la terre après une dont les racines sont superficielles.

4° Introduire dans la série des assolements une ou deux plantes dont la culture demande de fréquents sarclages afin de débarrasser le sol de ses mauvaises herbes.

En quoi consiste la jachère?

81. La **jachère** consiste à laisser reposer le sol pendant un an, après une récolte, avant d'y mettre une autre récolte. On la remplace avantageusement par la culture des plantes sarclées et des prairies naturelles.

On a cru pendant longtemps que la jachère était absolument nécessaire à la terre pour lui conserver sa fertilité ; mais c'était un préjugé qui commence heureusement à disparaître. Pendant la jachère, la terre ne se repose pas, puisqu'elle produit de mauvaises herbes; le seul moyen de la conserver toujours fertile, c'est de lui restituer, par des engrais et une bonne alternance de récoltes, les principes qu'elle a perdus.

Quels sont les principaux modes d'assolement?

82. Les **principaux modes d'assolement** sont: l'assolement *biennal* ou *alterne*, l'assolement *triennal*, l'assolement *quadriennal*, l'assolement *quinquennal* et l'assolement *sexennal*.

1) **L'assolement biennal** est le plus ancien et encore un des plus suivis; il fait succéder alternativement une *céréale* à une *jachère*, ou une *céréale* à une *plante sarclée*. Dans le premier cas, il est défectueux, parce qu'il ne donne un produit que tous les deux ans; mais dans le second il est souvent avantageux.

2) **L'assolement triennal** ou de trois ans fait suivre la jachère ou la plante sarclée, qui seule est fumée, d'une récolte de froment et d'une récolte d'orge ou d'avoine. Il a l'inconvénient de faire produire consécutivement deux céréales qui épuisent le sol de la même façon ; aussi la dernière ne donne forcément qu'un rendement très faible.

3) **L'assolement quadriennal** fait succéder les récoltes dans l'ordre suivant :

1re année : plante sarclée avec forte fumure.
2e année : orge ou avoine.
3e année : trèfle (semé avec la récolte précédente).
4e année : blé suivi d'un labour de défoncement.

4) **L'assolement quinquennal** ne diffère du précédent

qu'en ce qu'on fait suivre la récolte de blé d'une récolte de gesces ou de pois, avant de recommencer la rotation. Il est préconisé par Dombasle pour les terres argileuses.

5) **L'assolement sexennal** comporte :

1re année : plante sarclée avec forte fumure.
2e année : orge, avoine ou seigle de printemps.
3e année : trèfle (semé avec la récolte précédente).
4e année : blé d'automne phosphaté au printemps.
5e année : orge ou avoine avec trèfle.
5e année : trèfle (semé l'année précédente).

Qu'appelle-t-on cultures dérobées ?

82 *bis.* — On appelle **cultures dérobées** ou *cultures intercalaires* celles qu'on obtient d'un terrain pendant le court laps de temps qui s'écoule entre la récolte principale de l'année et la préparation du sol pour la récolte de l'année suivante. Il faut choisir pour cet effet des plantes à croissance rapide comme le *maïs-fourrage*, la *vesce*, la *spergule*, le *sarrasin*, etc., ou qui résistent facilement aux premiers froids de l'hiver, comme les *raves* et les *rutabagas*.

La pratique des cultures dérobées est généralement très recommandable. Pendant que la terre reste découverte, une partie de ses principes fertilisants sont entraînés par les pluies et deviennent ainsi inutiles. Les cultures dérobées empêchent cette déperdition et donnent de plus une précieuse ressource pour l'alimentation du bétail. Les légumineuses cultivées de cette manière peuvent aussi être enfouies comme engrais vert, et alors elles contribuent puissamment à entretenir la fertilité du sol, surtout dans les endroits où l'on fait un usage considérable des engrais chimiques.

CHAPITRE II

VÉGÉTAUX AGRICOLES

I. — CÉRÉALES

Comment peut-on classer les plantes cultivées en France ?

83. Les plantes cultivées en France peuvent se grouper en quatre catégories principales : les *céréales*, les *plantes sarclées*, les *plantes fourragères* et les *plantes industrielles*.

Qu'appelle-t-on céréales ?

84. On désigne généralement sous le nom de **céréales** les plantes qui produisent des graines farineuses servant à la nourriture de l'homme et des animaux. Parmi celles qui, en France, sont l'objet de la culture la plus importante, il faut citer en première ligne : le **froment** ou *blé*, le *seigle*, l'*orge*, l'*avoine*, le *maïs*, le *sorgho* et le *sarrasin*.

A l'exception du sarrasin, qui est de la famille des *polygonacées*, toutes ces plantes appartiennent à la grande famille des *graminées*, et leur culture, surtout celle des quatre premières, demande des soins analogues. Presque toutes comprennent deux sortes de variétés, les unes de printemps et les autres d'hiver ; toutes sont caractérisées par une propriété spéciale, qui est de *taller*, c'est-à-dire de pouvoir émettre de nouveaux jets ou tiges des nœuds inférieurs de leur chaume ; toutes demandent un terrain bien ameubli et bien fumé.

Comment se sèment les céréales ?

85. Les céréales se sèment à la volée ou en lignes, soit à la main, soit au semoir, à la quantité approximative, par hectare, de 2 hectolitres pour le froment, de 2 Hl 50 pour le seigle et l'orge, de 3 Hl pour l'avoine, de 120 Kg pour le maïs et de 30 Kg pour le sorgho.

Les semences doivent être soigneusement triées, afin qu'on ne soit pas exposé à semer avec elles de mauvaises herbes ; elles doivent de plus être *chaulées* ou *sulfatées* (n° 73), pour les préserver des maladies cryptogamiques auxquelles elles sont sujettes (*charbon*, *carie*, *rouille*, *ergot*, etc.).

Quels soins généraux exigent les céréales pendant qu'elles sont en terre?

86. Pendant qu'elles sont en terre, les céréales doivent: 1° être hersées au printemps, pour activer leur végétation et faciliter leur tallement ; 2° être roulées lorsqu'elles ont été déchaussées par la gelée ; 3° être saupoudrées, lorsqu'elles sont souffreteuses au printemps, avec du *nitrate de potasse* ou *de soude*, à raison de 100 Kg environ par hectare ; 4° enfin être débarrassées des mauvaises herbes.

Une fois mûres, les céréales sont **moissonnées** avec la *faucille*, la *faux* ou la *moissonneuse* mécanique, étendues en *javelles*, liées en *gerbes* et rangées en *moyettes*; **battues** pour séparer le grain d'avec la paille, soit au moyen du *fléau*, soit au moyen d'un *rouleau* pesant qu'on fait passer sur les épis étendus sur l'*aire*, soit au moyen de la *batteuse mécanique*; **vannées** au moyen du *tarare* et gardées dans les *greniers*.

Que savez-vous sur le froment?

87. Le **froment** est la première et la plus importante des céréales, celle dont le grain donne la farine la plus abondante en principes nutritifs et dont on fait le pain le plus savoureux. On a dit avec raison que c'est la plante la plus précieuse, la plus utile à l'homme et le plus beau présent que lui ait fait la Divinité (*Dictée XX*).

Ne cultive-t-on qu'une variété de froment?

88. On cultive un grand nombre de variétés de froment, que nous comprendrons en deux classes : les **blés fins** ou sans barbes et les **gros blés** ou *blés barbus*. Les premiers sont, en général, plus recherchés et se vendent mieux ; les seconds sont plus rustiques, plus vigoureux, plus résistants et craignent moins la verse ; mais leur grain est de qualité inférieure.

1) Parmi les principales variétés de **blés fins**, on peut citer : le *blé bleu de Noé*, le *blé rouge inversable de Bordeaux*, le *blé blanc de Flandre*, le *blé Victoria* d'automne, le *blé Dattel*, le *blé Bordier*, le *blé Shireff*, le *Golden drop*, la *touselle blanche* de Provence, etc.

2) Parmi les **gros blés,** le *blé poulard de Touraine*, le *blé poulard rouge*, la *pétanielle blanche*, la *pétanielle noire*, etc., sont particulièrement dignes de mention.

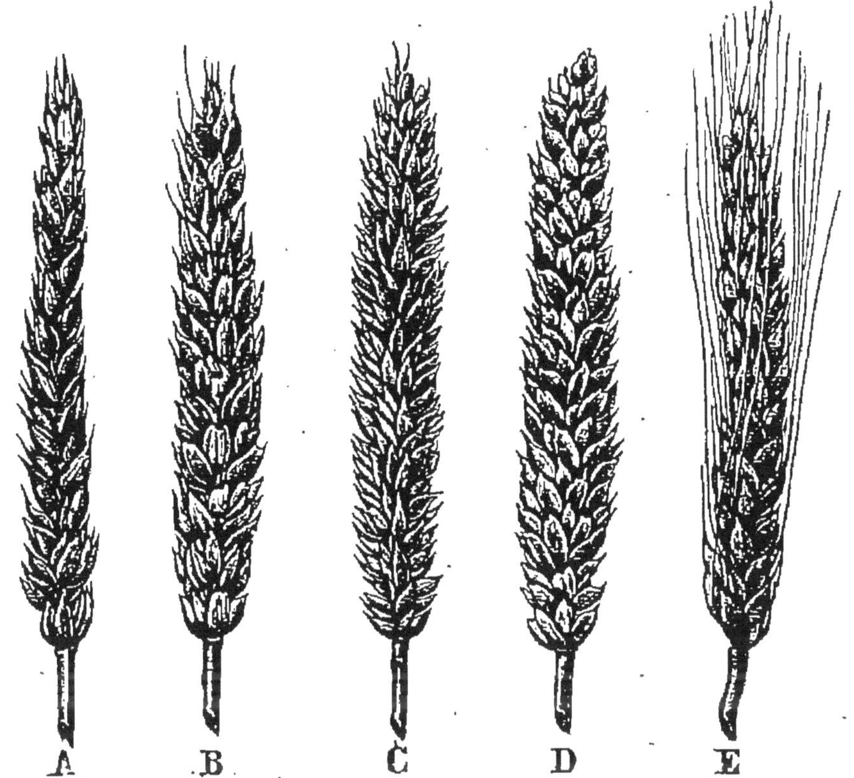

Fig. 27. — Quelques variétés de blé très estimées en France.

A, blé blanc de Flandre ; — B, blé rouge inversable de Bordeaux; C, blé Dattel ; — D, blé Victoria d'automne ; — E, blé poulard de Touraine.

Ne peut-on pas aussi diviser les froments en deux catégories, d'après l'époque où ils se sèment ?

89. Oui, d'après l'époque où ils se sèment, les froments, comme d'ailleurs la plupart des céréales, se divisent en deux catégories : les *blés d'automne* ou *d'hiver* et les *blés de printemps*.

1) Les **blés d'hiver** ont une végétation plus vigoureuse, la tige plus élevée, les épis plus développés, les grains plus gros et meilleurs ; ils se sèment de septembre à décembre.

2) Les **blés de printemps,** ou *blés de mars*, sont moins productifs et plus chanceux que les blés d'automne ; ils servent à remplacer ces derniers lorsqu'ils n'ont pas réussi ou qu'on n'a pas pu les semer, faute d'un temps propice.

Quelles sont les terres les plus propres au froment?

90. Les terrains de prédilection des blés d'automne sont les terrains argilo-calcaires à sous-sol perméable; mais, avec des engrais convenables, on peut les cultiver presque partout, lorsque l'altitude n'est pas trop grande. Quant aux variétés de printemps, elles conviennent peu aux localités froides et ne se plaisent que dans les sols friables.

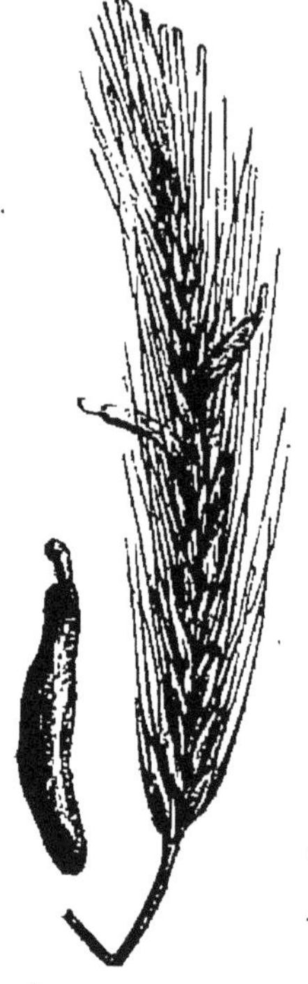

Fig. 28. Épi de seigle atteint de l'ergot.

Les blés fins doivent être exclus des terres acides; les gros blés, au contraire, peuvent y donner de bons résultats. Dans les meilleures conditions, le blé peut donner de 35 à 40 hectolitres par hectare; mais dans les cas ordinaires la récolte est déjà bonne quand elle en donne de 20 à 25.

Le froment n'est-il pas sujet à certaines maladies?

91. Le froment est sujet à un assez grand nombre de maladies, dont les principales sont la *carie*, qui attaque l'épi, et le *charbon*, qui endommage le grain. Elles sont dues l'une et l'autre à de petits champignons dont le germe se trouve probablement dans le grain semé. On réussit le plus souvent à les prévenir en chaulant ou en sulfatant les semences (n° 73).

Que savez-vous sur le seigle?

92. Le **seigle** est une des plus importantes céréales après le froment. Il supplée cette dernière plante dans les pays pauvres et froids, au sol granitique ou sablonneux, et mûrit son grain à des altitudes où le froment ne viendrait plus. On en distingue deux espèces principales: le *seigle d'automne* et le *seigle de printemps*, appelé aussi *petit seigle* ou *trémoise*.

L'épi de seigle est souvent attaqué par **l'ergot** (fig, 28), sorte de champignon appelé par les botanistes *claviceps purpurea*. Sous son action, le grain s'allonge, devient dur, compact, noirâtre et se recourbe en forme d'ergot de coq. C'est un poison dangereux. On ne connaît aucun moyen de le prévenir, si ce n'est peut-être le chaulage ou le sulfatage des semences, qui est loin de réussir toujours.

Parlez de l'avoine.

93. Plus cultivée que le seigle, l'**avoine** sert à faire le gruau, très employé en médecine pour la nourriture des convalescents ; mais son principal usage est de servir à la nourriture des chevaux, des moutons et des oiseaux de basse-cour. Elle aime l'humidité ; mais elle vient dans presque tous les terrains et à toutes les altitudes. Elle n'exige que peu de travaux de culture et vient parfaitement après les plantes sarclées.

Relativement à l'époque où elle se sème, on distingue l'*avoine de printemps* et l'*avoine d'hiver ;* relativement à ses diverses variétés, il y a les *avoines noires* et les *avoines blanches*, les premières sont les plus estimées.

Que savez-vous de l'orge?

94. Comme l'avoine, l'**orge** vient un peu dans tous les terrains, mais de préférence dans ceux où domine l'argile et qui sont chauds et secs plutôt qu'humides. On en distingue deux variétés principales : l'*orge d'hiver* ou *escurgeon*, très cultivée dans les départements du Nord et du Nord-Est pour la fabrication de la bière, et l'*orge de printemps*. La première se sème en octobre et la seconde en avril.

Outre son principal emploi dans la fabrication de la bière, l'orge est employée, comme l'avoine, pour la nourriture des animaux, qui la mangent avidement. Dépouillée de son écorce, elle sert, dans l'économie domestique, à faire des bouillies et des potages *(orge mondé) ;* raccourcie en outre par les deux bouts, elle est d'un fréquent usage en médecine, sous le nom d'*orge perlé*, pour faire des tisanes rafraîchissantes.

Que savez-vous du maïs?

95. Le **maïs** ou *blé de Turquie* est la céréale des pays méridionaux. Il offre une précieuse ressource à l'agriculture pour la nourriture des animaux domestiques et même de l'homme. Sa terre de préférence est l'argilo-siliceuse ; mais toute espèce de sol peut lui

convenir, pourvu qu'il ait été bien ameubli et bien fumé. On le sème en lignes, au printemps, lorsqu'on n'a plus rien à craindre de la gelée, et on le butte lorsqu'il a environ 30 centimètres de haut.

Fig. 29. — Maïs.
. Epi femelle. — 2. Epi mâle.

1) **Cultivé comme grain,** le maïs entre pour une assez large part, en quelques régions, dans l'alimentation de l'homme ; mais il est surtout employé à l'engraissement du porc et de la volaille.

2) **Cultivé comme fourrage,** il demande un terrain sain et bien fumé, mais ne craint pas la sécheresse ; c'est une précieuse ressource dans les années de disette de fourrage. La plante doit être alors fauchée quand les épis mâles commencent à se montrer, elle peut être consommée verte ou ensilée pour l'hiver. (*Dictée XXI.*)

Qu'est-ce que le sorgho?

96. Le **sorgho** est une grande plante annuelle, dont l'aspect rappelle celui du maïs, et qui se cultive à peu près comme cette dernière plante. Ses feuilles sont utilisées comme un fourrage excellent ; ses panicules (épis) servent à faire les balais et ses grains, à nourrir la volaille.

Fig. 30. — Sarrasin.

Dites ce que vous savez du sarrasin.

97. Le **sarrasin** ou *blé noir*, à cause de ses usages, est rangé parmi les céréales bien qu'il n'appartienne pas à la famille des graminées. Il n'est pas difficile sur la nature du sol pourvu que celui-ci soit bien ameubli ; mais il doit être semé de telle sorte qu'il n'ait pas à craindre la

gelée ; il redoute beaucoup aussi, pendant sa floraison, les vents froids du nord.

En Bretagne et dans quelques autres régions, la farine du sarrasin est employée comme aliment pour l'homme, sous forme de crêpes, de galettes et de bouillies ; mais on s'en sert principalement pour la nourriture et l'engraissement des animaux, surtout de ceux de l'espèce porcine et de la volaille.

RÉDACTIONS

20. Quelle est, après le blé, la céréale qui vous paraît la plus importante ? Dites pourquoi.

21. Le maïs, sa description comme plante, sa culture, ses usages.

22. Le blé : son importance dans l'alimentation de l'homme, principaux soins que demande sa culture, divers usages auxquels on l'emploie.

PROBLÈMES

12. En France, le blé produit en moyenne 14 Hl par Ha ; en Angleterre il en produit 23 ; d'autre part, en France, l'étendue des terres cultivées en blé est de 5.989.568 Ha ; en Angleterre, elle est les 77/299 du nombre précédent. Quelle est, en Hl, la production totale du blé en France et en Angleterre ? Si, en améliorant les procédés de culture, on arrivait en France à faire produire à l'Ha de blé autant qu'il produit en Angleterre, de combien d'Hl notre production annuelle de blé serait-elle augmentée ?

13. Un Hl de seigle pèse 72 Kg et donne 1 quintal 1/2 de paille. Combien de quintaux de paille a donnés une terre qui a produit 2.468 Kg de grain ? — Combien a-t-elle produit d'Hl de seigle et quelle est sa contenance, sachant que chaque Ha produit 17 Hl de seigle ?

14. Un cultivateur veut ensemencer d'orge 3 Ha 28 de son exploitation. Combien de Kg de fumier devra-t-il employer, sachant qu'il espère récolter 24 Hl d'orge par Ha, que le poids d'un Hl est de 56 Kg, que le poids de la paille est double de celui du grain et qu'il faut 20 Kg de fumier pour 100 Kg de paille et de grain réunis ?

II. — PLANTES SARCLÉE

Qu'entendez-vous par plantes sarclées ?

98. On désigne sous le nom de **plantes sarclées** celles qui demandent à être sarclées souvent et dont la culture exige de fréquents binages, de fortes fumures et parfois des buttages. Les principales sont : les *betteraves*, les *navets*, les *carottes* et les *rutabagas*, cultivés pour leur racine ; les *pommes de terre* et les *topinambours*, cultivés pour leurs tubercules, et les *choux*, cultivés pour leurs feuilles.

Les cultures sarclées ont ordinairement de précieux avantages. Outre qu'elles fournissent aux bestiaux, en hiver et au commencement du printemps, une nourriture substantielle et salubre, elles contribuent puissamment, par les soins qu'elles demandent, à purger le sol des mauvaises herbes et deviennent ainsi une excellente préparation à la culture des céréales.

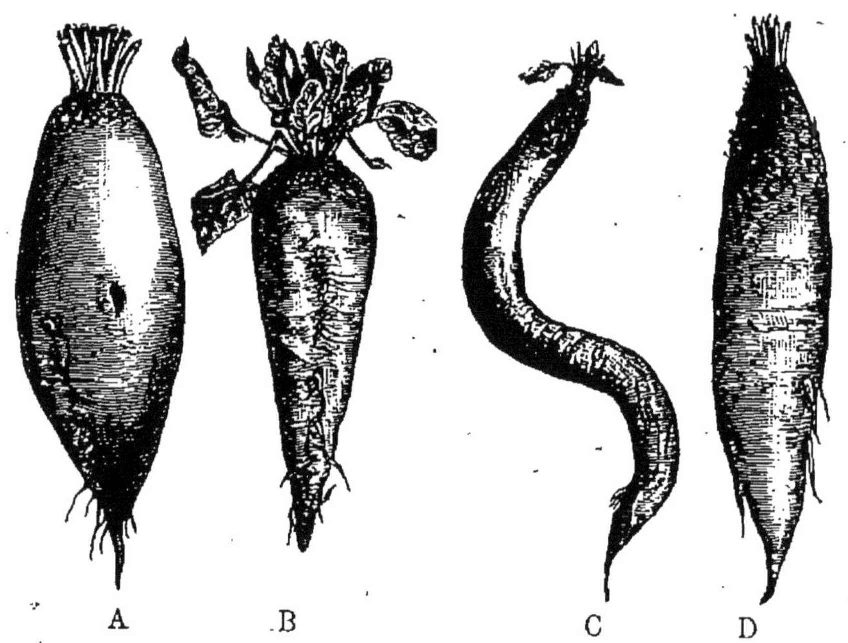

Fig. 31. — Quelques variétés de betteraves.

A. Betterave jaune géante de Vauriac. — B. Betterave blanche de Silésie. C. Betterave disette corne-de-bœuf. — D. Betterave disette blanche à collet vert.

Qu'est-ce que la betterave?

99. La **betterave** est une plante bisannuelle, à racine charnue, parfois énorme, de diverses formes et de diverses nuances, qui fournit au bétail une bonne nourriture, à nos cuisines un légume estimé, aux distilleries et aux sucreries un suc précieux (*Dictée XXII*).

1) Pour la **nourriture du bétail**, la betterave est une des plantes les plus avantageuses ; cuite, elle favorise la formation de la chair et de la graisse; crue, elle active la sécrétion du lait chez les vaches; comme elle se conserve longtemps, elle peut servir d'approvisionnement lorsque les autres racines manquent.

2) Considérée comme **plante alimentaire pour l'homme**, elle est nourrissante et de facile digestion. On mange sa racine cuite sous la cendre ou à l'eau et diversement assaisonnée.

3) Comme **plante sucrière**, elle est surtout cultivée dans la région du Nord et dans celle du Centre, dont le sol et le climat sont particulièrement favorables à sa production.

Ne cultive-t-on qu'une variété de betteraves ?

100. On cultive un grand nombre de variétés de betteraves. Les plus estimées pour le sucre sont : la *betterave blanche de Silésie* et la *betterave blanche à collet rose*, comme betteraves fourragères, on apprécie particulièrement : la *betterave jaune globe*, la *betterave jaune géante de Vauriac*, la *rouge géante Mammouth*, la *blanche à collet vert*, la *disette corne-de-bœuf*, etc. ; quant aux variétés potagères, les principales sont la *crapaudine*, la *rouge longue*, la *rouge pyriforme de Strasbourg* et la *rouge plate d'Egypte*.

Comment se cultive la betterave ?

101. La betterave se sème au printemps, lorsqu'on n'a plus à craindre de gelée blanche, sur un sol bien ameubli et bien fumé ; on lui donne un premier binage, lorsque les feuilles ont atteint 4 ou 5 centimètres, puis un second un mois après, au cours duquel on éclaircit les touffes trop vigoureuses, et on renouvelle cette opération toutes les fois qu'il en est besoin. On arrache les racines avant les gelées d'automne, on les décollète et on les garde dans des silos jusqu'à leur consommation.

La betterave réussit dans tous les terrains, mais en général, elle préfère des terrains de consistance moyenne, frais et enrichis par les engrais. Si on cultive cette plante en vue de la production du sucre, la potasse doit dominer dans la fumure et on peut mettre dix plants par mètre carré ; s'il s'agit de la betterave fourragère, c'est l'azote, au contraire, qui doit dominer dans la fumure, et le nombre de plants ne doit pas dépasser six par mètre carré.

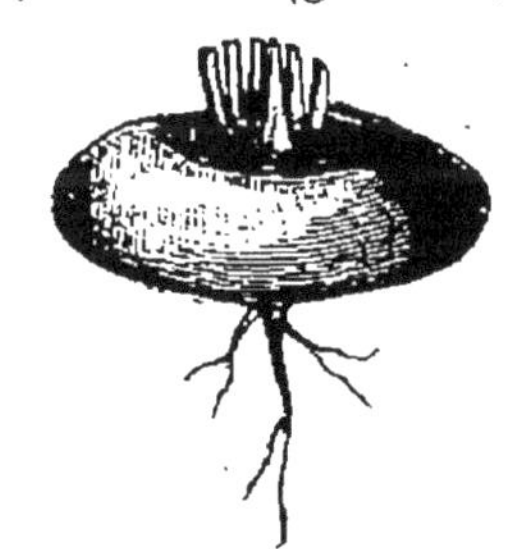

Fig. 32. — Navet turneps ou rave.

Qu'est-ce que le navet ?

102. Le **navet** est une plante bisannuelle, dont la racine charnue et renflée est employée de temps immémorial pour la nourriture de l'homme et des animaux.

Il présente un grand nombre de variétés, dont plusieurs sont très cultivées dans le jardinage; celle qui est ronde et aplatie et qu'on désigne sous le nom de *rave*, de *turneps* ou de *rabioule* (fig. 32), est la plus répandue dans la grande culture.

Fig. 33. Carotte blanche à collet vert.

Semés généralement comme culture dérobée, c'est-à-dire après une céréale sur la terre qui doit porter l'année suivante des pommes de terre ou des betteraves, les navets n'occasionnent que peu de dépense, et ils sont pour le bétail une nourriture très agréable et très bienfaisante. Ils exigent à peu près les mêmes soins de culture que les betteraves.

Dites ce que vous savez de la carotte.

103. Comme le navet, la **carotte** est à la fois, selon ses variétés, une plante potagère et une plante fourragère. Elle fournit à l'homme et aux animaux un aliment plus agréable et plus nutritif que celui de la betterave. Les chevaux surtout en sont fort avides. Les principales variétés fourragères sont la *blanche des Vosges*, la *blanche à collet vert* et la *jaune*.

On la sème en mars-avril, en ligne plutôt qu'à la volée, dans une terre bien ameublie et fumée avant l'hiver; on sarcle, on bine, on éclaircit quand c'est nécessaire, et l'on récolte aux approches de l'hiver. Dans les bonnes terres, le rendement est d'environ 25 à 35.000 kilos par hectare.

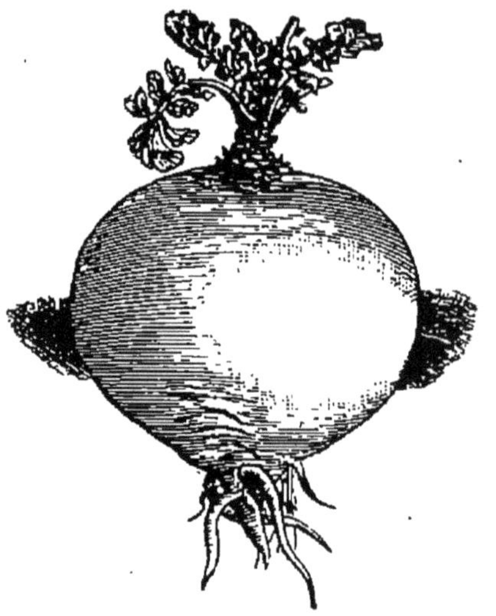

Fig. 33. — Rutabaga.

Que savez-vous du rutabaga?

104. Le **rutabaga**, qu'on appelle aussi *chou-navet* ou *navet de Suède*, tient à la fois du navet, dont il a la racine, et du chou, dont il

a les feuilles. Employé comme nourriture des vaches qui la recherchent avec avidité, il augmente considérablement leur rendement de lait.

Le rutabaga est d'ailleurs d'une culture facile : on le sème en pépinière en mars pour le repiquer, ou à demeure en mai-juin sur une terre légère ; on sarcle, on bine et l'on récolte sur la fin de l'automne ou même en hiver, car cette plante craint très peu le froid.

Quelle est la plus précieuse des plantes à tubercules?

105. La plus précieuse et la plus importante des plantes à tubercules est de beaucoup la **pomme de terre**, qui offre aux hommes une ressource assurée contre la disette et fournit une nourriture abondante aux animaux.

Vulgarisée en France, vers la fin du dernier siècle, par les soins de l'illustre Parmentier, sa culture rencontra d'abord une opposition opiniâtre ; on l'accusait d'engendrer la fièvre, de donner le goître, la lèpre, etc. Mais elle ne tarda pas, grâce à la constance de son vaillant propagateur, à triompher de tous les préjugés. Bientôt elle commença à se généraliser dans notre pays et n'a cessé depuis d'y faire des progrès toujours croissants, Elle occupe aujourd'hui, après le pain, la première place dans l'alimentation du peuple et sa production annuelle, en France seulement, dépasse 140 millions d'hectolitres.

Comment se cultive la pomme de terre?

106. La pomme de terre peut se reproduire par *semis*; par *boutures* et par *tubercules;* mais ce dernier procédé est le seul qui soit usité en agriculture. On plante les tubercules au printemps, soit à la houe, soit à la bêche, soit à la charrue ; on les sarcle et on les bine quand les tiges ont pris un certain accroissement, et enfin on les butte avant la floraison. La récolte se fait au mois de septembre ou d'octobre, alors que les tiges se dessèchent. Dans les bonnes terres, le rendement est d'environ 300 hectolitres par hectare.

Le terrain à consacrer à la pomme de terre doit être à la fois léger, meuble et substantiel. S'il est trop humide, les tubercules pourrissent ; s'il est trop sec, la végétation s'arrête. Il ne faut pas craindre de lui donner une fumure abondante, qui est payée largement par la plus grande abondance de la récolte.

Quelles sont les principales variétés de la pomme de terre?

107. Il y a un nombre incalculable de variétés de pommes de terre, mais la plupart peuvent se rattacher

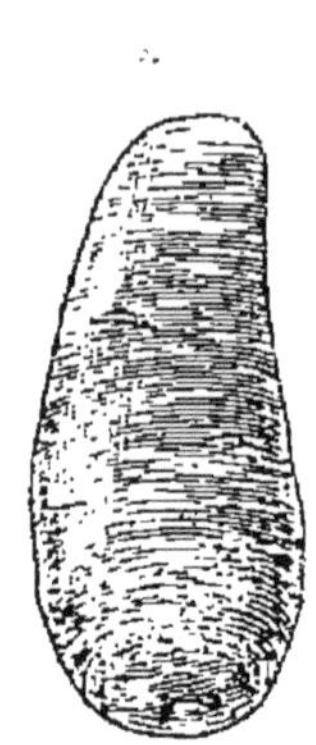

Fig. 35. — Les trois types de pommes de terre.
A. Parmentières. — B. Patraque. — C. Vitelote.

à trois types principaux : les *parmentières*, allongées, plates, plus grosses vers un bout que vers l'autre; les *patraques*, qui se rapprochent de la forme sphérique, et les *vitelotes*, cylindriques avec des yeux nombreux.

Fig. 36. Topinambour.

Au point de vue agricole, il est plus pratique de classer les pommes de terre en **variétés de jardin**, destinées à l'alimentation de l'homme, et en **variétés de grande culture**, principalement destinées à des préparations industrielles (fécule, alcool, etc.) ou à la nourriture du bétail.

1) Dans la première catégorie, il faut placer en première ligne : la *Marjolin*, l'*Early rose*, la *jaune de Hollande*, la *Saucisse rouge*, etc.

2) Dans la seconde, on estime surtout : l'*Américaine*, la *Magnum Bonum*, la *Tsarine*, la *Géante sans pareille*, la *Richter's*, l'*Institut de Beauvais*, l'*Imperator*, la *Chardon*, etc.

Que savez-vous du topinambour?

108. Le **topinambour** est une plante vivace à tige très haute, cultivée comme la pomme de terre, pour ses tubercules. On la plante vers la fin de l'hiver sur les terrains épuisés par les céréales et on

lui donne pendant la culture les mêmes soins qu'à la pomme de terre.

Le topinambour a une saveur caractéristique dont l'homme se fatigue vite ; mais il possède d'ailleurs de si grands avantages qu'il y a lieu de s'étonner qu'il ne fasse pas plus ordinairement partie des cultures destinées aux animaux. Il donne des produits considérables dans un sol médiocre, et se perpétue pendant plusieurs années sur le même sol en exigeant peu de culture. Il ne craint pas la gelée, n'est attaqué par aucun insecte, et n'est sujet à aucune maladie. Il donne cependant une nourriture presque aussi riche que celle de la pomme de terre. (*Dictée XXIII.*)

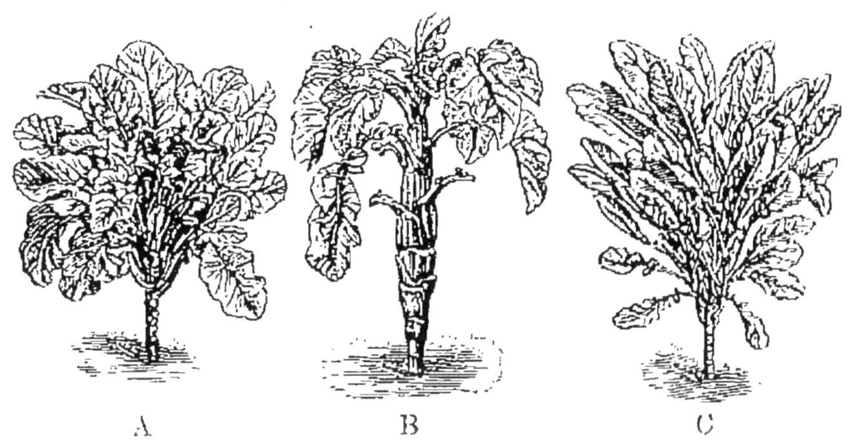

Fig. 36. — Choux fourragers.

A. Chou branchu. — B. Chou moellier. — C. Chou mille-têtes.

Les choux méritent-ils d'être cultivés en grand pour la nourriture du bétail ?

109. Les **choux** forment une des récoltes sarclées les plus précieuses pour la nourriture du bétail, principalement des vaches à l'étable. Ils sont peu exigeants, prospèrent à peu près dans tous les terrains, fournissent en août, septembre et octobre une nourriture fraîche, qu'on ne pourrait guère obtenir avec d'autres plantes, et, en hiver, c'est le seul fourrage vert qu'il soit facile de conserver. Les espèces les plus appréciées pour la grande culture sont : le *chou cavalier*, le *chou branchu du Poitou*, le *chou mille-têtes* et le *chou moellier*.

Ces différentes espèces de choux se sèment de bonne heure au printemps de façon à pouvoir être repiqués le plus tôt possible et commencer à produire dès le mois d'août. Dans les climats doux, ils donnent des feuilles tout l'hiver. Dans les pays froids, ils ne résistent pas aux fortes gelées; on doit alors les arracher en décembre. Il existe un chou de petite dimension et de production moindre, appelé chou de montagne et qui résiste à l'hiver partout.

RÉDACTIONS

23. La pomme de terre; son histoire, sa culture, ses services.

24. La culture des plantes sarclées est-elle avantageuse? Dites pourquoi.

25. Usages de la betterave.

PROBLÈMES

15. Quelle étendue de terrain faudra-t-il ensemencer pour fournir des betteraves à une fabrique qui produit par mois 6.300 Kg de sucre? Le rendement est de 6 Kg de sucre par 100 Kg de betteraves et 1 Ha produit 26.250 Kg de betteraves. Estimez en outre la valeur de la récolte de betteraves à 13 f. la tonne et le prix de revient du Kg de sucre, si les frais s'élèvent à 15.800 fr.

16. On récolte sur 1 Ha de terrain 392 quintaux métriques de carottes et 98 quintaux métriques de feuilles vertes; on admet d'ailleurs que pour la nourriture des animaux 2 Kg 50 de racines valent 1 Kg de foin, et 10 Kg de feuilles vertes valent aussi 1 Kg de foin. Quelle est la quantité de foin équivalente à cette récolte de carottes?

17. Un champ de 196 m. 90 de long sur 117 m. de large est planté en pommes de terre; les rangs disposés dans le sens de la longueur sont écartés de 0 m. 45 les uns des autres et des bords, et les plants d'un même rang sont distants de 0 m. 30 entre eux et des bords. Combien a-t-il fallu de Kg de pommes de terre, si chaque plant est formé d'un tubercule pesant en moyenne 80 gr., et quelle a été la dépense à faire pour ces pommes de terre, si on les a payées 7 fr. les 100 Kg?

III. — PLANTES FOURRAGÈRES

Qu'appelle-t-on plantes fourragères?

110. On donne proprement le nom de **plantes fourragères** à celles dont les tiges fauchées et séchées constituent le *fourrage* ou foin, qui est la nourriture par excellence des animaux domestiques herbivores.

Par analogie, on donne aussi quelquefois le même nom aux plantes dont les racines, les tiges ou les feuilles, vertes ou sèches, remplacent le foin dans la nourriture du bétail. Dans ce sens la plupart des plantes sarclées, comme le maïs, les betteraves, les choux, etc., sont également des plantes fourragères.

Quel nom donne-t-on aux terrains couverts de plantes fourragères?

111. Les terrains couverts de plantes fourragères sont désignés sous le nom général de **prairies.** On distingue les *prairies naturelles* et les *prairies artificielles.*

Qu'appelle-t-on prairies naturelles ?

112. Les **prairies naturelles** sont celles qui se forment et se soutiennent ordinairement sans le concours du travail de l'homme et qui sont composées de différentes sortes d'herbes appartenant pour la plupart à la famille des graminées.

Toutes ces herbes, vivant côte à côte, mêlées ensemble, se sèment naturellement d'elles-mêmes, s'épaississent de plus en plus et finissent par former, par l'entrelacement de leurs racines et de la partie inférieure de leurs tiges, une sorte de tissu appelé *gazon*.

Fig. 38. — Flouve. *Fig. 39. — Brize moyenne.* *Fig. 40. — Ray-grass.*

Quelles sont les espèces de plantes qui dominent généralement dans les prairies naturelles ?

113. Les espèces de plantes qu'on trouve dans les prairies naturelles varient naturellement avec le climat et la nature du sol ; mais les plus communes et les meilleures sont : 1° la *fléole des prés*, la *flouve odorante*, le *vulpin des prés*, la *brize moyenne*, le *ray-grass* ou *ivrée*, le *dactyle pelotonné*, la *houlque laineuse*, le *fromental* ou *avoine élevée*, le *pâturin des prés*, l'*agrostis jouet des vents*, etc., qui appartiennent à la famille des graminées ; 2° les *trèfles*, le *sainfoin*, la *lupuline*, le *lotier corniculé*, les *gesses*, etc., qui appartiennent à la famille des légumineuses ; 3° la *centaure jacée* et diver-

ses sortes d'*épervières*, qui appartiennent à celle des composées.

Lorsqu'on veut transformer un terrain en prairie naturelle, il faut d'abord le niveler, le fumer abondamment et y semer une plante sarclée pour le débarrasser des mauvaises herbes. La récolte faite, on laboure deux fois, dont une à la sortie de l'hiver, on herse bien et l'on sème une avoine avec un mélange de graines des plantes ci-dessus nommées ; on couvre ensuite avec la herse et on roule. On aura pour l'automne une herbe déjà forte, qu'on pourra faucher ou faire pâturer par les moutons.

Quels sont les principaux soins d'entretien qu'exigent les prairies naturelles ?

114. Pour entretenir les prairies en bon état et en bon rapport, il faut les épierrer, étendre les taupinières qui s'y trouvent, les assainir par des rigoles d'écoulement lorsqu'elles sont trop humides, les arroser, si c'est possible, lorsqu'elles sont trop sèches et les fumer au moins tous les deux ans. (*Dictée XXIV.*)

Qu'appelle-t-on prairies artificielles ?

115. Les **prairies artificielles** sont celles qui sont formées d'un petit nombre de plantes fourragères choisies, souvent d'une seule, et qui n'occupent le sol que pendant un temps déterminé, ordinairement assez court. Elles sont surtout en usage dans les bons terrains de labour où le défaut d'humidité rend difficile l'établissement des prairies naturelles ; mais on peut les cultiver presque partout. (*Dictée XXV.*)

Les prairies naturelles, lorsqu'elles sont favorisées par un climat humide ou qu'elles peuvent être facilement irriguées, sont sans contredit la base la plus assurée d'une agriculture régulière ; mais dans les pays où le climat est défavorable à leur établissement, les prairies artificielles sont une précieuse ressource. Elles donnent généralement un fourrage abondant et d'une grande puissance nutritive ; elles peuvent remplacer avantageusement la jachère dans les assolements, et sont une excellente préparation du sol à la culture des céréales.

Quelles sont les plantes les plus généralement employées dans la formation des prairies artificielles ?

116. Les principales plantes employées dans la formation des prairies artificielles sont, en première ligne :

la **luzerne**, le **trèfle** et le **sainfoin** ; puis dans des proportions beaucoup moindres, la *lupuline*, la *vesce*, la *gesse*, le *pois fourrager*, etc. (1).

Toutes ces plantes appartiennent à la famille des légumineuses et ont pour caractère commun d'exiger du sol une grande quantité de *potasse* et de *chaux*. Les engrais qui contiennent beaucoup de ces deux substances sont donc ceux qui leur conviennent le mieux. Quant à l'*azote* dont elles ont besoin, elles l'empruntent en très grande partie à l'atmosphère, ce qui fait qu'elles appauvrissent très peu le sol et que souvent même elles l'améliorent. Le **plâtre**, répandu sur leurs feuilles, lorsqu'elles sont en végétation, leur donne une grande vigueur.

Fig. 41. — Luzerne.

Que savez-vous de la luzerne ?

117. La **luzerne** est une des meilleures plantes fourragères, surtout pour les régions méridionales. Elle donne en grande quantité un excellent fourrage et enrichit le sol en azote au lieu de l'appauvrir. Munie d'une longue racine pivotante, elle va chercher dans les couches les plus profondes du sol ses principes nutritifs et fertilise la surface par les débris de ses feuilles

(1) Une autre plante fourragère qui fait à peine son entrée dans l'agriculture française, mais qui paraît devoir rendre les plus grands services comme fourrage vert, c'est la **consoude rugueuse du Caucase**. Elle est très précoce, résiste très bien à la sécheresse, et la plupart des animaux domestiques, pour lesquels elle constitue une excellente nourriture, la mangent avec beaucoup de goût. D'avril en octobre, elle peut donner une coupe tous les mois, et l'on assure que son rendement annuel par hectare, lorsqu'elle est cultivée dans de bonnes conditions, ne s'élève pas à moins de 200 à 250 mille kilogrammes de fourrage vert, tandis que la luzerne, le trèfle et le sainfoin en donnent à peine de 30 à 40 mille. Elle demande une terre bien propre, bien ameublie et bien fumée, mais elle est d'ailleurs peu délicate sur la nature du sol et peut venir presque partout. Sa racine est vivace et le champ une fois établi peut durer indéfiniment. Elle se produit par *surgeons* ou éclats de racine.

caduques. Elle demande une terre **profondément défoncée**, calcaire, bien préparée par plusieurs labours et bien nettoyée. Dans le Nord, on la sème au printemps, et en automne dans le Midi.

Fig. 42. — Trèfle commun.

La luzerne se fauche dès qu'elle est en fleur. Placée dans de bonnes conditions, elle peut durer de quatre à dix ans, en donnant quatre coupes par an ; mais on la laisse rarement subsister plus de six ans. Dès qu'elle n'est plus suffisamment productive, on la défriche et on la fait suivre d'une céréale.

Dites ce que vous savez sur la culture du trèfle.

118. Le **trèfle** forme, comme la luzerne, un excellent fourrage. On en cultive trois espèces principales, le *trèfle commun* ou trèfle rouge, le *trèfle incarnat* et le *trèfle hybride*, mais la première est de beaucoup la plus répandue. Il est la plante fourragère des pays froids et humides, comme la luzerne et le sainfoin sont celles des pays chauds et secs.

1) Le **trèfle commun** peut réussir à peu près dans tous les terrains, mais les terres fraîches et consistantes, sans excès, et renfermant une certaine proportion de calcaire, sont celles qui lui conviennent le mieux. On le sème en automne ou au printemps, généralement avec une céréale ; il donne un pâturage en automne, et deux coupes l'année suivante. On enfouit en vert la dernière poussée, qui sert d'engrais végétal.

2) Le **trèfle incarnat** ou *farouche* s'accommode très bien des terres sèches, pourvu qu'il y trouve assez d'humidité pour germer. On le sème en août ou septembre et on le fauche quand il commence à fleurir. Il est plus hâtif que le trèfle commun.

3) Le **trèfle hybride** convient particulièrement aux terres fortes, argileuses, naturellement très humides. On l'associe souvent aux graminées pour l'ensemencement des prairies naturelles.

Dites ce que vous savez du sainfoin.

119. Le **sainfoin** ou *esparcette* est la plus améliorante de toutes les plantes fourragères, et il possède, en outre, l'avantage de durer longtemps ; mais ce qui le rend surtout précieux, c'est qu'il végète très bien sur les terres sèches et les sols siliceux, où la luzerne et le trèfle viennent mal. Dans le Nord, on le sème au printemps dans une céréale ; dans le Midi, au contraire, le semis s'effectue en automne sur un sol nu. On le fauche, comme le trèfle incarnat, quand il commence à fleurir. Il ne faut jamais le faire pâturer par les moutons, qui en mangent le collet et le détruisent en peu de temps.

RÉDACTIONS

26. Les prairies naturelles ; comment elles se forment, comment elles s'entretiennent, comment se fait la récolte de leurs produits.

27. Le trèfle, la luzerne et le sainfoin ; avantages respectifs de chacune de ces trois plantes pour les divers terrains et les divers climats.

28. Expliquez et développez ce proverbe : « Si tu veux des blés, fais des prés. »

PROBLÈMES

18. Une prairie artificielle dont la superficie est de 250 ares a donné en deux coupes égales 82800 kg de fourrage vert, qui a produit pour 1766 fr. 40 de foin sec. Sachant que le fourrage vert perd les 7/9 de son poids en passant à l'état de foin sec, et que la botte de foin sec pèse 5 kg, on demande le prix de 100 bottes et le nombre de bottes fourni par chaque hectare.

19. Un hectare de terrain donne en moyenne 3 récoltes de luzerne fraîche pesant chacune 35800 kg. Ce fourrage sec se vend 58 francs les 1000 kg. Celui qui a été produit par un terrain ayant 120 mètres de long sur 90 de large a été vendu 1326 fr. 90. On demande de calculer d'après ces données, combien la luzerne a perdu pour cent de son poids par l'effet de la dessiccation.

20. Sur une prairie de 125 ares, en partie couverte de mousse et rendant à peine par hectare 2000 kg d'assez mauvais foin, vendu au plus 3 fr. 50 le quintal métrique, un fermier a répandu 250 kg de guano. Sous l'influence de cet engrais, le rendement du pré a été doublé, et la valeur du foin augmentée des 2/3. Quel bénéfice a fait le fermier, sachant que le guano employé coûte 32 francs les 100 kg et qu'il a payé 9 fr. 60 pour transport et épandage ?

IV. — PLANTES INDUSTRIELLES

Qu'appelle-t-on plantes industrielles ?

120. On donne le nom de **plantes industrielles** à celles qui, par l'une quelconque de leurs parties, servent

de matière première à quelqu'une des diverses industries. Parmi celles qui sont en France, l'objet d'une culture importante, il faut citer, outre la betterave sucrière, dont nous avons déjà parlé : le *lin* et le *chanvre*, cultivés surtout comme plantes texiles ; l'*olivier*, l'*œillette*, le *colza*, la *navette* et la *cameline*, cultivés comme plantes oléagineuses ; la *garance*, le *safran*, la *gaude* et le *pastel*, cultivés comme plantes tinctoriales ; le *mûrier*, dont la feuille sert de nourriture aux vers à soie ; le *tabac*, dont l'usage est si répandu comme narcotique, et le *houblon*, dont les cônes sont employés dans la fabrication de la bière.

Que savez-vous du lin ?

121. Le **lin** est une plante annuelle, dont la fleur, à cinq pétales, est d'un bleu de ciel. On le cultive : 1° pour ses tiges, qui donnent une filasse très estimée, employée dans la fabrication de diverses espèces de tissus, des cordages, du fil à coudre, etc. ; 2° pour ses graines, dont on fabrique une huile siccative très employée en peinture, et une farine dont la médecine fait grand usage pour des cataplasmes émollients. Il comprend deux variétés principales, qui ne diffèrent guère que par l'époque de leurs semailles : le *lin d'hiver* et le *lin d'été*.

Fig 43. — Lin.

Avec beaucoup d'engrais et des façons réitérées, le lin peut être cultivé dans presque toutes les terres, à l'exception de celles qui sont trop arides, graveleuses ou crayeuses ; mais c'est dans les terrains à la fois frais, substantiels et de consistance moyenne, plutôt légers que trop forts, qu'il donne les meilleurs résultats.

Comment se cultive le lin ?

122. Le lin d'hiver se sème en automne, et le lin d'été, de mars en mai. Son rendement est d'environ 350 kg de filasse et 300 kg de graine par hectare : on le sarcle lorsqu'il atteint quatre ou cinq centimètres de hauteur, et on l'arrache, suivant l'usage que l'on veut en faire, lorsqu'il est complètement mûr ou un peu avant.

L'arrachage du lin se fait à la main. Lorsque les tiges sont sèches, on en sépare la graine par le *battage* ou le *peignage*, puis on les fait *rouir*, soit à la rosée, soit dans l'eau courante ou stagnante, et on les *teille*, c'est-à-dire qu'on les concasse au moyen d'un instrument appelé *broie*, pour séparer la filasse d'avec la paille.

Qu'est-ce que le chanvre?

123. Le **chanvre** est une plante herbacée annuelle et dioïque c'est-à-dire que les fleurs à pistil (fleurs femelles) et les fleurs à étamines (fleurs mâles) sont sur des pieds différents. On le cultive pour la filasse très résistante que fournissent ses tiges, et pour ses graines dont on extrait une bonne huile à brûler.

Fig. 44. — Chanvre.
1. Pied femelle. — 2. Pied mâle.

Que savez-vous sur la culture du chanvre?

124. Le chanvre se sème dans le courant d'avril ou de mai, soit à la volée, soit au semoir, à raison de 150 à 200 kg par hectare et l'on recouvre à la herse ou à la charrue. Il n'a généralement besoin d'aucun autre soin jusqu'à l'arrachage, qui se fait pour les pieds mâles, lorsque les fleurs se flétrissent, et pour les pieds femelles, lorsque la graine est mûre, ce qui arrive environ six semaines après.

1) Il faut au chanvre un climat humide et tempéré, des terres légères, sablonneuses et fraîches et des fumures abondantes, car il est très épuisant. Comme il se développe très rapidement, les fumiers chauds et qui ont une action prompte sont ceux qui lui conviennent le mieux. Tels sont le fumier de mouton, les tourteaux, les guanos, etc.

2) Après qu'il a été arraché et séché, le chanvre subit des opérations analogues à celles du lin, c'est-à-dire qu'il est soumis au *rouissage*, pour dissoudre la substance gommeuse qui fait adhérer la filasse à la tige ; puis au *broyage* ou *teillage*, qui a pour but de séparer la filasse de la tige sèche, appelée *chènevotte*.

Que savez-vous de l'olivier?

125. L'**olivier**, pour la qualité de son huile, tient et tiendra toujours le premier rang parmi les végétaux oléifères ; malheureusement il ne vient en France que sur une zone assez restreinte, voisine de la Méditerranée, et la grande irrégularité de ses récoltes, jointe aux nombreuses maladies auxquelles il est sujet depuis quelques années, en ont fait limiter de plus en plus la culture.

Fig. 45. — Branche d'olivier.

C'est un arbre de taille variable, au feuillage gris, ressemblant quelque peu au saule. Il se multiplie soit par la séparation des rejetons enracinés toujours nombreux autour des vieilles souches, soit par le semis des noyaux d'olives et par la greffe.

Quels soins exige la culture de l'olivier ?

126. L'**olivier** se plante généralement en ligne, à 8 ou 10 mètres en tous sens ; on le fume tous les deux ou trois ans, au mois d'octobre, et on le taille tous les deux ans. Cette taille doit se réduire à débarrasser l'arbre du bois mort, et à éclaircir les rameaux de manière à favoriser la pousse du jeune bois, qui seul est fructifère. Les fleurs ne se produisent jamais que sur le bois de deux ans.

Les variétés d'olivier les plus estimées en France sont : l'*olivier amalingue* d'Aix, l'*olivier cournaud* de Salon, le *verdeau*, la *çayanc* de Marseille, et l'*olivier sage* des Pyrénées. Cette dernière variété a la réputation de geler beaucoup plus rarement que les autres.

Dites ce que vous savez du colza.

127. Le **colza** est, après l'olivier, la principale de nos

plantes oléagineuses, et il peut être cultivé avantageusement comme fourrage. Il prospère surtout dans les bonnes terres à blé; mais on peut aussi obtenir de bonnes récoltes dans des terres légères, siliceuses, d'une fertilité médiocre, à condition qu'elles soient bien fumées.

Fig. 46. — Fleurs du colza.

Fig. 47. — Fleurs de l'œillette.

Le colza d'hiver se sème généralement en pépinière, en juillet-août, pour être transplanté en septembre; on le bine et on le sarcle, lorsqu'il en est besoin, et on le coupe un peu avant que les graines soient entièrement mûres, parce qu'il est très sujet à s'égrener. Le colza d'été se sème en place au printemps; on éclaircit les plants lorsqu'ils ont pris un peu d'accroissement et l'on récolte la graine en juillet. Dans les bonnes terres, le colza peut donner en moyenne de 30 à 36 Hl de graine par Ha.

Qu'est-ce que la navette?

128. La **navette** est une espèce de chou comme le colza, et se cultive de la même façon que cette dernière plante. Ses produits sont un peu moins abondants, mais en revanche elle est plus rustique et moins exigeante sur la qualité du terrain.

Qu'est-ce que l'œillette?

129. L'**œillette** ou *pavot noir* est une plante annuelle, d'environ un mètre ou un mètre et demi de hauteur, dont les graines donnent une bonne huile comestible. (*Dictée XXVI.*)

Elle aime un terrain doux, léger, mais substantiel, très profondément ameubli et richement fumé. Elle se sème, selon les lieux, depuis l'automne jusqu'à la fin du printemps, à raison de 20 kilog environ par hectare; plus tard, on la bine et on la sarcle, puis on l'arrache dans le courant du mois d'août, un peu avant la maturité des têtes pour éviter que la graine s'échappe.

Que savez-vous de la cameline?

Fig. 48. — Sommité de la cameline.

130. La **cameline** est une espèce de chou dont la graine donne une bonne huile à brûler. Elle se cultive à peu près de la même façon que la navette et le colza, et réussit dans presque tous les terrains, pourvu qu'ils soient bien ameublis et fumés.

La culture de la garance, du pastel et autres plantes tinctoriales a-t-elle aujourd'hui une grande importance?

131. La **garance**, le **safran**, le **pastel**, la **gaude** sont des plantes qui, naguère encore, occupaient une place importante dans la culture française; mais qui ont été presque entièrement abandonnées, parce qu'elles avaient cessé d'être rémunératrices, depuis que la chimie a fourni le moyen d'obtenir à beaucoup meilleur compte les couleurs qu'on en retirait. La garance donne une belle *couleur rouge;* le pastel, une *couleur bleue;* la gaude et le safran, une *couleur jaune*.

Que savez-vous du mûrier?

132. Le **mûrier** est un arbre de grandeur moyenne cultivé pour ses feuilles, qui servent de nourriture aux vers à soie. Il pourrait venir dans la plus grande partie du sol de la France; mais il n'est guère répandu que dans la région sud-est.

Quels soins exige la culture du mûrier?

133. Le mûrier aime les terrains profonds et bien fumés, plutôt légers que forts; on le multiplie quelquefois par bouture et plus souvent par semis; on le transplante à demeure après quatre ou cinq ans de pépinière, et on le taille de manière à former sa tête à deux mètres environ au-dessus du sol. Le mûrier non greffé appelé

pourette se cultive en buisson. La feuille, qui est la principale récolte du mûrier, est recueillie à mesure des exigences du ver à soie.

Après la récolte de la feuille, on s'empresse de tailler l'arbre afin qu'il ait encore le temps de pousser des rameaux qui puissent se changer en bois parfait avant les premières gelées; ce sont ces jeunes pousses qui doivent porter les feuilles destinées à nourrir les vers à soie de l'année suivante. Bien cultivé et bien taillé, le mûrier peut vivre près d'un siècle, mais sa durée moyenne ne va guère au delà de cinquante ans.

Qu'est-ce que le tabac?

134. Le **tabac** est une plante annuelle de la famille des solanées. Il est cultivé seulement pour sa feuille, qui donne le tabac à fumer et le tabac à priser.

Fig. 49. — Tabac

La culture du tabac, en France, est restreinte par l'Etat à dix-neuf départements et réglée par des ordonnances sévères auxquelles le cultivateur doit se soumettre. Le sol qui paraît le mieux lui convenir est celui qui est profond et dans lequel le calcaire prédomine légèrement. Un mélange d'argile et de calcaire ne lui est pas désavantageux.

Comment cultive-t-on cette plante?

135. Le tabac se sème en pépinière au commencement du printemps, pour être transplanté en lignes dans le courant du mois de juin. Des sarclages et des binages fréquents, un buttage léger et l'écimage des plantes lorsque le bouton ou la couronne commence à paraître, constituent les principaux soins d'entretien. La récolte se fait généralement à la fin d'août ou au commencement de septembre, lorsque les feuilles commencent à jaunir. Les feuilles, une fois sèches, sont attachées en paquets ou *manoques* de soixante à soixante-dix, et livrées ainsi à la Régie.

Pourquoi cultive-t-on le houblon?

136. On cultive le **houblon** pour ses fruits ou *cônes*, qui portent à la base de leurs écailles une poussière jaune et amère, à laquelle la bière doit le goût spécial qui la caractérise. Les pieds mâles, qui ne produisent pas de cônes, doivent être exclus des plantations.

Que savez-vous de particulier sur la culture de cette plante?

137. Le houblon se plaît dans les terres riches et profondes, saines, mais fraîches et bien abritées contre les vents du nord et de l'ouest. Il se multiplie surtout par boutures, que l'on met d'abord en pépinière et qu'on transplante ensuite. Le sol de la houblonnière doit être profondément défoncé et richement fumé. Les tiges naissantes, à mesure qu'elles s'allongent, ont besoin d'être attachées à des perches, autour desquelles elles ne tardent pas à s'enrouler d'elles-mêmes. Lorsque les plants sont assez élevés, on les butte et on les sarcle fréquemment.

Fig. 50.
Feuille et cône du houblon.

1) La récolte, qui se fait dans le courant de septembre, demande une grande habitude, car la qualité des cônes et leur valeur commerciale dépendent en grande partie du point précis de maturité où ils sont cueillis. On doit choisir le moment où ils commencent à exhaler une odeur forte et à brunir par le bout.

2) Le houblon est une plante à racine vivace, et, une fois constituée, une houblonnière peut durer dix ou douze ans, à condition qu'on ait soin, chaque année, de renouveler la fumure autour des touffes.

RÉDACTIONS

29. Le lin et le chanvre; description, culture, usages.

30. Les plantes oléagineuses : leurs principales espèces, soins qu'exige leur culture.

31. Quelles sont les principales matières que l'industrie demande à l'agriculture? Quels produits en tire-t-elle?

PROBLÈMES

21. Un agriculteur a ensemencé en colza une terre de 12 Ha 2 ares 40 ca; les frais de culture se sont élevés, par hectare, à 189 fr. 50; la terre est louée 22 fr. 50 l'arpent de 42 ares; la récolte a été de 18 Hl 3/4 par hectare, et on l'a vendue 19 fr. 50 l'Hl. Calculez le bénéfice net de cette culture sur la pièce totale.

22. Un cultivateur a employé 75 Kg de graine de cameline pour ensemencer un champ, à raison de 6 Kg par hectare, et la graine récoltée dans un hectare a donné 192 Kg 50 d'huile. On demande quel prix le cultivateur a dû retirer de sa récolte d'huile, sachant qu'elle a été vendue à raison de 93 fr. les 100 Kg.

23. On a un terrain de 2 Ha 50 cultivé en tabac. Quel sera le prix de revient de la récolte, sachant qu'il a fallu par hectare : 1° trois labours successifs de 2 journées et demie, à raison de 6 francs la journée; 2° une fumure de 60 000 Kg à raison de 4 francs les 1.000 Kg; 3° 20 journées d'hommes à 4 francs l'une? Quel sera le bénéfice du cultivateur, si le terrain a produit 3.000 Kg de feuilles de tabac, vendues en moyenne 115 francs les 100 Kg?

CHAPITRE III

ANIMAUX DOMESTIQUES

I. — SOINS GÉNÉRAUX

Qu'appelle-t-on animaux domestiques?

138. Les **animaux domestiques** sont ceux que l'homme élève pour ses besoins ou ses plaisirs. Ils sont une des sources les plus importantes de la prospérité agricole, et l'on peut même dire que, sans eux, l'agriculture serait matériellement impossible. Sans compter, en effet, que le travail de l'homme serait privé de son auxiliaire le plus précieux, le fumier manquerait, et, sans fumier, il ne saurait y avoir de récoltes rémunératrices.

« Les animaux domestiques sont nos serviteurs. Dieu nous les a donnés pour nous aider dans nos travaux, pour nous servir, nous nourrir, quelques-uns même pour nous garder et nous défendre. Tous nous sont utiles. La chèvre et la vache nous donnent du lait; le mouton, de la laine; le cheval, le bœuf, le mulet et l'âne portent nos fardeaux, nous portent nous-mêmes. Leur peau sert à de nombreux usages; et, en outre, la chair du bœuf, de la vache, du veau, du mouton et du porc est pour nous une excellente nourriture. La poule, le canard, l'oie, le dindon, le pigeon nous fournissent des œufs, de la viande, de la plume; l'abeille, du miel; le ver à soie, un fil précieux dont nous composons nos riches étoffes; enfin, le chien nous garde. Quelle reconnaissance ne devons-nous pas à la Providence, qui a mis à notre disposition tant de richesses! » (Th. BARRAU.)

Pour prospérer et nous rendre ces précieux services, les animaux domestiques n'exigent-ils pas des soins?

139. Pour prospérer et nous rendre tous les services que nous pouvons attendre d'eux, les animaux domestiques réclament des soins nombreux et variés, que l'on peut ramener à trois catégories principales : *soins d'hygiène, soins d'alimentation, bons traitements.*

Quels sont les principaux soins d'hygiène que réclament les animaux domestiques?

140. Les fonctions de la vie s'accomplissant chez les animaux à peu près de la même façon que chez l'homme,

il s'ensuit que la plupart des règles de l'hygiène humaine leur sont applicables :

1° Les logements où ils vivent : étables, écuries, bergeries, porcheries, etc., doivent être assez vastes, bien exposés, bien aérés et maintenus dans un grand état de propreté.

Fig. 51. — Ecurie bien conditionnée.

1. *Stalles*, pour la séparation des chevaux. — 2. *Sol*, cimenté et incliné, avec une rigole pour l'écoulement des urines. — 3. *Râtelier*, établi à 1 m. 60 environ du sol. — 5. *Crèche* ou mangeoire. — 6. *Fenêtre à soufflet*, établie près du plafond, afin que le courant d'air passe par-dessus les chevaux.

2° Les animaux de travail doivent recevoir régulièrement des pansages journaliers qui leur débarrassent la peau de la crasse qu'y forme la sueur en se mêlant avec la poussière, car cette crasse gêne l'accomplissement des fonctions de la peau.

3° Il faut éviter avec soin de remettre les mêmes animaux à l'ouvrage tout de suite après leur repas, et surtout de les exposer dans un endroit frais, ou de leur laisser boire de l'eau froide lorsqu'ils sont en sueur.

4° Lorsqu'on s'aperçoit qu'un animal est atteint d'une maladie contagieuse, il faut le séparer immédiatement du troupeau, et ne le réintégrer que lorsqu'il est entièrement guéri.

5° Enfin, les cadavres des animaux morts de ces maladies doivent être enfouis profondément et couverts de chaux vive, pour rendre la décomposition aussi rapide que possible. Le logement qu'ils ont occupé doit être désinfecté soigneusement.

Quel est l'objet des soins d'alimentation?

141. Les **soins d'alimentation** ont pour objet : 1° la *nourriture* solide, qui doit être *saine*, *suffisante*, *bien préparée et régulièrement distribuée;* 2° la *boisson*, qui doit avoir des qualités à peu près analogues.

Que faut-il pour que la nourriture soit saine?

142. Les trois conditions principales pour qu'une nourriture soit **saine** sont : 1° qu'elle contienne à la fois des matières azotées (*aliment plastique*) et des matières non azotées (*aliment respiratoire*) ; — 2° que ces deux sortes de matières soient *associées dans un rapport convenable;* — 3° que le volume des aliments soit *en rapport avec la capacité de l'appareil digestif de l'animal.*

1) Les *substances azotées* passent dans le sang, par le moyen de la digestion, et servent à reconstituer les divers tissus de l'organisme (os, muscles, nerfs, etc.), incessamment appauvris par les fonctions vitales. Les *matières non azotées*, au contraire, ne s'incorporent pas aux tissus. Brûlées par l'oxygène que fournit la respiration, elles servent seulement à entretenir la chaleur vitale.

2) Le rapport entre l'élément azoté et l'élément non azoté, entre l'aliment plastique et l'aliment respiratoire, doit être à peu près de 1 à 5, c'est-à-dire que, *sur six parties, la nourriture des animaux doit en contenir cinq de matières non azotées, et une de matières azotées;* mais il va sans dire qu'il n'est pas nécessaire que cette proportion se trouve exactement dans chaque aliment en particulier; il suffit qu'elle soit réalisée dans l'ensemble de la ration journalière.

3) Lorsque les aliments sont trop volumineux, ils s'assimilent mal; lorsqu'ils ne le sont pas assez, ils ne lestent pas suffisamment les organes digestifs. Il faut donc faire en sorte de *mélanger les aliments très riches en matières nutritives, comme les grains et les tourteaux, avec d'autres qui sont pauvres en ces matières, comme la paille, les choux, les navets*, etc., de façon que la ration conserve un volume moyen et toujours uniforme.

Quand est-ce que la nourriture est suffisante ?

143. La nourriture est **suffisante** lorsque sa quantité est réglée de manière qu'elle satisfasse, sans les dépasser, les besoins de l'animal. Pour établir cette quantité ou *ration*, il faut tenir compte des principes suivants :

1° Tout animal vivant éprouve chaque jour, par l'effet des fonctions vitales, des pertes de substance, et, pour les réparer, il a besoin d'ingérer une certaine quantité d'aliments, qui constitue ce qu'on appelle la *ration d'entretien*.

2° Tout ce qui active les fonctions de la vie, le travail en particulier, augmente les pertes de substance et exige un supplément de nourriture pour que ces pertes soient réparées. C'est la *ration de travail*.

3° Enfin, certains produits que l'animal fournit d'une façon continue, comme le lait et la laine, de même que toute augmentation de volume et de poids dans le corps de l'animal exigent aussi un supplément d'alimentation pour fournir la matière de cette augmentation ou de ces produits. Ce supplément constitue, avec la ration de travail, ce qu'on appelle *ration de production*.

La **ration d'entretien**, d'après des calculs sérieux, basés sur des considérations à la fois chimiques et physiologiques, doit être l'équivalent de 1 Kg. 700 de bon foin par 100 Kg. du poids de l'animal vivant, et la **ration de production** peut varier, selon le but qu'on se propose, entre 2 et 3 Kg. du même foin, aussi par 100 Kg. de l'animal vivant. La **ration totale** devra donc être de 3 Kg. 700 à 4 Kg. 700 pour 100 Kg. du poids vif de l'animal (1).

(1) Si, au lieu d'employer du foin, on se servait d'autres substances, il serait facile de trouver le poids de la ration, sachant que, pour remplacer 100 Kg de bon foin, il faut à peu près :

Luzerne sèche	90 kg.	Seigle vert	430 Kg.
Trèfle sec	90 —	Herbe verte des prés	450 —
Sainfoin sec	90 —	Luzerne verte	450 —
Grains de froment	40 —	Sainfoin vert	360 —
Graines des autres céréales	50 —	Tiges vertes de pois	375 —
Graines de légumineuses	45 —	Feuilles vertes de betterave	650 —
Châtaignes	65 —	Pulpes de betterave	250 —
Glands	70 —	Carottes (racines)	260 —
Paille	230 —	Navets (racines)	420 —
Racines de betterave	300 —	Choux (feuilles)	475 —
Pommes de terre	220 —	Tourteaux de colza	50 —
Topinambours	250 —	Tourteaux d'œillette	88 —
Rutabagas	240 —	Tourteaux de cameline	110 —

Quel est l'objet de la préparation des aliments?

141. La **préparation des aliments** a pour objet de faire subir aux substances alimentaires une modification, plus ou moins profonde, dans le but de les rendre plus facilement digestibles, plus agréables au goût, et de leur donner par là même une plus grande valeur réelle. Les principaux moyens employés pour obtenir ce résultat sont la *cuisson*, la *fermentation*, l'*ensilage*, la *division mécanique* et les *assaisonnements*.

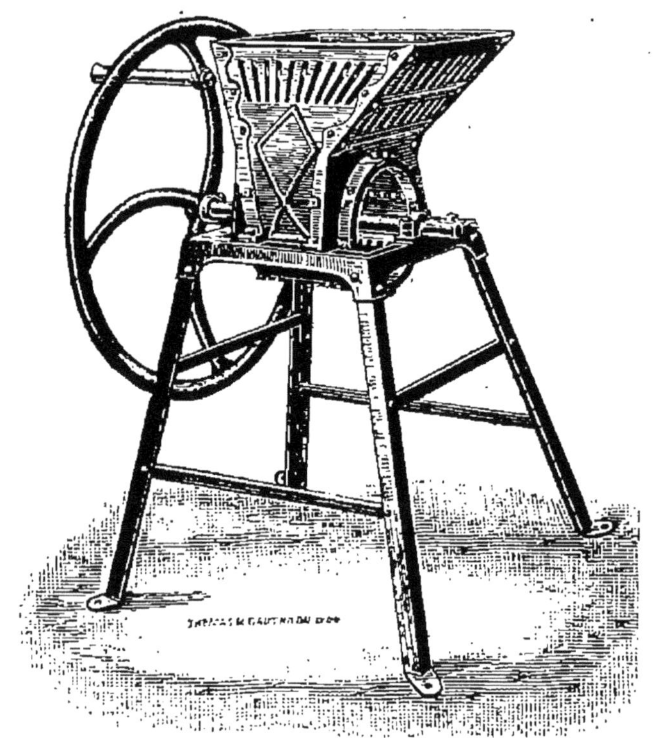

Fig. 52. — Coupe-racines.

1) La **cuisson** à l'eau et à la vapeur produit de bons effets sur tous les fourrages secs; elle les ramollit, elle les rend plus facilement attaquables par les sucs digestifs; elle diminue l'insalubrité des foins vieux et durs; et, sous son action, les orties, les chardons, les laîches, et autres plantes non comestibles à l'état naturel, peuvent fournir des aliments favorables aux animaux. Appliquée aux pommes de terre et aux grains, elle favorise beaucoup, dans les premières, la transformation de la fécule, et rend les seconds beaucoup plus facilement digestibles.

2) La **fermentation** bien conduite procure les mêmes avantages que la cuisson et a sur cette dernière l'avantage d'être plus économique. Presque tous les aliments qu'on emploie pour nourrir les herbivores peuvent subir avec avantage ce mode de préparation, qui les fait préférer à toute autre nourriture par les ruminants. Pour l'opérer, on s'y prend ordinairement de la manière suivante : les substances qu'on veut faire fermenter, pailles dures, seigle, maïs, foin des prairies marécageuses, siliques des crucifères, etc., sont mêlés à des produits fermentescibles : herbes vertes, pulpes, tubercules cuits, etc. On divise et on mélange intimement le tout, puis la masse est placée dans des tonneaux, ou simplement mise en tas. Dans les circonstances ordinaires, trois jours sont nécessaires pour une bonne préparation.

3) L'**ensilage** est un mode particulier de fermentation qu'on applique surtout au maïs vert et aux foins dont la dessiccation ne pourrait pas s'opérer dans des conditions convenables, faute d'un temps propice. Il consiste à mettre les herbes fraîches dans des *silos*, maçonnés ou simplement creusés dans la terre ; à les y tasser fortement, en les faisant piétiner par des personnes ou par des animaux ; à étendre dessus une couche de paille, et enfin à recouvrir le tout de planches, sur lesquelles on met une charge d'environ 500 kg. par mètre carré de surface. Il ne tarde pas à se produire dans le fourrage ainsi *ensilé* une fermentation, qui augmente notablement sa valeur nutritive. Mais il faut éviter soigneusement qu'il soit mis en contact avec l'air, sans quoi il ne tarderait pas à moisir.

4) La **division mécanique** facilite les mélanges, évite le gaspillage des foins et des pailles, et rend plus commode la préhension, la mastication et l'insalivation des racines, des tubercules et autres aliments de même genre. Elle se pratique au moyen d'appareils spéciaux, tels que le *hache-paille*, le *coupe-racines*, le *concasseur de tourteaux*, etc.

Fig. 53. — Hache-Paille.

5) Les **condiments** (sel, vinaigre, eau acidulée, etc.) sont des substances que l'on mêle aux aliments, pour en relever la saveur et les rendre plus appétissants. « Grâce à eux, les fourrages insipides, ou de mauvais goût, peuvent être acceptés par le bétail ; certains aliments s'améliorent ; enfin, il est possible, avec leur emploi, d'augmenter, lorsque cela est nécessaire, la quantité de nourriture qu'un animal absorbe en moyenne ; car les muqueuses digestives

secrètent plus abondamment lorsqu'elles sont stimulées par ces substances. »

Pourquoi faut-il que la nourriture soit régulièrement distribuée ?

145. La **nourriture** doit être distribuée d'une façon très régulière, parce que l'expérience a prouvé que cette régularité exerce une influence très favorable sur la santé du bétail.

Lorsque les repas sont irrégulièrement espacés, il arrive tantôt que les animaux manquent d'appétit et tantôt qu'ils sont affamés outre mesure. Dans le premier cas, ils mangent sans goût et gaspillent la nourriture; dans le second, ils se jettent avidement sur les aliments et les mâchent à peine; dans tous les deux, la digestion se fait mal.

Les animaux ont-ils besoin d'être abreuvés ?

146. Oui, la **boisson** est un élément essentiel dans l'alimentation des animaux comme dans celle des hommes, et on ne peut l'en exclure, ou la réduire à une quantité insuffisante, sans qu'il en résulte un trouble plus ou moins grand pour leur santé.

La meilleure boisson pour les animaux est l'eau des rivières, des ruisseaux et des étangs naturels; celles des sources est bonne aussi, mais en été il faut éviter que les animaux la boivent trop froide. Celle des puits est bonne ou mauvaise selon la qualité des terrains. Quant à la quantité, le meilleur est que les animaux l'aient à discrétion, chaque animal sachant limiter à ses besoins celle qu'il doit prendre.

Comment faut-il traiter les animaux domestiques?

147. Il faut traiter les animaux domestiques comme de bons serviteurs, comme des créatures de Dieu, comme des êtres qui sentent et souffrent. Il faut, par conséquent, éviter avec soin de les effrayer, de les irriter, de leur imposer un travail au-dessus de leurs forces, et surtout de les frapper brutalement.

Outre qu'il serait aussi cruel que déraisonnable de faire souffrir, sans motif, des êtres irresponsables et incapables de se défendre, la brutalité envers les animaux ne produit jamais que de fâcheux résultats. Traités avec bonté, ils obéissent docilement et se plient sans répugnance à toutes les habitudes qu'on veut leur imposer; les mauvais traitements, au contraire, les rendent rétifs, mutins et dangereux; ils font que le cheval devient ombrageux, la vache indocile, le mulet revêche, et que le taureau cherche quelquefois à tuer son gardien (1).

Comment peut-on classer les animaux domestiques?

148. Nos principaux animaux domestiques se rapportent à six espèces différentes : l'*espèce bovine*, l'*espèce chevaline*, l'*espèce asine*, l'*espèce ovine*, l'*espèce caprine* et l'*espèce porcine*, auxquelles il faut ajouter les *animaux de basse-cour*, les *vers à soie* et les *abeilles*.

RÉDACTIONS

32. Les animaux domestiques, avantages qu'ils procurent à l'agriculteur.

33. Est-il permis de maltraiter les animaux domestiques? Pourquoi?

34. Quelles sont les conditions générales d'une bonne alimentation du bétail?

PROBLÈMES

23. On a calculé que, pour la ration d'un bœuf ou d'une vache, il faut par jour une nourriture en foin sec équivalente à 3,70 °/₀ du poids de l'animal. Quelle serait la quantité de foin nécessaire pour nourrir un bœuf du poids de 450 Kg pendant 95 jours? Si l'on remplaçait chaque jour les 2/5 du foin par des betteraves coupées, quelle serait la quantité de betteraves que devrait consommer l'animal pendant le même temps, sachant que 100 Kg de foin équivalent à 325 Kg de betteraves?

24. Un bœuf à l'engrais de 475 Kg doit être nourri successivement et alternativement de foin sec, de topinambours, de carottes et de navets pendant l'espace de 80 jours. Combien faudra-t-il de foin et de chacune de ces différentes plantes alimentaires, sachant que 250 Kg de topinambours, 280 Kg de carottes et 400 Kg de navets correspondent respectivement à 100 Kg de foin sec et que la ration journalière en foin sec doit être de 4 °/₀ du poids de l'animal?

II. — ESPÈCE BOVINE

De toutes les espèces d'animaux domestiques, quelle est la plus précieuse et la plus utile à l'homme?

149. De toutes les espèces d'animaux domestiques, la plus précieuse et la plus utile, celle qui rend à l'homme les services les plus nombreux, est, sans contredit, l'**espèce bovine**, qui comprend le *bœuf* ou *taureau*, la *vache* et le *veau* (*Dictée XXVII.*)

Pendant sa vie, le bœuf traîne les chariots dans les pays de montagnes; il travaille à la charrue et laboure les champs; la vache, en outre, fournit du lait en abondance. Livré au boucher,

(1) Cf. Th.-H. BARRAU : *Notions sur l'Agriculture.*

il devient pour nous, après sa mort, une source de produits très variés, chaque partie du corps ayant sa valeur. La chair est un aliment de haut mérite; la peau devient du cuir pour harnais et chaussures, le poil fournit de la bourre au sellier; le suif sert à la fabrication des bougies et du savon; les os, calcinés en vase clos, donnent le noir animal, qui est d'abord un agent précieux pour le raffinage du sucre et ensuite un puissant engrais pour l'agriculture; le sang est utile à des usages analogues; les intestins sont transformés en cordes pour les instruments de musique, et le fiel est journellement employé dans les teintureries pour dégraisser les étoffes et leur rendre en partie leur lustre primitif.

N'existe-t-il pas plusieurs races de bêtes bovines?

150. Oui, sous l'influence des soins de l'homme, du climat, du sol et du genre de vie, l'espèce bovine s'est transformée en une infinité de races, qui s'accommodent des conditions d'existence les plus diverses et donnent, à notre choix, les unes *plus de travail*, les autres *plus de viande*, les autres *plus de lait*, etc.

Quels sont les caractères généraux du bon bœuf de travail?

151. Le **bœuf de travail**, dit Buffon, ne doit être ni trop gras, ni trop maigre; il doit avoir la tête courte et ramassée, les oreilles grandes, bien velues et bien unies, les cornes fortes, luisantes et de moyenne grandeur; le front vaste, le cou charnu, les épaules grosses et pesantes, la poitrine et les reins larges, les flancs grands, les hanches longues, la croupe épaisse, les jambes et les cuisses grosses et nerveuses, le dos droit et plein, le cuir souple et maniable, les muscles élevés et l'ongle court et large.

Quelles sont les meilleures races bovines pour le travail?

152. Les races les plus renommées pour le travail sont: la *race de Salers*, la *race limousine*, la *race garonnaise*, la *race gasconne*, la *race parthenaise*, la *race charolaise*, la *race normande* et la *race d'Aubrac*.

1) **La race de Salers**, originaire du Cantal, a la taille moyenne, le front large, le pelage rouge brun, souvent tacheté de blanc à la croupe et au ventre, les cornes grosses et régulièrement contournées. Outre sa grande aptitude pour le travail, elle est d'un engraissement facile et assez bonne laitière; sa viande est de seconde qualité.

2) **La race limousine** a la taille moyenne, le corps arrondi, les épaules et les cuisses bien musclées. Elle fournit de très bons animaux de travail et d'excellents bœufs de boucherie.

3) **La race d'Aubrac** a la taille moyenne, la tête courte, une grande poitrine, des membres courts et épais, le poil fauve ou châtain ; facultés laitières moyennes, engraissement facile.

4) **La race parthenaise** ou *choletaise* a la taille haute et le pelage gris froment ; elle est bonne pour le travail et la boucherie, mais laitière médiocre.

Fig. 51. — Attelage de bœufs limousins.

Comment faut-il nourrir les bœufs de travail?

153. Les bœufs de travail doivent avoir une nourriture copieuse et substantielle ; sans cela ils s'épuisent vite et peuvent devenir malades. Pendant la saison des labours, des charrois et des travaux les plus pénibles, on leur donne du foin de bonne qualité, soit sec, soit frais, des racines et une petite ration de grains concassés ou de farine des mêmes grains délayée dans leur breuvage. En hiver, lorsqu'ils passent la plus grande partie de leur temps à l'étable, ils peuvent ne recevoir que du foin de seconde qualité.

Quels sont les caractères généraux du bon bœuf de boucherie?

154. D'une manière générale, on doit rechercher pour la boucherie des animaux qui ont les *os petits*, les jambes fines et courtes, le dos long et bien droit, une encolure forte, une poitrine large et profonde, enfin une peau fine et des poils brillants.

Quelles sont nos meilleures races de bœufs pour la boucherie?

155. Pour la boucherie, les meilleures races de bœufs sont : parmi les races françaises, la *race charolaise*, la *race limousine*, la *race normande*, la *race garonnaise*, la *race mancelle*, etc.; et parmi les races anglaises, celles de *Durham*, de *Devon*, d'*Hereford*, etc.

Fig. 55. — Bœuf charolais.

1) **La race charolaise** ou *nivernaise* peut être considérée aujourd'hui, grâce aux modifications intelligentes et aux soins persévérants dont elle a été l'objet, comme la meilleure de nos races bovines pour la boucherie. Moins osseuse que la normande, plus précoce que la limousine et la garonnaise, elle est moins chargée de graisse que la race anglaise de Durham. A la fois douce, robuste, forte et rustique, elle est également une fort bonne race pour le travail. On regrette seulement que ses vaches soient d'assez médiocres laitières. Les animaux qui la composent ont généralement la robe blanche, le museau rosé, les narines ouvertes, la tête large et courte, les cuisses épaisses et descendantes, les reins amples et droits, les membres fins et moyennement élevés.

2) La **race normande** a la taille haute, la tête longue, presque aussi large au mufle qu'au front, la bouche profondément fendue, la peau épaisse et dure, le poil fourni, tantôt rouge ou brun, tantôt blanc, avec des zébrures noirâtres. Surtout depuis son croisement avec la race de Durham, elle est une excellente race de boucherie, en même temps que très propre au travail et bonne laitière.

3) La **race garonnaise**, presque aussi estimée pour la boucherie que la normande et la charolaise est également bonne travailleuse. Elle est de haute stature, de forte corpulence, de pelage uniforme et de couleur froment ; les cornes sont dirigées en bas et entièrement blanches. Toute la physionomie de l'animal a quelque chose de remarquablement paisible.

Fig. 56. — Race garonnaise (taureau).

Comment se pratique l'engraissement du bœuf ?

156. Suivant les pays et surtout suivant la saison, l'engraissement des bêtes bovines se fait à l'*étable* ou au *pâturage*. Le moyen général, quel que soit le mode adopté, consiste à faire ingérer à l'animal à engraisser la plus grande quantité d'aliments qu'il peut prendre sans se rendre malade, et à n'exiger de lui ni travail, ni produit d'aucune sorte. Un bœuf de bonne race, lorsqu'il est bien nourri, s'accroît en poids d'environ 5 kg par 100 kg de foin consommé.

1) **L'engraissement à l'étable** se pratique généralement dans les pays qui produisent beaucoup de fourrage et où il peut se récolter facilement. Au début, on donne des herbes fraîches, que l'on remplace, plus tard par du bon foin, du trèfle, de la luzerne, des pommes de terre, des betteraves, des résidus de distillerie, des tourteaux, etc. Lorsque l'engraissement est avancé, si l'on peut donner des graines (féverolles, pois concassés, orge, avoines, maïs, etc.), il faut les introduire peu à peu dans l'alimentation, ainsi que les farines délayées dans l'eau ; mais ces deux aliments sont parfois d'un prix trop élevé pour qu'il soit avantageux d'en faire usage.

2) **L'engraissement au pâturage** est surtout en usage dans la Normandie, le Nivernais et le Charolais, dont les riches herbages se prêtent merveilleusement à cette méthode. Il commence, selon les climats, de la fin de mars au commencement de mai et dure environ cinq mois, pendant lesquels les animaux ne quittent le parcage ni jour ni nuit. Ils y trouvent l'eau nécessaire pour s'abreuver.

Quels sont les caractères généraux d'une bonne vache laitière?

157. Une bonne vache laitière a généralement la peau souple, moelleuse, bien détachée des côtes, la charpente osseuse, le poil fin, les yeux doux, l'encolure longue et amincie, la poitrine vaste, la queue grêle, *la peau du pis délicate, très souple, recouverte d'un duvet rare et fin*, les *veines mammaires grosses* et *ondulées*, s'avançant loin sous le ventre; le pis doit être *volumineux avant la traite* et *très réduit après;* les quatre trayons doivent être égaux, bien espacés et bien marqués.

Quelles sont les meilleures races bovines laitières?

158. Pour la production du lait, on estime surtout, parmi les races bovines françaises, la *race flamande*, la *race normande*, la *race bretonne*, la *race tarentaise* ou *tarine* (Savoie), etc.; et parmi les races étrangères, la *race hollandaise*, les *races de Schwitz, de Berne, de Fribourg et de Simmenthal* (Suisse); les *races d'Yorkshire* et de *Jersey* (Angleterre), etc.

1) La **race flamande** est remarquable par la grande taille, la tête petite et les cornes fines des animaux qui la représentent. Ils ont également les membres fins, la peau douce, et le poil lisse. Les vaches sont excellentes laitières.

Fig 57. — Vache bretonne.

2) La **race bretonne** est petite de taille, mais ardente au travail. La vache, remarquable par l'abondance et l'excellente qualité de son lait, a la tête petite et ferme, de même que les jambes, le pelage tacheté de noir et de blanc, par larges plaques, le mufle noir, les cornes fines, l'œil vif, l'allure décidée. Le bœuf, plus grand que la vache, est employé quelques années au travail, puis livré à la boucherie.

3) La **race hollandaise** a la taille élevée, le corps long, la tête longue et fine, la robe bigarrée de noir et de blanc, elle est surtout remarquable par ses vaches qui sont excellentes laitières.

4) **La race de Fribourg**, très bonne laitière, a la taille grande, le corps trapu, les membres forts, et l'ensemble des formes gracieux. Elle est assez répandue dans l'Est de la France.

Comment faut-il nourrir la vache laitière ?

159. La vache s'épuise d'autant plus qu'elle donne plus de lait; il faut donc lui donner une bonne nourriture. Les fourrages verts qui contiennent beaucoup d'eau, de même que les racines et les tubercules crus sont très favorables à la production du lait. Il faut éviter cependant, au printemps, de passer brusquement du régime sec au vert; il vaut mieux procéder graduellement. Lorsqu'on n'a pas de fourrage vert, il est bon de faire tremper la nourriture avant de la donner aux vaches, et de les faire boire souvent. La farine et le son délayés dans l'eau sont une excellente nourriture pour les vaches laitières.

Comment se fait l'élevage des veaux?

160. On peut élever les veaux à deux fins principales: *pour les livrer jeunes à la boucherie*, ou *pour en faire des animaux de ferme.* Dans le premier cas, on les laisse nourrir par la mère ou, ce qui est souvent très économique, on les nourrit artificiellement, au moyen d'un mélange de lait et de fourrage sec haché *(thé de foin)*, auquel on ajoute graduellement un peu de farine de pois, de fèves ou d'orge ; on les livre à la boucherie à l'âge d'un mois et demi ou deux mois. Dans le second cas, on les laisse nourrir pendant les premiers mois par la mère, puis on les amène graduellement au régime des animaux adultes, en se souvenant qu'à cause de leur croissance ils ont besoin d'une nourriture abondante et substantielle.

Quelles sont les principales maladies des bêtes bovines ?

161. Les maladies auxquelles sont sujettes les bêtes bovines, comme le reste du bétail, sont fort nombreuses; parmi les plus fréquentes, il faut citer : la *météorisa-*

tion, la *péripneumonie*, le *charbon*, la *peste bovine* et la *fièvre aphteuse* (1).

1) La **météorisation** ou *empansement* est une sorte d'indigestion qui survient aux bêtes bovines et ovines lorsqu'elles ont trop mangé de certains fourrages verts, particulièrement de luzerne ou de trèfle. Elle a pour cause une accumulation de gaz dans la panse et se traduit par un grand gonflement du ventre, la suppression de la rumination, les grands efforts que l'animal est obligé de faire pour respirer, et la mort à bref délai, si le secours n'arrive à temps. Dès qu'on s'aperçoit qu'un animal est dans cet état, il faut l'arroser avec de l'eau fraîche, lui chatouiller le fond du gosier avec une baguette entourée d'étoupe pour essayer de le faire vomir, et, si l'on a de l'ammoniaque (alcali volatil) à sa disposition, en mettre deux cuillerées dans un litre d'eau, et faire avaler le mélange à l'animal. Enfin, si ces moyens sont insuffisants, le vétérinaire ou, à son défaut, une personne expérimentée, lui perce le flanc gauche au moyen d'un couteau à lame étroite, ou mieux d'un instrument particulier appelé *trocard*. Le gaz de la panse s'échappe en sifflant de la blessure et l'animal se trouve aussitôt soulagé. La plaie qui résulte de cette opération n'est pas dangereuse et se referme facilement.

2) La **péripneumonie** est une maladie contagieuse des poumons qui met plusieurs semaines à se déclarer. Les animaux qui en sont atteints font entendre une petite toux sèche, s'essoufflent facilement et témoignent une sensibilité extrême aux reins, aux flancs et aux côtés de la poitrine ; bientôt la respiration devient précipitée et la toux douloureuse ; un liquide clair, puis un peu visqueux coule des naseaux. Cette maladie n'a pas de remède et se communique facilement. Dès qu'on soupçonne qu'un animal en est atteint, il faut immédiatement le séparer des autres, et l'abattre aussitôt que la maladie est bien constatée.

3) Le **charbon** est aussi une maladie contagieuse très grave, qui peut atteindre tous les animaux domestiques et qui se communique facilement à l'homme. Il se déclare de plusieurs manières, mais le plus souvent par des tumeurs qui surviennent en diverses parties du corps, notamment sur le dos, à la poitrine, à la langue et qui parfois grossissent très rapidement. En même temps les animaux ont une forte fièvre, ils suent facile-

(1) Nous dirons ici, une fois pour toutes, que l'éleveur de bestiaux, quand même il serait instruit, ne doit pas se charger de traiter ses animaux malades, s'il ne veut pas s'exposer à faire de grandes pertes. Il doit avoir recours au vétérinaire, qui seul peut connaître sûrement si un animal est atteint de telle maladie et lui donner le traitement convenable. Les quelques indications que nous avons données dans ce livre n'ont d'autre but que de faire conjecturer la nature du mal et de permettre de donner à l'animal les soins les plus pressants, en attendant l'arrivée du vétérinaire.

ment, la peau devient sèche, la respiration accélérée et la mort ne tarde pas à survenir. On ne connaît aucun traitement efficace contre cette terrible maladie, qui, en quelques jours, peut faire périr des troupeaux entiers de bétail. Dès qu'on a bien constaté qu'un animal en est atteint, le meilleur est de l'abattre et de l'enfouir profondément pour préserver du mal le reste du troupeau. On peut rendre les animaux jusqu'à un certain point inattaquables par le charbon, en les faisant vacciner d'après la méthode découverte par M. Pasteur.

4) La **peste bovine** ou *typhus des bêtes à cornes*, est heureusement plus rare que le charbon ; mais elle est aussi plus terrible, s'il est possible, par l'effrayante rapidité avec laquelle elle se propage. Des contrées entières sont quelquefois ravagées en peu de temps par ce fléau, si l'on ne prend pas à temps des mesures énergiques pour le circonscrire. Les animaux qui en sont atteints ont une forte fièvre, une diarrhée liquide et fétide, leurs yeux coulent continuellement, leur poil se hérisse, leur dos se voûte, ils maigrissent avec rapidité et meurent bientôt. Le mal n'a point de remède connu. Tout ce qu'on peut faire c'est de diminuer les chances de contagion en éloignant le bétail sain de toute communication avec les animaux contaminés.

5) La **fièvre aphteuse**, vulgairement appelée *cocote*, est aussi une maladie contagieuse, mais beaucoup moins grave. Elle débute par la perte de l'appétit, la sécheresse du nez, de la langue, la rougeur de la bouche, etc., puis apparaissent à la bouche, aux mamelles et entre les onglons du pied, des espèces de boutons blanchâtres appelés *aphtes*. Le traitement consiste dans l'emploi en lotions et en injections de substances astringentes.

Lait, beurre, fromage.

Qu'est-ce que le lait ?

162. Le **lait** est un liquide blanc, opaque, d'une saveur douce et légèrement sucrée, sécrété par toutes les femelles des animaux mammifères pour la nourriture de leurs petits. Celui de la vache et de la chèvre entre pour une grande part dans l'alimentation de l'homme, soit seul, soit associé au café, au chocolat, ou à d'autres préparations culinaires. Il donne surtout deux substances alimentaires très importantes : le *beurre* et le *fromage*.

Le lait est formé de trois éléments principaux : 1° d'un liquide verdâtre appelé **sérum** ou *petit-lait* ; 2° d'une matière blanche appelée **caséum**, dissoute dans le sérum ; 3° d'une matière grasse, appelée **beurre**, nageant dans le sérum en globules extrêmement petits. Lorsqu'on laisse le lait en repos, cette dernière partie monte à la partie supérieure du liquide et constitue ce qu'on appelle la *crème*.

Comment conserve-t-on le lait?

163. Après la traite, le lait est mis dans des vases en terre cuite ou en fer-blanc, que l'on range avec ordre dans un appartement spécial, appelé **laiterie**.

La laiterie doit être fraîche et tenue dans le plus grand état de propreté, de même que les vases destinés à contenir le lait. La moindre impureté, le moindre ferment dans les vaisseaux suffit souvent pour gâter le lait et le faire tourner à l'aigre. La meilleure température pour la laiterie est celle de 12° à 15°. *(Dictée XXVIII.)*

De quoi dépend la qualité du lait, considéré comme aliment de l'homme?

164. **La qualité du lait,** considéré comme aliment de l'homme, dépend principalement de sa richesse en *caséum* et en *beurre*. Il est d'autant meilleur, toutes choses restant égales d'ailleurs, que sous un moindre volume il en renferme une plus grande quantité.

La richesse du lait en caséum et en beurre varie avec l'*alimentation des vaches*, avec les propriétés particulières à l'organisation de leur race, et leur conformation individuelle.

Les races de Salers, de l'Est et de Suisse donnent un lait très estimé pour la fabrication du fromage; celui de la race normande et de la race bretonne est plus riche en beurre.

Qu'est-ce que le beurre?

165. Le **beurre** est une substance grasse, très fusible, de couleur citrine, plus légère que l'eau, et qui se trouve en suspension dans le lait sous la forme de globules microscopiques.

Fig. 58. — Baratte normande.

Le lait ordinaire donne une quantité de beurre à peu près équivalente aux 4/100 de son poids.

Comment se fabrique le beurre?

166. Le lait, après la traite, est mis dans des vases et laissé, dans la laiterie, en repos complet. Au bout d'environ 24 heures, les globules de beurre, en vertu de leur légèreté spécifique, se sont réunis à la partie supérieure du vase, où ils forment une couche demi-solide de *crème*. On enlève cette crème au moyen d'une cuillère plate et on la met dans une *baratte*, où on l'agite pendant un temps plus ou moins long. Cette opération appelée *battage*, a pour effet de rapprocher les globules, de les faire adhérer les uns aux autres, et de les réunir en une masse compacte qui constitue le *beurre*. Le résidu liquide qui en résulte porte le nom de *lait de beurre*.

Sorti de la baratte, le beurre est soumis à des lavages réitérés dans de l'eau fraîche, afin de le débarrasser de tout le lait de beurre qu'il peut contenir, puis pétri et divisé en pains plus ou moins gros.

Qu'est-ce que le fromage?

167. Le **fromage** est le produit solide obtenu par la coagulation du lait, sous l'action de la présure (1). Quand on fait cailler le lait avant qu'il soit écrémé, on obtient des *fromages gras*, fournis par un mélange de caseum et de beurre; les fromages produits par la coagulation du lait écrémé sont appelés *fromages maigres*; ils ne contiennent presque que du caseum.

1) La plupart des fromages sont préparés à froid; ceux qui sont préparés à chaud portent le nom de fromages cuits; tels sont le *gruyère* et le *parmesan*.

2) On fait du fromage avec du lait de vache, de chèvre et de brebis, tantôt seul, tantôt mélangé. Le fromage renommé du *Mont-d'Or* (près Lyon) est fabriqué avec du lait de chèvre seul; celui de *Sassenage* (Isère) est fait avec un mélange de lait de chèvre, de lait de vache et de lait de brebis; celui de *Roquefort* (Aveyron) est fabriqué uniquement avec du lait de brebis. Il doit sa qualité supérieure à la fraîcheur des caves où on le conserve.

RÉDACTIONS

35. Dites ce que vous savez sur les principales races bovines françaises et sur les aptitudes spéciales de chacune d'elles.

---

(1) La présure est une matière acide contenue dans une partie de l'estomac des jeunes ruminants désignée sous le nom de *caillette*.

36. Quels sont les avantages que, pendant sa vie et après sa mort, le bœuf procure à l'homme ?

37. Les vaches laitières : principaux caractères auxquels on les reconnaît, comment on doit les entretenir, principales races françaises de vaches laitières.

PROBLÈMES

26. 48 Kg de sarrasin nourrissent aussi bien les bêtes bovines que 100 Kg de bon foin sec ; on voudrait savoir s'il serait plus avantageux de nourrir une paire de vaches pesant ensemble 650 Kg en sarrasin qu'en foin, le sarrasin valant 13 fr. 50 les 100 Kg, et le foin, 72 francs les 1000 Kg. Quelle économie ferait-on chaque jour ?

27. On se propose de faire manger du seigle avarié à deux veaux du poids total de 225 Kg. Combien de temps pourra-t-on les nourrir avec 18 Hl de ce grain, sachant que 67 Kg de seigle équivalent à 100 Kg de foin, qu'un veau consomme chaque jour une quantité de foin égale aux 8/100 de son poids et que l'hectolitre de seigle pèse 72 Kg.

28. Une vache laitière donne par jour 9 litres de lait, et 70 litres de lait donnent 4 Kg de beurre : On demande : 1° quelle quantité de lait pourrait fournir chaque jour une fermière qui aurait 15 vaches ; 2° quelle est la valeur du beurre fourni journellement par une vache, sachant qu'il se vend au prix de 2 francs le Kg.

III. — ESPÈCES CHEVALINE ET ASINE

Quel est, après le bœuf, le plus utile des animaux domestiques ?

168. Après le bœuf, le plus précieux et le plus utile des animaux domestiques, celui dont l'homme retire les services les plus nombreux et les plus variés est sans contredit le **cheval** (*Dictée XXIX*).

Le cheval n'offre pas comme le bœuf le précieux avantage de pouvoir, après avoir servi longtemps en qualité d'animal d'attelage, être engraissé pour la boucherie et revendu plus qu'il n'avait coûté ; il s'use en vieillissant et finit par n'avoir plus aucune valeur. Mais pour l'activité, l'agilité, l'ardeur au travail, le courage à surmonter les obstacles, en donnant quand il faut un bon coup de collier, il n'a pas de pareil. Outre les services inappréciables qu'il rend comme monture ou pour la traction des véhicules de toutes sortes, il semble destiné par la Providence à être l'animal de labour par excellence des grandes plaines des pays à blé, comme le bœuf est celui des terres basses et fortes et le mulet celui des pentes des pays de montagnes.

Comment peut-on classer les chevaux domestiques ?

169. Suivant la nature des services qu'on leur demande, les chevaux domestiques peuvent être classés

en deux grandes catégories : les **chevaux de selle** et les **chevaux de trait.** Les premiers servent de montures, les seconds sont employés à la traction des véhicules pour le transport des voyageurs ou des marchandises.

1) Parmi **les chevaux de selle**, qui, en majeure partie, servent à l'approvisionnement de l'armée, on distingue, suivant leur taille et leur force : le cheval de *cavalerie légère*, le cheval de *dragon*, le cheval de *cuirassier*, etc.

2) Parmi **les chevaux de trait**, on distingue pareillement : 1° *les chevaux de gros trait* (pour le roulage, le labour, etc.); 2° *les chevaux de trait léger* (pour les omnibus, l'artillerie, le train des équipages et les voitures de luxe).

3) Plusieurs espèces de chevaux peuvent servir à volonté, selon le genre de dressage dont ils sont l'objet, comme chevaux de selle et comme chevaux de trait : on les appelle pour cela *chevaux à deux fins*.

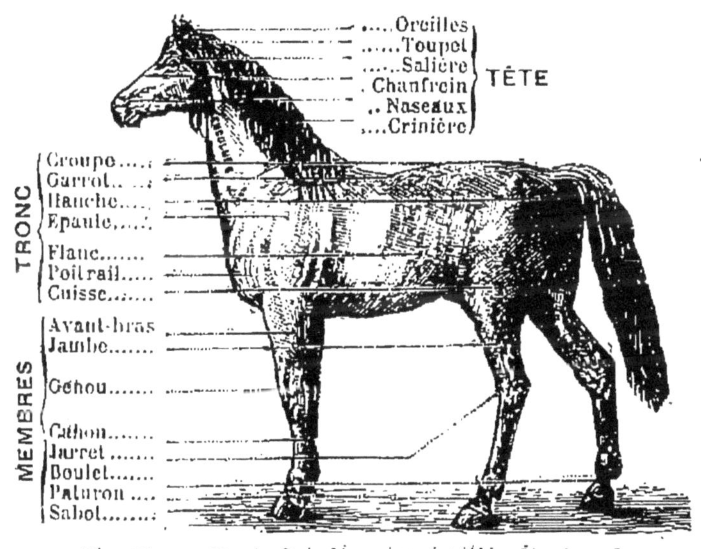

Fig. 59. — Noms des diverses parties du cheval.

Quels sont les principaux caractères du bon cheval de selle?

170. Un bon **cheval de selle** doit avoir la tête large en haut, courte et finement attachée à l'encolure, qui doit être longue et souple; les yeux grands et vifs; le garrot élevé et prolongé en arrière, le dos et les reins courts et droits, la croupe longue, large et bien mus-

BIBLIOTHÈQUE NATIONALE

clée, l'épaule sèche, longue et oblique; la poitrine large et profonde, la cuisse et le bras longs, larges et bien musclés; le jarret et le genou épais, larges et secs; les canons courts et secs; les membres bien d'aplomb, les tendons nets et bien détachés; les boulets larges et épais; le pied petit, les sabots durs sans être trop serrés; le poil et les crins fins et soyeux.

Quelles sont les races qui fournissent les meilleurs chevaux de selle ?

171. Les races qui fournissent les meilleurs chevaux de selle sont : la *race arabe*, la *race anglaise pur sang*, la *race normande*, la *race de Tarbes*, la *race limousine*, la *race navarrine* et la *race bretonne*.

Fig. 60. — Cheval arabe, type des chevaux de selle.

1) **Le cheval arabe**, dont on trouve de beaux échantillons dans notre colonie d'Algérie, est remarquable par son ardeur, sa docilité, son intelligence, sa course rapide et son aptitude à supporter de longues abstinences; il a la taille moyenne, la peau délicate, la tête petite, les formes sveltes, le port élégant, la physionomie fière, les jambes fines, les sabots petits, lisses et très durs. C'est le meilleur des chevaux pour la selle et les attelages de luxe.

2) **Le cheval anglais pur sang** est, comme le cheval arabe, léger, rapide et ardent à la course, mais il a beaucoup moins de grâce dans le port, d'élégance dans les allures et d'harmonie dans les formes; tout chez lui a été sacrifié à la vitesse, pour laquelle, du reste, il a peu de pareils. Son corps et ses membres sont minces et allongés, ses contours presque rectilignes; sa tête est grêle et son front plat. Il est très recherché pour les attelages de luxe.

3) La race des **chevaux normands** est une des meilleures de l'Europe. Elle fournit à l'agriculture de bons chevaux de labour, et au commerce, des chevaux carrossiers de premier choix, en même temps que des chevaux de selle unissant la régularité des formes à la solidité et à la vigueur du tempérament.

4) **Le cheval limousin**, principalement élevé pour la cavalerie légère, se recommande pour son bon tempérament et la distinction de ses formes. Il est très ardent, très bon à monter, et il a la réputation d'être le plus élégant de tous les chevaux.

Fig. 61. — Cheval boulonnais, type des chevaux de trait.

Quels sont les principaux caractères du bon cheval de trait?

172. Le bon cheval de trait est de taille élevée; sa

tête et son encolure sont fortes et courtes; sa crinière est touffue, tombant à droite et à gauche, tout le corps est large et court, ses muscles et ses os sont peu saillants; sa peau est épaisse, couverte de poils abondants, le garrot est bas, la poitrine énorme, la croupe large, les extrémités courtes, les pieds gros et évasés.

Quelles sont les races qui fournissent les meilleurs chevaux de trait?

173. Les races françaises qui fournissent les meilleurs chevaux de trait sont : la *race boulonnaise*, la *race percheronne*, la *race ardennaise*, la *race bretonne*, etc.

1) **Le cheval boulonnais** est le plus grand des chevaux européens. Il a les cuisses fortement musclées, le poitrail très large, le corps épais, trapu, mais d'une allure légère, malgré son poids. Il coûte cher, et son entretien est fort dispendieux; mais, quand il est bien nourri, rien ne lui résiste; il enlève des fardeaux incroyables sur des chemins affreux. C'est presque toujours lui qui, dans les forts attelages, remplit les pénibles fonctions de limonier.

2) **Le cheval percheron** est également un excellent cheval d'attelage; très fortement musclé, il a la taille moyenne, l'encolure courte et épaisse, la tête large, la robe généralement d'un gris pommelé. Il est recherché pour la traction des voitures publiques, pour le train d'artillerie et pour le labour dans les terres légères.

3) **Le cheval ardennais** a mérité de Napoléon Ier le surnom d'*infatigable*. Sans sa conformation, qui manque un peu d'élégance, il serait fort bon carrossier; il laboure très bien dans les terres qui ne sont pas trop fortes.

4) La **race bretonne** présente des types variés, les uns légers et propres à la course, les autres forts et bons pour la culture et le trait.

Quels sont les principaux soins que demande le cheval?

174. Pour conserver sa force, sa santé, le cheval a besoin de trois choses : il faut qu'il soit *bien nourri*, *bien pansé* et *soumis à un travail régulier et modéré*.

1) Pour être bonne, il suffit que la **nourriture** des chevaux remplisse les conditions générales indiquées au nº 141, c'est-à-dire qu'elle soit *saine*, *suffisante*, *bien préparée* et *régulièrement distribuée*. Elle peut se composer, comme cela a lieu presque partout, de foin et de paille, auxquels on ajoute une ration d'avoine proportionnée au travail que fait l'animal. Dans le Midi, l'orge remplace souvent l'avoine. On peut aussi adjoindre à ces aliments du son, des féveroles, du seigle, des carottes, etc.

2) Un **pansage** bien fait est presque aussi nécessaire qu'une bonne nourriture à la santé des chevaux. Tous les matins, il faut les étriller par tout le corps, les épousseter et les brosser, peigner la crinière et la queue. On lave ensuite les yeux, les naseaux, les jambes et la bouche avec une éponge. L'usage des bains est également très utile; mais il faut éviter que l'animal les prenne quand il est en sueur.

3) Enfin, c'est faire acte de sagesse non moins que d'humanité, de ne pas imposer aux chevaux un travail trop long ou trop pénible. La force des attelages sera donc proportionnée à la nature des travaux; on ne fera pas durer les attelées au delà de 4 ou 5 heures chacune, et on aura soin de les séparer par des intervalles suffisants pour que les animaux aient le temps de manger à leur aise.

Que savez-vous de l'âne?

175. L'**âne** est un animal qui, par son apparence extérieure et ses autres caractères physiques, se rapproche du cheval, mais qui est beaucoup plus petit. Il a aussi proportionnellement la tête plus grosse, les oreilles beaucoup plus développées et l'ensemble des formes moins bien proportionnées et moins élégantes.

Fig. 62. — L'âne.

L'âne est-il bien employé dans l'agriculture?

176. L'âne n'est employé que dans la petite culture, mais il y rend de grands services, surtout dans le Midi de la France. Il est un véritable trésor pour les cultivateurs peu aisés, qui ne pourraient suffire à l'achat ni à l'entretien d'un cheval, et qui n'ont besoin pour leurs travaux que d'une force motrice peu considérable. Tout en travaillant beaucoup, il dépense fort peu; il est très sobre et très patient.

Les meilleures races asines sont celle de la Gascogne et celle du Poitou. Cette dernière est employée principalement à la production des mulets.

Qu'est-ce que le mulet?

177. Le **mulet** est le produit de l'âne et de la jument. On l'emploie aux mêmes usages que le cheval dans les pays de montagnes, où il rend d'inappréciables services. En effet, tout en ayant le pied plus sûr que le cheval, il est moins difficile sur le choix des aliments, moins sujet aux maladies et supporte mieux la fatigue. Il demande d'ailleurs à peu près les mêmes soins.

Les meilleurs mulets viennent du Poitou, où leur élevage fait l'objet d'une industrie considérable et lucrative. Beaucoup de ces animaux sont exportés en Espagne; les autres sont achetés en grand nombre par des cultivateurs de l'Auvergne, du Dauphiné et de la Provence, qui achèvent de les élever dans les pâturages de la montagne.

Quelles sont les principales maladies du cheval?

178. Les maladies auxquelles le cheval est sujet sont fort nombreuses; les principales sont: *la morve, le farcin, le cornage, la pousse, la gourme, la fluxion périodique des yeux, les eaux aux jambes, les tares des membres*, etc.

1) La **morve** est une maladie redoutable, qui consiste principalement dans l'inflammation et l'ulcération de la membrane muqueuse tapissant l'intérieur des narines; il en résulte un écoulement par les naseaux de matières purulentes, qui deviennent chaque jour plus épaisses, à mesure que la maladie se prolonge. Cette maladie se communique facilement aux autres chevaux et même à l'homme; c'est pourquoi, lorsqu'on connaît d'une manière certaine qu'un cheval en est atteint, le mieux est de l'abattre sans délai. Jusqu'ici, on n'a pu trouver contre elle aucun traitement efficace.

2) Le **farcin** est aussi une maladie contagieuse qui a de nombreux rapports avec la précédente. Elle a pour principaux symptômes l'apparition de boutons purulents dans les régions où la peau est fine, comme la bouche, les naseaux, la face interne des membres, etc. Elle est regardée comme incurable.

3) Le **cornage** consiste dans un bruit anormal que font entendre certains chevaux, lorsqu'ils respirent; on l'appelle ainsi par comparaison avec le bruit que fait une corne dans laquelle on souffle. Il peut provenir d'un corps étranger qui gêne mécaniquement la respiration, et, dans ce cas, il peut se guérir en enlevant ce corps; mais, le plus souvent, il a pour cause une inflammation chronique ou un vice de conformation de l'appareil respiratoire; alors, il est presque toujours incurable.

4) La **pousse** est le symptôme de plusieurs maladies de l'appareil respiratoire, particulièrement de l'*emphysème pulmonaire*. Elle consiste dans une espèce de secousse qui coupe en deux l'acte de la respiration, produisant ainsi chez le cheval un effet analogue à celui de l'asthme chez l'homme. Dans le cheval qui en est atteint *(cheval poussif)*, le mouvement des côtes, au lieu d'être gradué comme à l'état normal, est interrompu par un brusque soubresaut, les flancs se contractent d'une manière convulsive, et le moindre exercice provoque la suffocation. C'est, comme les deux précédentes, une maladie presque toujours incurable.

5) La **gourme** est moins grave. Elle est caractérisée par un écoulement d'humeurs et par l'inflammation des glandes de l'*auge* (dessous de la tête, près du gosier), souvent suivie d'abcès. Elle se manifeste principalement chez le poulain pendant la dentition et plus rarement chez le cheval adulte. Cette maladie peut se traiter de la manière suivante : suspension du travail, promenades, régime à la fois substantiel et rafraîchissant, boisson tiède, tenir chaudement l'animal.

6) Les **eaux aux jambes** sont une maladie de la peau qui a son siège aux pieds et à la partie inférieure des jambes, surtout de celles de derrière. Elle a généralement pour causes l'humidité et la malpropreté. Au début, la peau est rouge, tuméfiée, douloureuse, et laisse suinter un liquide séreux encore peu odorant; bientôt le poil tombe, la peau se crevasse, et le liquide suinté devient opaque et prend une odeur infecte. Comme traitement, on conseille de donner à l'animal une nourriture saine, de l'appliquer chaque jour à un travail un peu pénible, et, après le travail, de lotionner la partie malade, après l'avoir lavée et séchée, avec une dissolution de vert-de-gris dans de l'eau de rivière, dans la proportion de 50 grammes de vert-de-gris pour un litre d'eau.

7) Les **tares** des membres sont des tumeurs tantôt dures, tantôt molles qui viennent généralement au pourtour des articulations. Suivant leur nature et la région où on les observe, elles prennent différents noms : *suro*, *courbe*, *jarde*, *vessigon*, *capelet*, *molette*, *éparvin*, etc. Elles sont souvent héréditaires.

8) Enfin, la **fluxion périodique des yeux** est une inflammation intermittente des membranes de l'œil, qui se reproduit ordinairement de mois en mois, et qui se termine le plus souvent par la cécité. Elle est incurable.

RÉDACTIONS

38. Faites le parallèle du bœuf et du cheval, au point de vue des avantages que l'homme en retire.

39. Quels sont les principaux soins journaliers que réclame le cheval ?

PROBLÈMES

29. Un cheval du poids de 510 Kg a été nourri, pendant 3 mois, au foin sec et un mois au trèfle fané; quelle est la dépense qu'il a faite, sachant qu'il consomme par jour 4 pour 100 de son poids en foin sec, que 88 Kg de trèfle représentent 100 Kg de foin ; que le foin vaut 72 fr. les 1.000 Kg, et le trèfle, 8 fr. 60 le quintal métrique.

30. Un cheval mange par jour une botte de foin, et par mois 3 Hl d'avoine et 34 bottes de paille ; son ferrage coûte 6 fr. par trimestre. Quelle est la dépense annuelle de 5 chevaux, l'avoine coûtant 0 fr. 50 le décalitre, le foin, 38 fr. 35 les 100 bottes, et la paille, 0 fr 20 la botte ?

31. Combien faut-il de chevaux pour traîner une voiture avec laquelle on veut enlever en 6 voyages la récolte d'un champ de pommes de terre de 150 ares ? On sait qu'on a récolté par are 2 Hl 25 de ces tubercules, qu'un Hl pèse 80 Kg, et qu'un cheval peut traîner 900 Kg. On négligera le poids de la voiture.

IV. — ESPÈCES OVINE ET CAPRINE

Qu'appelle-t-on bêtes ovines?

179. On comprend sous le nom de **bêtes ovines** (du latin *ovis*, brebis) tous les animaux domestiques qui appartiennent à l'espèce du mouton, c'est-à-dire le *bélier*, qui est le mâle, la *brebis*, qui est la femelle, et l'*agneau*, qui est le petit de la brebis.

Les bêtes ovines forment une partie importante de la richesse agricole de la France et se recommandent par un genre d'utilité nettement distinct de celui des autres animaux domestiques : elles convertissent en un engrais très actif et en produits toujours recherchés et d'une valeur toujours réalisable, la viande et la laine, une végétation qui sans elles serait complètement perdue. Celui qui les élève rentre d'ailleurs en si peu de temps dans ses avances et réalise si vite ses bénéfices, qu'avec de faibles commencements, il peut espérer de se voir en peu d'années possesseur d'un nombreux troupeau, source d'une aisance légitime, acquise par le travail intelligent.

Pourquoi élève-t-on les bêtes ovines ?

480. On élève principalement les bêtes ovines *pour leur toison* et *pour leur viande ;* mais les brebis de cer-

taines races sont aussi élevées pour leur lait : telles sont celles du Larzac (Aveyron), du Lauragais (Haute-Garonne), de Millery (Rhône), etc. Les fromages si renommés de Roquefort sont faits avec du lait de brebis.

Fig. 63. — Mouton de Dishley.

Il y a seulement une soixantaine d'années, la laine était encore regardée comme étant de beaucoup le plus important des produits à retirer de l'éducation du mouton ; aussi c'est à la rendre plus abondante et de meilleure qualité que tendaient presque uniquement les efforts des éleveurs pour le perfectionnement des races. La viande n'était regardée que comme un produit secondaire. Mais le prix de la laine ayant considérablement diminué de nos jours, par suite de la concurrence des laines russes et australiennes, la tendance est aujourd'hui en sens contraire. La laine est descendue au rang de produit secondaire, la production de la viande est devenue le principal objectif. On vise avant tout à en augmenter la quantité et la qualité, tout en ayant soin que la valeur de la laine en souffre le moins possible. On atteint assez bien ce but en croisant nos anciennes races avec les races anglaises de *Dishley*, de *Southdown* et de *New-Kent*, etc., depuis longtemps sans rivales pour la boucherie.

Fig. 64. — Mouton de Southdown.

Comment peut-on classer les moutons français?

181. D'après la qualité de leur laine, les moutons français peuvent se diviser en deux classes : les *moutons à laine grosse ou commune*, et les *moutons à laine fine.*

Quelles sont les principales races de moutons à grosse laine?

182. Les principales races françaises de **moutons à grosse laine** sont : la *race flamande*, la *race vendéenne*,

la *race bretonne*, la *race landaise*, la *race navarrine* et la *race marchoise*.

Une des plus intéressantes du groupe est la **race flamande**, issue de la grande famille de moutons à longue laine qui peuple la Belgique, la Hollande, le Danemark, l'Angleterre, et dont la *race picarde*, la *race artésienne* et peut-être plusieurs autres, ne sont que des variétés. Elle a le corps long, les jambes hautes, la tête petite et sans cornes, les oreilles horizontales, les reins spacieux, la croupe assez bien fournie, les ongles forts et durs. Sa toison, dont la laine longue, douce, brillante, nerveuse, est disposée par mèches pendantes et pointues, pèse de 4 à 5 kilogrammes. Sa viande est fort estimée.

Quelles sont les principales races à laine commune ?

183. Les principales races de **moutons à laine commune** sont : la *race berrichonne*, la *race nivernaise*, la *race du Rouergue*, la *race provençale*, etc. Ces races, pour la plupart, sont excellentes pour la boucherie.

1) La **race berrichonne** a la taille petite ou moyenne, les membres roux, non garnis de laine, la tête petite, droite et le plus souvent sans cornes, les lèvres peu épaisses, le cou mince et allongé, le dos bien fait, la laine courte et commune ; elle fournit une viande de première qualité, surtout depuis qu'elle a été améliorée par son alliance avec la race anglaise de Southdown.

2) La **race du Rouergue** a la taille élevée, le corps long, la tête busquée et sans cornes, le front recouvert d'un toupet ; sa laine, longue et de qualité médiocre, peut être peignée, mais avec beaucoup de déchet. Sa viande n'est pas très abondante, eu égard à la taille de l'animal, mais elle est très bonne.

Fig. 65. — Brebis berrichonne.

3) La **race provençale**, fort répandue dans les départements des Bouches-du-Rhône, du Var et de Vaucluse, a la taille petite, le corps bien fait, les jambes peu élevées, l'ossature grêle. Sa laine est médiocre ; mais sa chair est fine et fort estimée.

Quelles sont les principales races de moutons à laine fine ?

184. Les principales races de **moutons à laine fine** sont la *race mérinos*, avec les diverses races métisses qui en sont dérivées, et la *race du Larzac*.

1) La **race mérinos**, importée d'Espagne au dernier siècle, a le corps trapu, court, épais, les jambes fortes et peu élevées; la tête grosse armée de robustes cornes qui se recourbent en spirale derrière l'oreille ; la laine couvre tout le corps moins le museau, depuis le bord des sabots jusqu'au pourtour des yeux ; elle est fine, à brins élastiques et courts, et de qualité supérieure. Par son croisement avec les anciennes races du pays, elle a donné plusieurs variétés renommées, telles que les *mérinos de Rambouillet*, les *mérinos roussillonnais*, les *mérinos de Naz* (Ain), les *mérinos de Mauchamps* (Aisne), etc. On croise aujourd'hui ces races avec les races anglaises de Dishley, et l'on obtient des races métisses qui, tout en conservant leurs qualités pour la laine, sont d'un rapport beaucoup plus grand pour la boucherie.

Fig. 66. — Mouton mérinos.

2) La **race du Larzac**, cantonnée sur le plateau de ce nom (Aveyron), a la taille petite, le corps bien fait, la poitrine ample, les reins larges, la croupe bien fournie, la tête petite et parfois légèrement arquée, les membres grêles, la laine blanche, fine, frisée, très onctueuse et se rapprochant de celle des mérinos; les brebis fournissent le lait dont se fabrique le fromage de Roquefort.

Quelle nourriture demande le mouton ?

185. D'une manière générale, on peut dire que la meilleure de toutes les nourritures pour les moutons, c'est l'herbe des champs broutée sur pied. Les pâturages les plus élevés, les plus secs et les plus en pente sont ceux qui leur conviennent le mieux.

Quant à la qualité de l'herbe, il faut préférer, lorsque c'est possible, celle qui a déjà pris de l'accroissement, qui est près de la floraison ou qui commence à fleurir. Trop jeune, elle est trop crue ; trop vieille, elle est trop dure et manque de suc.

Quelle doit être l'alimentation des moutons lorsqu'on ne peut plus les mener au pâturage?

186. Lorsque les moutons sont nourris à la bergerie, la ration peut se composer de plusieurs manières. Les matières qui en font le plus ordinairement la base sont: le foin, la paille, les choux, les pommes de terre, les racines fourragères, les grains de seigle, d'orge, d'avoine, de maïs, de pois, de féveroles, etc. Lorsqu'on a plusieurs sortes d'aliments à sa disposition, il est bon de les faire alterner.

La bergerie où sont les moutons ne doit-elle pas être l'objet d'attentions spéciales?

187. Les bergeries doivent être assez vastes, bien aérées et établies dans un endroit qui soit à l'abri du froid et surtout de l'humidité, que les moutons craignent beaucoup. Autant que possible, elles doivent avoir deux façades, l'une au nord, l'autre au midi, de façon que les moutons puissent avoir le soleil pendant l'hiver et l'ombre pendant l'été. La litière doit être abondante et souvent renouvelée; les mangeoires et les rateliers seront disposés de telle sorte que les moutons puissent y atteindre sans peine.

Quelles sont les principales maladies du mouton?

188. Outre la *météorisation* et le *charbon*, auxquels les moutons sont aussi sujets que les bêtes bovines, ils sont encore exposés à des maladies particulières à leur espèce. Ce sont principalement la *pourriture*, la *clavelée*, la *gale* et le *piétin*.

1) La **pourriture** des moutons ou *cachexie aqueuse* est une sorte d'hydropisie des membranes séreuses, qui a généralement pour cause une nourriture mauvaise et insuffisante, et l'humidité des pâturages ou de la bergerie. Elle se reconnaît à la chaleur de la tête, à la bouffissure des yeux, au gonflement du menton, à l'écoulement par le nez d'un mucus abondant et à l'état général de l'animal, qui devient paresseux, nonchalant, abattu. On la prévient en supprimant les causes qui la font naître, c'est-à-dire en assainissant les étables et les pâturages. Pour guérir les animaux atteints, il n'y a guère d'autre moyen que de les dépayser.

2) La **clavelée**, qu'on appelle aussi *claveau* ou *picotte*, est à peu près pour l'espèce ovine ce que la petite vérole est pour l'homme. Elle est caractérisée principalement par l'apparition sur toute la surface du corps de pustules dont le sommet devient d'abord blanchâtre et ne tarde pas à crever. En même temps, les yeux de l'animal sont enflammés, la bouche sèche, l'haleine fétide, un liquide purulent s'écoule de ses naseaux. La durée du mal est d'environ vingt-cinq jours; il est contagieux comme la variole humaine et, comme elle, ne se prend généralement qu'une fois. On y rend les moutons moins sujets en les *clavelisant*, c'est-à-dire en les vaccinant avec du liquide pris dans les boutons des animaux malades.

3) La **gale** est une maladie contagieuse causée par la présence, sous l'épiderme, de petits animalcules appelés *sarcoptes*. Elle débute par de petits boutons qui surviennent à divers endroits du corps et qui bientôt se transforment en croûtes ; la laine se détache par flocons, dont les brins sont feutrés ensemble ; l'animal, tourmenté par de vives démangeaisons, se gratte avec les pattes et se frotte contre tous les corps qu'il rencontre ; il dépérit par degrés et peut mourir d'épuisement. Au début de la maladie, on peut souvent prévenir son extension en nettoyant les boutons avec un grattoir et en les frottant avec de la salive imprégnée de suc de tabac mâché. Lorsque le mal est plus avancé, il faut tondre le mouton, puis le laver au savon noir, ou le frotter avec une sorte de pommade formée de graisse et de soufre.

4) Le **piétin**, qu'on désigne encore sous le nom de *crapaud*, de *pesogne* ou de *pourriture des pieds*, est une maladie particulière à l'espèce ovine. Elle commence par la rougeur et la désunion partielle du sabot d'avec la chair qu'il recouvre ; bientôt surviennent l'ulcération, une suppuration fétide, la formation d'abcès et de chute de l'ongle. Prise à son début, la maladie n'est pas dangereuse. Il faut tenir l'animal à l'étable sur une litière propre ; mettre sur les plaies de l'eau forte avec une plume d'oie et, de temps en temps, mettre le pied malade dans un bain formé d'eau tenant en dissolution du sulfate de fer (couperose verte).

Que savez-vous de la chèvre ?

189. Par son organisation et l'ensemble de ses caractères physiques, la **chèvre** se rapproche beaucoup du mouton, dont elle partage en partie les habitudes et les goûts ; mais elle a le tempérament plus rustique et l'humeur plus vagabonde. Elle est élevée surtout pour le lait excellent qu'elle donne ; mais sa chair aussi est bonne à manger, quoiqu'elle soit loin de valoir celle de la brebis. Le mâle porte le nom de *bouc* et le jeune, celui de *chevreau*.

La chèvre a été surnommée, avec raison, la vache du pauvre. Elle justifie cette appellation par son extrême sobriété, comparable à celle de l'âne. On peut dire qu'il n'y a pas à la campagne de ménage, si pauvre qu'on le suppose, qui ne puisse nourrir une chèvre et en obtenir, outre son lait, des chevreaux, qui ont toujours une valeur réalisable du jour au lendemain, et du fumier qui vaut, quant à son effet utile, celui des bêtes ovines.

Fig. 67. — Chèvre commune.

Quelle nourriture demande la chèvre ?

190. Par nature, la chèvre aime beaucoup les pâturages, sur la qualité desquels elle se montre d'ailleurs fort peu difficile (1) ; mais elle supporte aussi facilement le régime de l'étable et alors nul animal n'est aussi facile à nourrir. Fourrages verts ou secs, débris de choux, de carottes, feuilles d'arbres, betteraves, pommes de terre, résidus de distillerie, tout lui convient, tout est mangé par elle avec appétit. On doit régler sa ration de façon à prévenir un excès d'embonpoint, qui diminuerait sa quantité de lait.

Quelles sont les principales races de chèvres ?

191. On distingue trois variétés ou races principales

(1) La chèvre, lorsqu'elle est au pâturage doit être surveillée avec soin, à cause des dégâts qu'elle cause aux haies et aux plantations.

de chèvres : la *race commune*, la *race des Pyrénées*, la *race maltaise*, la *race d'Angora*, la *race de Cachemire*, etc., etc.

1) La **race commune** est la plus répandue en France et en Europe. Elle ne donne que son lait, sa viande et ses chevreaux.

2) La **race d'Angora**, originaire de l'Asie Mineure, acclimatée en France depuis près d'un siècle, est remarquable par la longueur et la finesse de son poil frisé, dont l'industrie tire un bon parti pour la fabrication des velours dits d'Utrecht. Elle donne autant de lait que la race commune.

3) La **race Cachemire** ou du *Thibet* ne diffère guère de la chèvre commune que par sa toison, formée de poils longs, rudes et grossiers, au-dessous desquels se trouve, en petite quantité, un duvet d'une extrême finesse ; c'est avec ce duvet qu'on fait les fameux *châles de Cachemire*. On a fait de grands efforts pour naturaliser cette race en Europe, mais ils n'ont eu qu'un fort médiocre succès.

RÉDACTIONS

40. Le mouton : avantage spécial qu'offre son élevage, produits divers que l'homme en retire.

41. La laine : sa provenance, ses diverses sortes, ses usages dans l'industrie, principaux travaux qu'elle nécessite.

PROBLÈMES

32. Les moutons communs fournissent en viande environ 53 pour cent de leur poids. On demande quelle serait la quantité de viande fournie par un mouton pesant 35 Kg sur pied, et à combien reviendrait le kilog de viande, si ce mouton était vendu à raison de 0 fr. 60 le kilog de son poids vivant ?

33. Un boucher a acheté 6 moutons qui, par tête, lui ont coûté 25 fr. 50 d'achat, 1 fr. 50 d'octroi, 0 fr. 50 d'abatage et 0 fr 85 pour d'autres droits ; chaque mouton lui a donné 175 Hg de viande, qu'il a vendue 1 fr. 60 le kilog ; 254 Dg de suif, qu'il a vendu 0 fr 90 le kilog et 23 Hg de peau, qu'il a vendue 0 fr. 85 le Kg. Combien a-t-il gagné ?

34. Un agriculteur achète 150 moutons à 23 fr. 75 ; il les garde 3 mois et demi, pendant lesquels ils consomment l'herbe de 3 Ha de pré, achetée à raison de 2 fr. 75 le Dm². Ils consomment, en outre, tous les 10 jours, 370 Kg de foin à 7 f. 50 le quintal. Le berger est payé 1 fr. 25 par jour. On demande combien doit être vendu chaque mouton pour que le propriétaire fasse un bénéfice de 560 francs.

V. — ESPÈCE PORCINE

Qu'est-ce que le porc ?

192. **Le porc** ou *cochon* est un animal domestique qui, par ses caractères physiques, ses goûts et ses instincts rappelle le sanglier, dont il paraît descendre.

Le mâle s'appelle *verrat*, la femelle *truie*, et les petits *porcelets*, *cochonnets* ou *gorets*.

Malgré toutes les améliorations que nos soins lui ont values, dit M. H. Fabre, le porc est resté une bête grossière. Il ne connaît d'autre satisfaction que celle du ventre et se livre sans réserve à ses appétits voraces ; il vit uniquement pour manger, digérer et s'engraisser. Il n'en est pas moins un des animaux domestiques le plus réellement utiles, parce que c'est celui de tous qui se multiplie le plus rapidement, s'engraisse le plus facilement et le plus précocement, et qui produit la viande et la graisse au plus bas prix. Il n'est aucune de ses parties qui ne puisse être utilisée; ses entrailles même sont employées par la charcuterie à diverses préparations, telles que les *saucisses*, les *andouilles*, les *boudins*, etc.

Quelles sont les races porcines les plus estimées ?

193. La destination exclusive du porc étant de fournir de la viande, ce qu'il faut rechercher surtout dans une race, c'est qu'elle croisse rapidement, qu'elle s'engraisse facilement, et que les animaux qui la représentent donnent la plus grande quantité de viande possible relativement à leur poids. Les races où ces conditions se trouvent réunies au plus haut degré appartiennent à l'Angleterre; telles sont les races blanches d'*Yorkshire*, de *New-Leicester*, de *Windsor*, etc.; les races noires d'*Essex*, de *Suffolk*, de *Berkshire*, de *Hampshire*, etc. Parmi les races françaises, il faut citer : la *race craonnaise*, la *race augeronne*, la *race bressane*, les *races dauphinoises*, la *race périgourdine*, la *race béarnaise*, etc.

Fig. 68. — Porc anglais d'Essex.

1) **La race augeronne**, aussi appelée *normande*, est la plus grande des races porcines françaises. Elle a la tête petite et pointue, les oreilles grandes, le corps long et épais, les poils rares et blancs. Les porcs de cette race s'engraissent facilement et parviennent au poids de 300 kilogrammes.

2) La **race craonnaise**, répandue dans tout l'Ouest de la France, est un peu moins grande que la race augeronne, mais elle est plus précoce et plus régulière de formes. Elle a le corps long, les jambes courtes, les oreilles longues, le dos large. Croisée avec les races anglaises, elle donne des races métisses très estimées.

Fig. 69.
Porc de race périgourdine.

Fig. 70.
Porc de race augeronne.

3) La **race périgourdine** présente un corps ramassé, court, une tête pointue, un cou gros et court, une poitrine ample, des jambons épais. Elle donne de très bons résultats, en la croisant avec celle du Poitou. On l'emploie beaucoup à chercher des truffes.

Comment faut-il nourrir les porcs ?

194. Le porc est très accommodant pour le choix de la nourriture, mais il faut qu'elle soit de facile digestion; aussi lui fait-on cuire en général tous ses aliments. Lorsque les résidus du ménage ne suffisent pas, on le met au pâturage dans les prairies, dans les champs dépouillés de leurs récoltes, ou bien dans les bois, où il trouve des glands, des faînes, des racines et des fruits. Pendant l'hiver, et pour l'engraisser, on lui donne le plus souvent des pommes de terre, des glands et des châtaignes, auxquels on ajoute des grains, du son, des farines, du maïs, etc.

C'est principalement en automne, alors qu'on a de nombreux produits à sa disposition, que l'on commence l'engraissement des porcs, de telle sorte qu'on puisse les tuer dans le courant de décembre ou de janvier. A ce moment, le froid empêche la viande de se corrompre et permet de lui faire subir toutes les préparations nécessaires à sa conservation. En été, la viande s'altère rapidement et prend mal le sel.

Que doit-on observer relativement à la porcherie?

195. Comme le logement de tous les autres animaux domestiques, la porcherie doit être assez vaste et bien aérée; le sol doit être en pente, pour laisser écouler les urines, et pavé ou dallé, pour éviter que les eaux s'y infiltrent et que l'animal y creuse des trous avec son groin; les auges doivent être disposées de manière qu'on puisse y verser les aliments sans entrer dans les loges.

Quoi qu'en dise le préjugé, le porc aime la propreté; seul, de tous les animaux domestiques, il évite de souiller sa litière de ses ordures, et c'est avec tous les signes de la plus vive satisfaction qu'il se laisse laver et brosser par qui le soigne; s'il se vautre dans la boue, c'est qu'il est souvent tourmenté de parasites dont il ne se débarrasse que par ce moyen. Qu'on lui fournisse de l'eau propre nécessaire à ses besoins, et il oubliera vite le bourbier dont il se contente faute de mieux; que l'on tienne son local dans un état convenable, et il n'aura garde de s'en trouver mal, car il préfère certainement de beaucoup une saine litière à une couche fangeuse. A ces soins de propreté, l'animal gagnera et l'éleveur aussi.

Quelles sont les principales maladies du porc?

196. En dehors du *charbon* et de la *gale*, auxquels il est sujet comme le mouton, quoique à un degré moindre, les principales maladies du porc sont la *ladrerie*, la *trichine*, le *rouget* et la *fièvre aphteuse* ou *cocote*.

1) La **ladrerie** est une maladie du porc, causée par la présence d'une multitude de petits vers disséminés dans toutes les parties du corps de l'animal. Chacun de ces vers est enfermé dans une cellule blanche ayant la forme d'un petit pois. La chair du porc ladre est très dangereuse à manger crue, parce qu'elle communique le ténia ou *ver solitaire;* mais en la faisant bien cuire, on peut la consommer sans danger. Tout traitement contre la ladrerie est inutile.

2) La **trichine** est une autre maladie du porc analogue à la précédente, mais causée par un ver d'espèce différente. Comme la chair du porc ladre, la viande du porc atteint de la trichine ne doit être mangée que bien cuite. La maladie est sans remède.

3) Le **rouget** ou *rougeole du porc* n'a rien de commun avec la rougeole humaine, si ce n'est qu'elle se manifeste sous forme de plaques rouges sur la peau, surtout sur celle du cou. Elle est rarement mortelle; mais si elle n'est pas combattue à temps, elle diminue considérablement la valeur de la viande. Comme traitement, on conseille de faire une petite saignée à l'oreille de l'animal malade, et de mêler à ses aliments un peu de soufre, de fort vinaigre ou de nitrate de potasse.

RÉDACTIONS

42. Montrez que le porc, malgré ses mœurs grossières, est un des plus précieux animaux domestiques.

43. Dans beaucoup de pays, l'abattage du porc gras, à la ferme, est une sorte de fête de famille. Un enfant de la ville en villégiature à la campagne, a été témoin de l'événement; en écrivant à son frère aîné, il le lui raconte et lui décrit brièvement la manière dont on prépare les diverses parties de l'animal. Faites sa lettre.

PROBLÈME

35. Par l'engraissement, le poids d'un porc s'est élevé de 158 Kg à 254 Kg. Quel est le bénéfice de l'éleveur, sachant que l'animal a été vendu à raison de 0 fr. 95 le Kg de son poids vivant, que, pour acquérir 10 Kg de son poids vivant, il a dû manger 200 Kg de pommes de terre, et que les pommes de terre se payent 4 fr. 30 le quintal métrique?

VI. — LES ANIMAUX DE BASSE-COUR

Qu'appelle-t-on animaux de basse-cour?

197. On désigne sous le nom d'**animaux de basse-cour** l'ensemble des petits animaux, quadrupèdes ou oiseaux, qu'on élève généralement dans une dépendance de la cour de la ferme. Les principaux sont le *lapin*, la *poule*, le *dindon*, le *canard*, l'*oie*, la *pintade* et le *pigeon*.

Les animaux de basse-cour sont le complément nécessaire et comme une succursale du bétail. Ils forment un fonds de réserve au moyen duquel nous pouvons à la fois introduire la variété dans notre alimentation et parer à l'imprévu. D'ailleurs les bénéfices qu'ils procurent ne sont pas à dédaigner; pour le comprendre, il suffit de se rappeler que le nombre des seuls œufs de poule produits annuellement en France n'est pas inférieur à 9 milliards et que leur valeur dépasse 500 millions de francs. (*Dictée XXX.*)

Que savez-vous du lapin?

198. Le **lapin** est à peu près le seul quadrupède élevé dans les basses-cours, où il peut donner, lorsqu'il est bien soigné, des bénéfices assez considérables (1). Sa

(1) Parmi les nombreuses variétés que l'on élève en France, il faut citer : la *race commune*, la *race normande*, la *race bélier*, le *lapin géant des Flandres*, le *lapin russe*, le *lapin argenté*, le *lapin angora*, etc.

viande est saine, nourrissante et d'un prix modique; sa peau sert à faire de la colle et son poil est très employé dans la fabrication des chapeaux. Il mange beaucoup, mais il se montre peu exigeant sur la qualité des aliments. Sa nourriture ordinaire se compose surtout de débris ou épluchures de légumes, auxquels on ajoute, en été, des feuilles de carottes, du persil, de la chicorée sauvage, de la pimprenelle, et, en hiver, des pommes de terre, des racines, du son, des grains, etc. Il faut lui donner peu de choux, rejeter toute herbe mouillée, et ne pas oublier de lui donner à boire, lorsque sa nourriture se compose d'aliments secs.

Fig. 71. — Lapins.

Au lieu d'élever le lapin à la basse-cour, on préfère parfois l'élever dans une *garenne*, c'est-à-dire dans un espace clos où le lapin peut trouver l'herbe, et où l'on a disposé çà et là des pierres, dans les anfractuosités desquelles il peut se réfugier librement ou se creuser un terrier à sa fantaisie. Le lapin de garenne a la chair plus ferme et de meilleur goût que le lapin de basse-cour.

Que savez-vous de la poule?

199. La **poule**, type de l'ordre des gallinacés, occupe le premier rang parmi les oiseaux de basse-cour. C'est elle qui donne le plus grand nombre d'œufs et qui convertit le plus économiquement en une viande saine et de bon goût les aliments qu'on lui accorde. Le mâle se nomme *coq;* les petits s'appellent *poussins*, puis *poulets*. Le coq à l'engrais prend le nom de *chapon*, et la poule, dans les mêmes conditions, prend celui de *poularde*.

Comme tous les animaux domestiques, la poule a produit un grand nombre de races ou variétés, dont les unes sont particulièrement recherchées comme *couveuses*, les autres comme *pon-*

deuses et d'autres enfin pour la *délicatesse de leur chair* ou leur *aptitude à l'engraissement*. Il faut choisir parmi ces races celles qui s'adaptent le mieux au but qu'on se propose, et aux besoins du pays où l'on se trouve.

Fig. 72. — Coq et Poules.
Poule de Houdan. — Coq commun. — Poule de Crèvecœur.

Quelles sont les races de poules les plus estimées?

200. Les races de poules les plus estimées sont : 1° parmi les races françaises, celles de *Crèvecœur*, de *Houdan*, de la *Flèche* et de *Bresse;* 2° parmi les races étrangères, la *poule de la Campine*, la *poule de Leghorn* et la *poule noire d'Espagne*, recherchées comme pondeuses; la *poule de Cochinchine* et la *poule russe* ou de *Brahmapoutra*, recherchées comme couveuses, et la poule anglaise de *Dorking*, appréciée surtout pour la délicatesse de sa chair.

Fig. 73. — Coq et poule de la Flèche.

1) La **race de Crèvecœur** ou de *Normandie* est excellente pondeuse et de facile engraissement, mais assez mauvaise couveuse. Elle a la taille grande, le plumage généralement noir ou panaché de noir et sur sa tête une huppe de plumes tachetées de blanc.

2) La **race de la Flèche** ou du *Maine* est plus haute de jambes que celle de Crèvecœur; son plumage est de couleur variable, mais plus souvent noir à reflets violets; sa tête est dépourvue de huppe. Elle est renommée pour la délicatesse de sa chair et son aptitude à l'engraissement. Les chapons et les poulardes du Mans ont une réputation universelle.

3) La **race de Houdan** est très bonne pondeuse; ses œufs sont un peu plus petits que ceux des poules de Crèvecœur; mais d'excellente qualité et de conservation facile. Le plumage est bariolé de noir et de blanc avec des reflets violets ou verts; sa tête est ornée d'une huppe formée de plumes longues, mais peu fournies.

4) La **race de Bresse** est renommée, comme celle de la Flèche, pour son aptitude à l'engraissement et la délicatesse de sa chair.

Quelle nourriture demandent les poules?

201. Les poules coûtent peu d'entretien; elles trouvent elles-mêmes une grande partie de leur nourriture en becquetant les graines perdues dans les diverses parties de la ferme, ou en grattant la terre pour y découvrir des insectes et des vers. L'éleveur n'a guère à leur fournir qu'un supplément composé le plus souvent de résidus du ménage et de grains de qualité inférieure.

Lorsqu'on veut les pousser à l'engraissement, on les enferme dans un endroit tranquille et obscur, dans des cages où elles ne peuvent faire que peu de mouvements, et on leur fait prendre une quantité aussi grande que possible d'une pâtée composée de lait doux et de farine de maïs ou de sarrasin. L'engraissement est ordinairement complet au bout de quinze à dix-huit jours.

Dites ce que vous savez sur le dindon.

202. Le **dindon** est le plus grand de nos oiseaux domestiques; son poids peut aller à 10 et même à 11 Kg. Par sa chair succulente, il offre de grandes ressources à l'alimentation, mais il n'a pas la fécondité de la poule et il est un peu plus difficile à élever; c'est ce qui explique pourquoi on le rencontre moins fréquemment dans les basses-cours. Dans son jeune âge, il est très délicat; mais après deux ou trois mois, après qu'il a pris *le rouge*, il devient très rustique et ne redoute

nullement les intempéries; il peut jucher en plein air, même pendant les froids les plus rigoureux.

Les dindons s'accommodent mal de la vie de basse-cour : il leur faut le grand air des champs et l'exercice des longues promenades. On les conduit généralement en troupeaux dans les prés, les landes, les bois, où ils trouvent des graines, des insectes, des glands, des faînes, etc. Pour les engraisser, on procède à peu près de la même façon que pour les poules.

Fig. 74. — Canard, Dindon, Oie.

Que savez-vous de l'oie ?

203. **L'oie**, dont le mâle s'appelle *jars*, et les petits *oisons*, est un oiseau de la famille des palmipèdes. On l'élève pour sa chair succulente, pour sa graisse, qui est très fine, pour son duvet, dont on fait des édredons, et pour ses plumes, qui servent à remplir les traversins et les oreillers. Son *foie*, auquel l'engraissement donne un volume considérable, sert à la fabrication des mets recherchés connus sous les noms de *pâtés de Strasbourg* et de *terrines de Nérac*.

L'oie se nourrit d'herbes et de graines. Elle trouve elle-même une partie de sa nourriture dans les champs et les pâturages, où elle paît comme les moutons; mais il faut lui fournir un supplément de sarrasin, d'orge, d'avoine, de seigle, de maïs, etc., qu'on peut mêler avec des pommes de terre cuites. Il faut aussi qu'elle ait à sa disposition quelque pièce d'eau où elle puisse se baigner. Pour l'engraisser, on suit une méthode à peu près analogue à celle que nous avons indiquée pour les poules. La plus belle variété est celle qu'on élève dans le Languedoc et qui porte le nom d'*oie de Toulouse ;* elle peut atteindre le poids de 7 à 8 Kg.

Que savez-vous du canard ?

204. Le **canard**, dont la femelle s'appelle *cane* et les petits *canetons*, occupe une place importante dans la basse-cour ; sa chair est très estimée, et les œufs de la cane sont souvent préférés à ceux de la poule ; on tire parti de son duvet qu'on lui enlève en été. Le canard coûte d'ailleurs fort peu d'entretien : tous les débris sont utilisés par lui comme aliments ; mais pour qu'il réussisse, il lui faut absolument de l'eau où il puisse barboter à son aise.

On distingue, en France, deux variétés principales de canards, qui ne diffèrent guère l'une de l'autre que par leur taille, ce sont : le *canard commun* et le *canard de Rouen*. Ce dernier, plus grand que l'autre et plus facile à engraisser, peut atteindre le poids de 2 Kg.

Dites ce que vous savez de la pintade.

205. La **pintade** se recommande par de précieuses qualités : ses œufs sont excellents et sa chair est estimée presque à l'égal de celle de la perdrix ; mais son cri désagréable, son caractère querelleur et son humeur vagabonde font restreindre sa multiplication dans les basses-cours. Elle dépose ses œufs dans les prairies, dans les blés, dans les broussailles, et les cache avec tant d'adresse, que, sans une surveillance attentive au moment de la ponte, il est presque impossible de les découvrir. Elle est d'ailleurs mauvaise couveuse, et généralement on la fait remplacer dans cet office par une poule.

Que savez-vous du pigeon ?

206. Aussi anciennement réduit à la domesticité que la poule, le **pigeon** est recommandable par l'excellente qualité de sa chair, sa fécondité et la facilité de son élevage. Il en existe une multitude de variétés et de sous-variétés qui, considérées dans leur ensemble, peuvent se ranger en deux grandes divisions : les *pigeons fuyards*, qui vont chercher au loin, dans les champs, la plus grande partie de leur nourriture, et les *pigeons sédentaires*, qui ne s'écartent guère du pigeonnier. Ces der-

niers, appelés aussi *pigeons mondains*, sont à peu près les seuls élevés dans les fermes. Une des variétés les plus avantageuses est celle des *pigeons pattus*, faciles à distinguer par les plumes qui leur garnissent les pattes ; ils font jusqu'à dix couvées par an.

On élève ordinairement les pigeons dans un local spécial appelé *colombier* ou *pigeonnier*, qui doit être établi aussi haut que possible, bien exposé au soleil, blanchi au dehors, et maintenu, à l'intérieur, dans un grand état de propreté. Leur nourriture se compose principalement de graines, plutôt courtes ou rondes, comme celles du sarrasin, du millet, du sorgho, du chanvre, de la navette, etc., que de graines allongées comme celles du blé, du seigle et de l'avoine.

RÉDACTIONS

44. La basse-cour : énumérez, en les caractérisant brièvement, les principaux animaux qu'on y élève.

PROBLÈMES

36. On estime que le nombre des œufs de poule produits annuellement en France s'élève à 9 milliards 1/2. Quelle somme représente la valeur totale de ces œufs, sachant que les 2/5 sont vendus à 0 fr. 60 la douzaine, les 3/10 à 4 fr. 50 le 100, les 3/20 à 58 fr. le 1 000, et le reste à 0 fr. 95 les 20. En remplaçant les poules de race commune par des poules de races améliorées, on pourrait facilement augmenter la production annuelle de ses 3/7. Quelle serait la valeur de cette augmentation ?

37. Une fermière avait 18 oies, qu'elle a vendues 10 fr. 25 pièce. Quel est son bénéfice, sachant que les oies, avant d'être engraissées, lui avaient coûté 10 fr. 50 la paire, qu'elle les a nourries pendant 35 jours au moyen d'une pâtée composée de lait, de farine et de sarrasin, estimée 0 fr. 10 le kilo, et que chaque oie consomme, en 7 jours, 5 Kg 75 de pâtée ?

VII. — VER A SOIE

Qu'est-ce que le ver à soie ?

207. Le **ver à soie** ou *magnan* est la larve ou chenille d'un papillon de nuit appelé *bombyx du mûrier*, parce qu'en Chine, d'où il est originaire, il vit à l'état libre aux dépens de la feuille de diverses variétés de cet arbre. Sa culture fut propagée en France par Olivier de Serres, sous le règne de Henri IV.

Comme tous les papillons, le bombyx du mûrier passe, dans le cours de son existence, par quatre états différents : il est successivement *œuf*, *larve* ou chenille, *nymphe* ou chrysalide et *papillon* ou insecte parfait. Les trois changements par lesquels il passe successivement de l'un à l'autre de ces états s'appellent métamorphoses; c'est dans le second de ces états, entre sa première et sa seconde métamorphose, que le bombyx porte le nom de *ver à soie.*

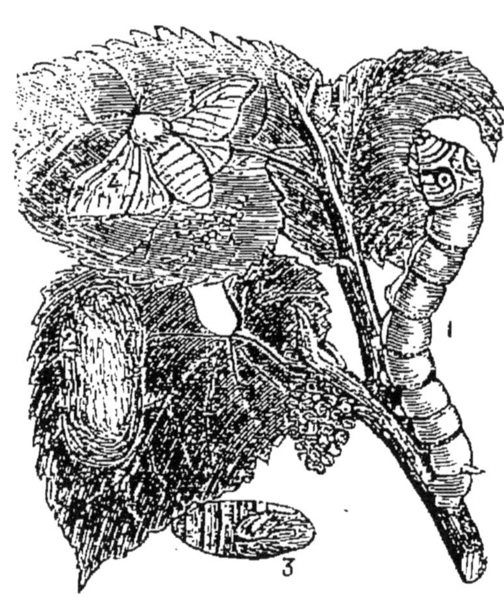

Fig. 75. — Métamorphoses du ver à soie.
1. Larve.— 2. Cocon.— 3. Chrysalide. — 4. Papillon.

Que savez-vous de l'œuf du ver à soie ?

208. L'**œuf** du ver à soie est désigné par les éleveurs sous le nom de *graine;* il est moins gros qu'une tête d'épingle. On reçoit les œufs, au moment de la ponte, sur des toiles, qui sont ensuite pliées comme des serviettes et gardées dans un endroit frais et sain jusqu'au moment où on veut les faire éclore (1).

L'éclosion des vers à soie a lieu au printemps; on en règle l'époque précise sur la plus ou moins grande précocité de la feuille de mûrier dont on doit les nourrir. Les œufs qu'on veut faire éclore sont exposés sur des feuilles de papier à une température de 17°, que l'on élève d'un degré chaque jour jusqu'à ce qu'elle arrive à 25°. Le grand moment de l'éclosion arrive au bout de onze jours. Les vers qui naissent beaucoup avant ou beaucoup après sont généralement sacrifiés afin que tous les vers restants accomplissent les diverses phases de leur existence à peu près en même temps.

Où et comment se fait l'éducation des vers à soie ?

209. Les vers à soie sont élevés dans des *magnaneries*, sortes de chambres, garnies tout autour de dressoirs.

(1) Pour éviter que les vers à soie prennent certaines maladies très funestes, et principalement la *pébrine*, il est essentiel de n'employer que de la graine provenant de papillons reconnus non corpusculeux à l'examen microscopique (procédé Pasteur).

qui supportent des claies disposées en étages, à $0^m,50$ environ les unes au-dessus des autres. Ces chambres doivent être bien aérées, tenues bien propres et avoir constamment une température de 20 à 23 degrés. Après leur éclosion, les vers sont portés sur les claies les plus rapprochées du poêle et nourris d'abord avec de la feuille hachée de *pourette* ou mûrier sauvage, puis avec de la feuille de mûrier ordinaire entière, en augmentant la quantité à mesure qu'ils grossissent. De temps en temps, lorsque, par suite de leur croissance, ils sont devenus trop serrés, on les dédouble en en portant un certain nombre sur d'autres claies.

Pour opérer ce dédoublement des vers à soie, de même que pour les *déliter*, c'est-à-dire pour les changer de claies, afin de pouvoir nettoyer celles où ils se trouvent, on étend sur eux des feuilles de fort papier percées de trous, que l'on recouvre de feuilles de mûrier. Les vers ne tardent pas à monter à travers les trous pour manger la feuille fraîche ; on prend alors la feuille de papier et on la transporte sur une autre claie avec les vers qui sont dessus.

Qu'appelle-t-on mues du ver à soie ?

210. On appelle **mues** du ver à soie quatre crises successives qu'il subit pendant sa vie de larve, et dont chacune est accompagnée d'un engourdissement de l'insecte et d'un renouvellement de l'épiderme. La première a lieu ordinairement vers le cinquième jour après la naissance de l'insecte ; la seconde, vers le neuvième jour ; la troisième, vers le quinzième, et la quatrième vers le vingt et unième. Les cinq périodes déterminées par ces quatre mues sont appelées les *âges* du ver à soie.

1) Chaque mue est accompagnée d'une série de phénomènes qui se renouvellent à peu près toujours dans le même ordre : le ver prend une coloration jaunâtre et paraît translucide ; la partie antérieure de son corps semble grossir par dessus et se couvre de rides plus nombreuses ; son apétit devient moindre, puis cesse complètement ; il dresse en forme de cou de cigne la partie antérieure de son corps et reste dans cette position tout le temps que dure ce qu'on appelle son sommeil.

2) Ce temps passé, la peau se rompt autour de la tête, puis sur la ligne médiane du dos, et le ver en sort tout humide. Au bout d'une heure environ, il recommence à manger et reprend ses allures ordinaires. Son appétit, d'abord peu intense, augmente peu à peu et, deux jours avant la nouvelle mue, il atteint son maximum; cette période de voracité s'appelle *frèze*. On appelle *grande frèze* celle qui précède la transformation en chrysalide. La voracité du ver, à ce moment, est telle que, relativement au poids de son corps, il mange trente-six fois autant qu'un cheval.

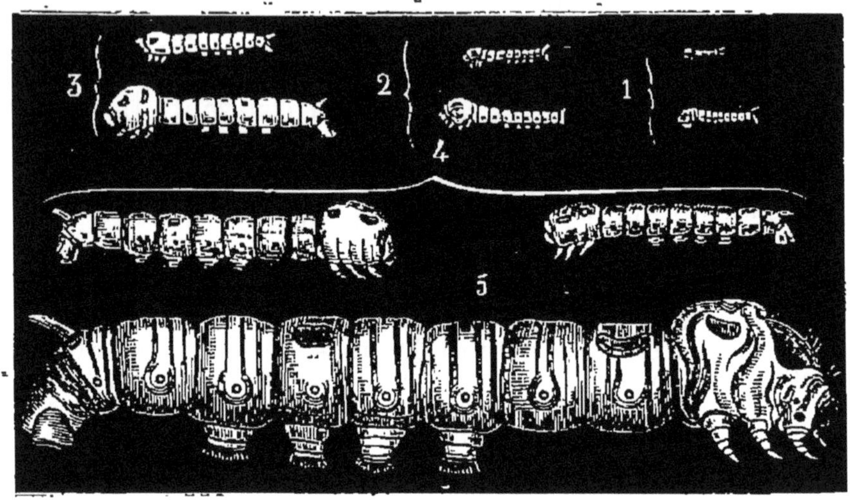

Fig. 76. — Le ver à soie à chacun de ses âges (grandeur naturelle)

Qu'appelle-t-on montée du ver à soie ?

211. On appelle **montée** du ver à soie l'action par laquelle il quitte sa litière, à la fin de son cinquième âge, pour grimper sur les tiges que l'on a mises à sa portée et y filer le cocon dans lequel il doit s'enfermer pour subir sa troisième métamorphose.

1) Après les quatre ou cinq jours que dure la grande frèze, le ver diminue rapidement d'appétit et bientôt cesse de manger : il devient jaune et paraît translucide ; puis une sorte d'inquiétude s'empare de lui : il s'agite et dirige en tout sens la partie antérieure de son corps ; c'est un indice que le ver est arrivé à ce qu'on appelle sa *maturité*.

2) On procède alors à l'*encabanage*, c'est-à dire qu'on place entre les différents étages de claies des touffes de bruyère fichées verticalement et recourbées par le haut. Le ver ne tarde pas à y monter et se choisir un quartier qu'il enveloppe de soie en faisant sortir de son corps un fil soyeux, et où il construit le cocon dans lequel va s'opérer le travail mystérieux de sa transformation.

Qu'est-ce que le cocon ?

212. On donne le nom de **cocon** à l'espèce de sac ovoïde dans lequel le ver à soie s'enveloppe, avant de se transformer en chrysalide, et qu'on dévide ensuite pour obtenir la soie.

Le cocon est formé d'un seul fil de soie, long quelquefois de plus d'un kilomètre, que le ver secrète en le faisant sortir de son intérieur au moyen de deux *filières* dont sa lèvre inférieure est pourvue. Ce fil est replié sur lui-même en une multitude de zigzags, et, comme il est enduit d'une matière gluante, chaque pli se colle avec les plis voisins, de sorte que tout tient ensemble et présente un feutre solide en forme de coque ovale.

Comment s'opère, pour le ver à soie, le passage de l'état de chenille à celui de chrysalide ?

213. La confection du cocon dure trois jours, pendant lesquels le ver se raccourcit peu à peu, à mesure qu'il convertit en soie une partie de sa substance. Alors il cesse de filer et devient immobile. Au bout de quatre jours, la transformation est opérée : le ver est devenu un être nouveau, ayant la forme d'une amande et la couleur du cuir, avec des saillies circulaires semblables aux spires de certains limaçons. C'est la *chrysalide* (fig. 75, 3).

Une dizaine de jours après, si aucun accident ne lui arrive dans l'intervalle, l'enveloppe de la chrysalide se fend et il en sort un papillon.

Les éleveurs de vers à soie laissent-ils aux chrysalides le temps de se transformer en papillons ?

214. Non, car le papillon, en perçant le cocon pour sortir, couperait le fil de soie qui, dès lors, ne pourrait plus se dévider et perdrait beaucoup de sa valeur. La plus grande partie des cocons est donc enfermée dans des boîtes de fer blanc, que l'on expose à l'action de l'eau bouillante, dont la chaleur tue les chrysalides avant qu'elles aient eu le temps d'éclore. Une petite quantité de cocons, pris parmi les plus beaux, est seule gardée jusqu'à l'éclosion des papillons, afin de fournir les œufs ou la *graine* nécessaire à la production des vers de l'année suivante.

1) Une fois dépouillés de la bourre qui les couvre et ébouillantés pour tuer la chrysalide, les cocons destinés à donner de la soie sont soumis dans les filatures au travail du *tirage* ou *filage*, qui consiste à dévider l'unique fil de soie dont ils sont formés. Pour cela, on met les cocons dans de l'eau bien chaude, dont l'action ramollit l'espèce de gomme qui tient collés ensemble les divers replis du fil de soie : puis on réunit ensemble les fils de cinq ou six cocons et on les fait passer sur un dévidoir mu par une machine. Dans leur route vers le dévidoir, ces fils élémentaires, naturellement couverts de la matière gommeuse ramollie par l'eau chaude, se collent ensemble et une fois refroidis ne forment plus qu'un seul *brin*, ou fil de *soie grège.*

2) Ensuite, par le *moulinage*, on réunit ensemble deux, trois ou quatre brins, on les tord plus ou moins, selon l'usage auquel on les destine, et c'est dans cet état que l'on vend la soie aux tisseurs ou fabricants de tissus.

Les vers à soie ne sont-ils pas sujets à certaines maladies ?

215. Les vers à soie sont sujets à plusieurs maladies qui, pendant quelques années, ont exercé les plus grands ravages dans nos magnaneries et qui, venant se joindre à la concurrence des soies étrangères, ont fait diminuer de plus de moitié notre production annuelle de soie grège. Les principales sont : la *muscardine*, la *pébrine* et la *flâcherie*.

1) La **muscardine**, ainsi nommée parce que le ver qui en est atteint se recouvre, après sa mort, d'une efflorescence blanchâtre qui lui donne l'apparence d'un bonbon appelé *muscardin*, est due à la présence dans les tissus de l'animal d'un champignon parasite que les naturalistes désignent sous le nom de *butrytis bassania.* Elle est contagieuse et résiste à tous les moyens de guérison connus jusqu'à présent ; mais on peut la prévenir jusqu'à un certain point en faisant brûler du soufre dans la magnanerie avant de commencer l'éducation des vers.

2) La **pébrine** tire son nom de ce que les vers atteints de cette maladie ont le corps parsemé de taches noires qui ont l'apparence de grains de poivre. Elle est due au développement dans les tissus de l'animal de microbes d'une espèce particulière. On la prévient le plus souvent en employant de la *graine* obtenue au moyen d'un procédé indiqué par M. Pasteur, qui la préserve de tout germe de microbe.

3) La **flâcherie**, aussi appelée *gattine* ou maladie des *morts-flats*, s'observe sur les vers au moment de la *grande frèze*, vers la fin du cinquième âge. Elle est due au développement dans le tube digestif de l'animal de microbes qui y font fermenter la feuille de mûrier. M. Pasteur, qui a étudié avec beaucoup de soin cette maladie, recommande, pour l'éviter, de n'employer que de la graine bien saine, de ne pas accumuler les vers dans un espace trop restreint et de bien aérer les magnaneries.

RÉDACTIONS

45. Faites, en abrégé, l'histoire du ver à soie, depuis son éclosion jusqu'à sa transformation en papillon.

PROBLÈMES

38. Un hectare de terre contenant 1.000 pieds de mûrier peut produire la feuille nécessaire pour nourrir les vers à soie provenant de 300 grammes de graines, lesquels peuvent donner 518 Kg de cocons valant 3 fr. 75 le kilog. Les autres dépenses étant estimées à 212 fr., quel sera le bénéfice de celui qui, dans ces conditions, cultive 372 ares de terre plantée de mûriers et élève les vers à soie que la feuille de ces mûriers peut nourrir ?

39. On admet que 152 Kg de feuille de mûrier employée à la nourriture des vers à soie peuvent produire une quantité de soie évaluée à 53 fr. Quel sera le produit annuel d'un champ de 75 ares planté de mûriers, sachant qu'un are peut contenir 16 pieds et que chaque pied peut donner 12 Kg de feuille ?

VIII. — ABEILLES

Que savez-vous des abeilles ?

216. Les **abeilles** ou *mouches à miel* sont un genre d'insectes de l'ordre des hyménoptères, connu de toute antiquité par ses mœurs, ses instincts, ses travaux admirables et la faculté de produire le miel Elles sont, avec le *ver à soie* et la *cochenille*, les seuls insectes dont l'homme ait pu, jusqu'à présent, tirer de réels avantages pour son alimentation ou son industrie.

Comme les vers à soie et la plupart des insectes, les abeilles passent, dans le cours de leur existence, par quatre états différents, séparés par trois *métamorphoses* ou transformations successives : l'état d'*œuf*, l'état de *larve*, l'état de *nymphe* ou de *chrysalide* et l'état d'*insecte parfait*. Le premier dure environ trois jours; le deuxième six et le troisième douze. Quant à la durée du quatrième, elle est de quelques mois seulement pour les mâles ; elle peut être de cinq ans environ pour les femelles et de trois ans pour les neutres, mais elle est souvent beaucoup plus courte, à cause des nombreux dangers auxquels les abeilles sont exposées.

Les abeilles méritent-elles une place parmi les animaux utiles de la ferme ?

217. Oui, les abeilles méritent une place très honorable

parmi les animaux utiles de la ferme. Sans compter, en effet, que, par le miel et la cire qu'elles produisent, elles peuvent devenir la source de revenus assez importants, elles jouent un rôle considérable et très avantageux dans la fécondation des fleurs et conséquemment dans la production des fruits et des graines.

Une ruche rend au minimum plus de 10 francs par an, ce qui fait une somme de 150 francs pour un rucher composé seulement de 15 ruches. N'est-ce pas là une ressource très appréciable? Pourquoi donc la laisser perdre? « Si nous avions, dit le savant naturaliste Réaumur, des campagnes couvertes de raisins et que, faute d'ouvriers, pour les cueillir, nous fussions forcés de laisser perdre cette abondante récolte, nous aurions raison de déplorer notre sort. Pendant l'été nos campagnes sont couvertes de fleurs pleines de miel et de cire, et nous perdons ces revenus délicieux, faute d'avoir assez d'abeilles, qui savent seules faire cette récolte ? »

Comment vivent-les abeilles ?

218. Les abeilles vivent réunies en sociétés nombreuses, sortes de cités régies par des lois fixes et où le travail, distribué d'une façon régulière, s'exécute avec un ensemble admirable. A l'état sauvage, elles s'établissent dans les creux des vieux arbres ou dans les anfractuosités des rochers; à l'état domestique, on les loge dans des *ruches*, sortes de petites huttes en paille ou en bois, construites exprès pour elles. Les ruches sont ordinairement réunies, en nombre plus ou moins grand, dans un endroit aménagé d'une façon convenable et qu'on appelle *rucher*.

Qu'appelle-t-on rayons ou gâteaux?

219. En apiculture, on donne le nom de **rayons** ou de *gâteaux* aux constructions de cire dans lesquelles les abeilles élèvent leur *couvain* et où elles conservent leur provision de *miel*. Ces constructions, dont l'aspect rappelle celui d'une gaufre, sont fabriquées par les abeilles ouvrières, et composées de *cellules* ou alvéoles, en forme de prismes creux à six faces, contiguës les unes aux autres et collées par leurs parois.

1) Certaines cellules, destinées à servir de berceau aux faux-bourdons, sont un peu plus grandes que les autres, tout en ayant la même forme ; d'autres, placées sur les bords de quelques gâteaux, sont beaucoup plus volumineuses et présentent la forme d'un gland, ce sont les *cellules royales*, destinées à servir de berceau aux femelles ou reines.

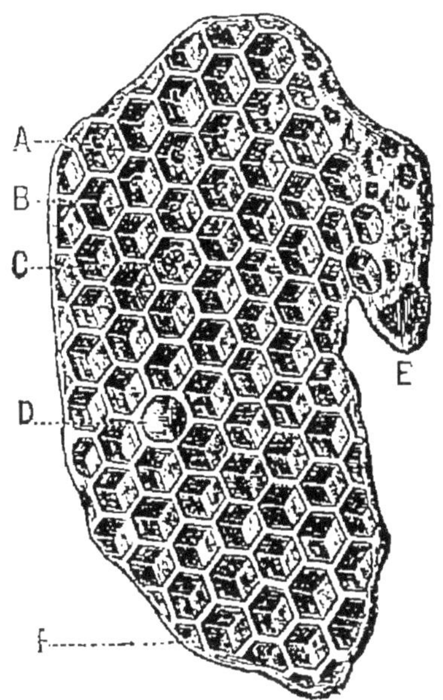

Fig. 77. — Rayon, avec les 3 sortes de cellules.

A et C, larves. — B, cellule vide. — D, cellule de nymphe. — E, cellule royale. — F, cellule de mâle.

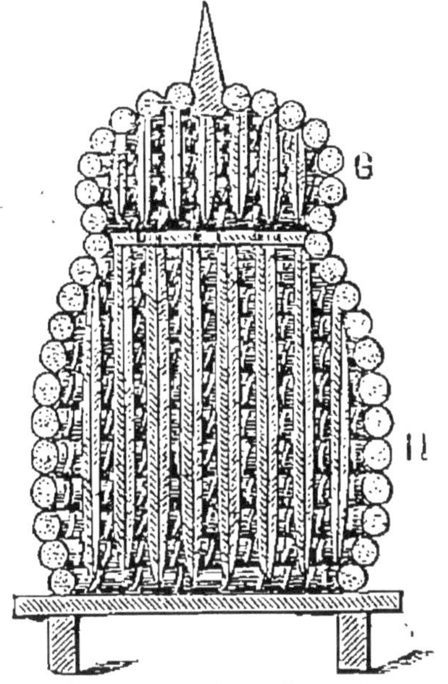

Fig. 78. — Disposition des rayons dans la ruche fixe.

H, corps de la ruche, où se trouve le couvain. — G, chapiteau ou calotte, servant de magasin à miel.

2) Les abeilles commencent toujours leurs rayons au sommet de la ruche et descendent peu à peu vers le bas, en les dirigeant suivant des plans verticaux parallèles; elles emploient pour matière la cire qu'elles secrètent au moyen de glandes situées au-dessous de leur abdomen.

3) Rien n'est plus intéressant que de voir les abeilles à l'œuvre, La cire, passée et repassée entre leurs mandibules, est appliquée parcelle à parcelle ; leurs mandibules leur servent de ciseaux et leurs antennes de sonde et de compas ; elles plongent dans la cavité pour en mesurer la profondeur et palpent la paroi de cire pour juger de son épaisseur. L'ouvrage, d'abord assez massif, est ensuite aminci, poli et dressé. Un bon nombre d'ouvrières se succèdent dans ce travail. Ce que l'une n'a qu'ébauché, une autre le finit un peu plus ; une troisième le perfectionne ; et, quoiqu'il ait ainsi passé par tant de travailleuses, on le dirait jeté au moule.

La population d'une ruche ne comprend-elle qu'une sorte d'abeilles ?

220. A l'état complet, la population d'une ruche se compose de trois sortes d'abeilles, savoir : 1° Une *reine* ou abeille femelle ; 2° quatre ou cinq cents *faux-bourdons* ou abeilles mâles ; 3° un nombre indéfini d'*ouvrières*, qui peut varier entre 10.000 et 40.000 ou même davantage.

Fig. 81. — *Les trois sortes d'abeilles d'une ruche.*

1, Mâle ou *faux-bourdon*. — 2, Femelle ou *reine*. — 3, Ouvrière ou *neutre*.

1) La **reine** ou *mère-abeille* se distingue facilement à la longueur de son corps et à la petitesse de ses ailes. Elle seule est douée de la faculté de pondre des œufs, mais sa fécondité est prodigieuse. D'après les calculs de savants naturalistes, le nombre des œufs qu'elle peut pondre dans le cours d'une année ne s'élève pas à moins de 60.000. Continuellement occupée à visiter les alvéoles pour voir si elles sont en état de recevoir le dépôt qu'elle veut y placer, elle ne quitte presque jamais la ruche, dont elle est le soutien et l'espoir. Une ruche sans reine est destinée à périr à bref délai si elle n'a pas les moyens d'en faire naître une nouvelle.

2) Les **faux-bourdons** ou *mâles* se distinguent à leur corps moins long que celui de la reine et plus gros que celui des ouvrières, à leur tête arrondie et à leurs yeux beaucoup plus gros que ceux des ouvrières et de la reine. Ils sont dépourvus d'aiguillon. Leur présence dans la ruche n'est que temporaire, et ils n'y remplissent aucune fonction. Ils sont, dit-on, mis à mort par les ouvrières aux approches des mauvais jours.

3) Les **ouvrières** ou *abeilles neutres* forment le gros de la population de la ruche, dont tous les travaux leur incombent. « Les unes sont chargées de récolter la nourriture commune et vont butiner dans les champs ; d'autres, dans l'intérieur de la ruche, posent les premiers fondements des gâteaux avec la glu flexible récoltée sur les arbres et y suspendent leurs cellules de cire ; d'autres élèvent et nourrissent les petits qui sont l'espoir de la nation ; d'autres encore préparent le miel épuré et en remplissent certains alvéoles. Il en est enfin qui ont pour mission de faire sentinelle à la porte de la ruche, d'examiner l'état du ciel et de prévenir dès que le mauvais temps menace ; elles reçoivent les fardeaux que rapportent les butineuses ou vont en bataillon combattre et repousser le frelon ravisseur (1). »

Qu'est-ce que le couvain ?

221. Les apiculteurs appellent **couvain** la réunion de toutes les abeilles d'une ruche qui n'ont pas encore accompli leur dernière métamorphose, c'est-à-dire qui sont à l'état d'*œufs*, de *larves* ou de *nymphes*. Il est logé dans les cellules des rayons qui occupent la partie centrale de la ruche, en face des trous d'entrée.

1) Quand les cellules sont préparées, la reine abeille va de l'une à l'autre et pond un œuf au fond de chacune. Au bout de trois à six jours, il sort de l'œuf une larve, sorte de petit ver de couleur blanche et recourbé en forme de virgule ; cette larve est nourrie par les ouvrières au moyen d'une espèce de bouillie formée de miel, de pollen et d'eau. Dans l'espace de six jours, la larve a atteint tout son développement ; alors elle se file une sorte de cocon soyeux et se transforme en chrysalide ; les ouvrières bouchent sa cellule avec de la cire. Enfin, après être restée douze jours dans cet état, elle subit une dernière transformation et acquiert sa forme définitive.

2) Les œufs qui doivent donner naissance à des reines sont l'objet d'attentions spéciales. Ils sont pondus par la mère-abeille dans des cellules beaucoup plus vastes et reçoivent une nourriture particulière appelée *pâtée royale*. C'est, dit-on, à cette différence d'éducation que les reines doivent leur prérogative d'être fécondes. L'œuf dont elles proviennent ne diffère en rien de celui qui donne naissance aux ouvrières.

Qu'appelle-t-on essaims ?

222. On désigne sous le nom d'**essaims** les colonies d'abeilles qui, après l'éclosion des jeunes reines ou un peu avant, quittent la ruche mère, sous la direction de la vieille reine, pour aller s'établir ailleurs. On les recueille chacun dans une ruche particulière, et le rucher se trouve augmenté d'autant.

1) C'est généralement au mois de mai ou de juin, par une

(1) VIRGILE, *Géorgiques*, I, IV.

belle journée, que se produit l'essaimage. Le départ de la colonie est précédé de certains indices qui permettent de le prévoir facilement. Une grande agitation règne dans la ruche et à ses abords : les ouvrières se massent ordinairement à l'entrée en une grappe dont la forme, graduellement rétrécie, rappelle celle d'une barbe en pointe ; quelques-unes d'entre elles volent en tournoyant avec un bourdonnement très bruyant au-dessus de la ruche. Enfin, sous l'impulsion de la reine, la masse, au nombre de 20 ou 30 mille, prend son vol en faisant un bruit assourdissant, et va se suspendre en boule ou en grappe à une branche de quelque arbre voisin.

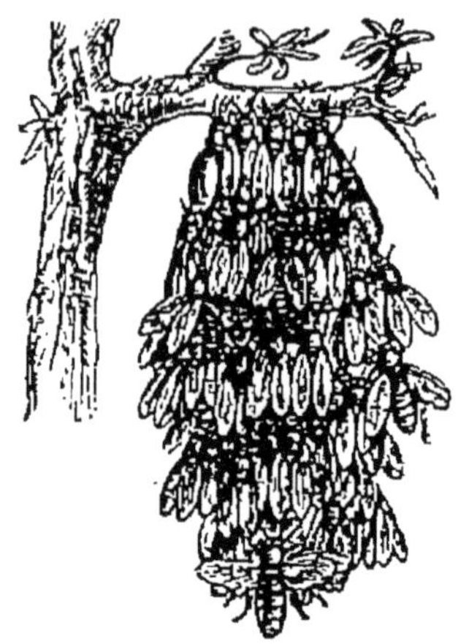

Fig. 80. — Essaim en grappe, suspendu à une branche d'arbre.

2) Pour recueillir un essaim, on dispose au-dessous de lui une ruche vide, de manière que l'ouverture soit tournée en haut ; une brusque secousse imprimée à la branche suffit à faire tomber l'essaim dans la ruche, que l'on retourne ensuite sur un plateau ; on la tient soulevée au moyen d'une paire de cales pour laisser aux abeilles une entrée facile. Lorsque tout l'essaim est réuni, on met la ruche en place et tout est fait.

Les ruches sont-elles toutes faites de la même façon ?

223. Les ruches sont faites de diverses manières suivant les goûts et les pays. Il y en a de rondes, faites avec un tronc d'arbre creux; il en existe de carrées, faites avec des planches; d'autres sont tressées avec de l'osier; d'autres résultent d'un enroulement de cordes de paille, cousues ensemble avec des brins d'osier. Quelques-unes sont faites d'une seule pièce, tandis que d'autres se divisent en un plus ou moins grand nombre de sections, etc. On peut les grouper en deux grandes catégories : les *ruches à rayons fixes* et les *ruches à rayons mobiles*.

1) Les **ruches à rayons fixes** étaient autrefois très employées, à cause de leur avantage d'être très simples, peu coûteuses et de ne demander que peu de soins ; malheureusement elles ont, en revanche, l'inconvénient très grand de rendre difficile la récolte du miel et les opérations nécessaires pour bien soigner les abeilles ; aussi, malgré les divers perfectionnements qui les avaient rendues fort acceptables, elles sont aujourd'hui abandonnées par le plus grand nombre des apiculteurs, qui leur préfèrent les ruches à rayons mobiles.

2) Les **ruches à rayons mobiles** ou ruches à cadres sont disposées de telle façon que les rayons, au lieu d'adhérer aux parois de la ruche, comme dans le système précédent, sont construits à l'intérieur de cadres mobiles et placés verticalement. Les rayons sont donc liés aux cadres et se déplacent avec eux, ce qui rend leur manipulation très aisée, et permet aux apicultaurs exercés de conduire leur ruchée comme ils veulent. Ces ruches sont d'ailleurs assez variables de forme et de disposition, et présentent chacune leurs avantages et leurs inconvénients particuliers. Les deux types qu'on regarde généralement comme les plus parfaits sont la *ruche de Layens* et la *ruche de Dadant.*

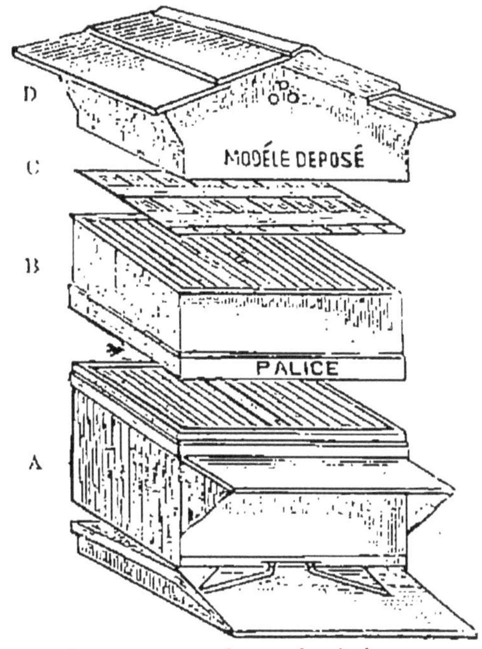

Fig. 81. — Ruche Dadant, à rayons mobiles.

A, *corps de ruche* ou nid à couvain.— B, *hausse* ou magasin à miel. — C, couverture des cadres. -- D, chapiteau mobile.

Qu'est-ce que le miel?

224. Le **miel** est une substance sucrée et semi-fluide que les abeilles extraient des fleurs et qu'elles emploient ensuite, après une élaboration particulière dans leur estomac, à leur nourriture et à celle de leurs larves. En attendant que le moment vienne de le consommer, elles l'emmagasinent dans les cellules des rayons, préférablement dans celles qui sont *les plus éloignées de la porte de la ruche*, et l'y ferment hermétiquement au moyen d'un opercule de cire.

1) Pour produire le miel, les abeilles pompent avec leur trompe la liqueur sucrée qui suinte au fond des fleurs et qu'on appelle nectar. Cette liqueur subit ensuite un commencement de digestion dans une partie de l'estomac de l'insecte, appelée *jabot*, et elle est dégorgée peu à peu dans les alvéoles.

2) La récolte du miel se fait généralement en juin, en procédant de différentes manières suivant la disposition de la ruche. Les rayons une fois recueillis sont placés, entiers ou brisés en morceaux, sur une toile claire, au-dessous de laquelle on met une bassine destinée à recevoir le miel de première qualité ou *miel vierge*. En soumettant ensuite le rayon à une forte pression, on obtient un miel de qualité inférieure. Quand on emploie des ruches à rayons mobiles, l'extraction du miel se fait dans de meilleures conditions au moyen d'un appareil particulier, appelé *extracteur à force centrifuge*.

3) Quel que soit le procédé employé pour tailler les ruches, c'est-à-dire pour s'emparer des rayons qu'elles contiennent, il faut avoir soin de ne pas détruire le couvain et de laisser aux abeilles assez de miel pour qu'elles ne soient pas exposées à périr de faim pendant l'hiver.

Que faut-il faire, lorsque, en automne, on a des ruches dont la population est trop faible ou qui n'ont pas assez de vivres pour passer l'hiver ?

225. Lorsque, en automne, on s'aperçoit que certaines ruches ont une population trop faible ou qu'elles n'auraient pas assez de provisions pour passer l'hiver, il faut non pas en étouffer les abeilles, comme cela se pratique à tort à la campagne, afin de s'emparer du peu de miel qu'elles contiennent, mais réunir plusieurs ruches faibles pour en former une ruche forte et bien peuplée. Il faut relativement moins de provisions à une ruche forte qu'à plusieurs ruches faibles contenant le même nombre d'abeilles.

1) Pour opérer la réunion de plusieurs ruchées, si on se sert de ruches à rayons fixes, on ouvre un trou au sommet de la ruche à détruire et l'on met dessus une ruche vide; puis au moyen d'un *enfumoir*, on projette dans la première de la fumée de vieux chiffons. Les abeilles enfumées se réfugient dans la ruche supérieure. Ainsi casées, on les emporte et on les fait tomber sur le tablier de la ruche à la population de laquelle on veut les réunir.

2) Si l'on se sert de ruches à rayons mobiles, la chose est encore plus facile. Après avoir enfumé les abeilles, on espace les rayons de la ruche qui doit recevoir l'autre, puis on intercale les rayons de cette dernière, avec les abeilles qu'ils portent, en ayant soin que tous les rayons à couvain et les rayons à miel soient respectivement ensemble. Les abeilles qui restent dans la ruche vidée sont ensuite balayées ou secouées dans l'autre.

Comment peut-on, dans les diverses manipulations dont les ruches sont l'objet, éviter les piqûres des abeilles ?

226. Dans les diverses manipulations dont les ruches sont l'objet, on évite les piqûres en se couvrant la tête d'un *voile moustiquaire* et en projetant sur les abeilles, au moyen d'un *enfumoir*, de la fumée de vieux chiffons qu'on peut mêler d'un peu de fleur de soufre. Cette fumée a la vertu de les engourdir partiellement et de les rendre moins agressives.

L'enfumoir peut revêtir plusieurs formes, qui lui donnent plus ou moins d'élégance et de commodité ; la plus commune est celle d'un soufflet ordinaire dont la tuyère porte un renflement en forme de cylindre, dans lequel on introduit le soufre et les chiffons enflammés.

Les abeilles n'ont-elles pas à se défendre contre des ennemis nombreux ?

227. Les abeilles ont à se défendre contre des ennemis nombreux, qui leur font une guerre redoutable, en les attaquant elles-mêmes ou leurs rayons. Les principaux sont : le *blaireau*, le *lézard*, le *mulot*, la *guêpe*, la *philante apivore*, le papillon *sphynx tête-de-mort*, et surtout la **fausse-teigne**, autre espèce de papillon, dont la larve perce des galeries dans les rayons en se nourrissant de la cire.

Les abeilles sont, en outre, sujettes à plusieurs maladies, dont les plus communes sont la *dysenterie* et la *loque* ou pourriture du couvain.

DEUXIÈME PARTIE

VITICULTURE ET HORTICULTURE

CHAPITRE PREMIER

LA VIGNE

I. — DESCRIPTION BOTANIQUE

Qu'est-ce que la viticulture?

228. La **viticulture** est la partie de l'agriculture qui s'occupe spécialement de la *culture de la vigne*, soit au point de vue de la fabrication du vin, soit pour la consommation de ses fruits.

La culture de la vigne remonte à la plus haute antiquité. Elle constitue une des principales richesses agricoles de la France et donne des bénéfices élevés, même dans des terrains impropres à d'autres cultures. La possibilité de cultiver avec succès la vigne dans plus de soixante-dix de nos départements est une des principales faveurs accordées par la Providence à notre pays.

Qu'est-ce que la vigne ?

229. La **vigne** est un arbrisseau sarmenteux, de la famille des *ampélidées*, dont les fruits ou baies sont disposés en grappes et remplis d'un jus sucré qui sert à la production du *vin*.

Quelles particularités remarquables présentent les tiges de la vigne ?

230. 1° Les tiges de la vigne, comme celles de la plupart des plantes sarmenteuses, sont armées de *vrilles*, par le moyen desquelles elles s'accrochent aux corps étrangers qu'elles peuvent atteindre ; ces vrilles permettent aux branches de se soulever et d'éviter le con-

tact immédiat de la terre, dont l'humidité pourrirait souvent les baies avant la maturité.

2° Dans leur jeunesse, les tiges de la vigne sont divisées par des *nœuds* plus ou moins renflés, d'où sortent les pétioles des feuilles, les pédoncules des fruits et les vrilles. L'espace compris entre deux nœuds consécutifs s'appelle *mérithalle*.

Que remarque-t-on de particulier concernant les feuilles et les bourgeons ?

231. 1° Les feuilles de la vigne, découpées en cinq lobes inégaux et dentés, sont portées sur un long pétiole presque cylindrique et sont placés alternativement le long de la tige; leur grandeur, leur couleur, la forme de leurs découpures varient avec les différentes variétés de vigne.

2° A l'aiselle de chaque feuille se trouve un *œil* ou *bouton* qui, par son développement, constitue le *bourgeon* ou la *pousse* de l'année suivante.

Un bouton pointu indique ordinairement un bourgeon stérile, c'est-à-dire qui ne portera pas de raisins; au contraire, un bouton obtus, ressemblant à deux boutons réunis, annonce le plus souvent un bourgeon à fruits, d'autant plus fertile qu'il est plus gros. Il n'y a généralement de fertiles que les bourgeons portés par le bois de l'année précédente; les bourgeons qui sortent du vieux bois sont ordinairement stériles.

Quels noms donne-t-on vulgairement à la vigne et à ses tiges ?

232. Un pied de vigne s'appelle un *cep* et quelquefois une *souche* dans le langage des vignerons. Les diverses variétés se nomment *plants* ou *cépages*. On donne le nom de *sarments* aux rameaux *aoûtés*, c'est-à-dire qui ont pris toute leur croissance et leur maximum de résistance sous l'influence des chaleurs du mois d'août; l'action de s'aoûter, pour un sarment, s'appelle *aoûtement*.

Un sarment couché en terre dans le but de reproduire un nouveau cep est nommé *provin*, et on donne le nom de *courson* à la portion de sarment laissée sur le cep par suite de l'opération de la taille. Si on a laissé au courson une certaine longueur, dans le but d'obtenir une plus grande quantité de fruits.

on le nomme *long bois*, *sautelle*, *arc*, *archet*, *pleyon*, *flèche*, etc., suivant les différentes localités.

Quelles sont les conditions climatériques les plus favorables à la vigne?

233. La vigne ne peut guère être cultivée en pleine terre au delà du 50e degré de latitude. Passé cette limite, le raisin ne mûrit généralement pas ou mûrit mal; il reste acide et ne peut servir à la fabrication du vin. Comme altitude, en France, la culture de la vigne dépasse rarement 400 mètres; elle atteint cependant des hauteurs plus élevées sur le versant méridional des Alpes. Nos grands crus sont à une altitude moyenne de 50 mètres (1).

Les vignes cultivées en coteaux donnent généralement les meilleurs vins; celles des plaines produisent assez souvent un vin pauvre en alcool. Quant à l'exposition qui leur convient le mieux, elle varie avec les climats; les expositions les plus favorables sont presque toujours celles du sud-est et du sud.

Comment se divisent les divers cépages qui constituent nos vignobles?

234. Les différents cépages de nos vignobles se divisent en quatre groupes : les cépages *français*, les cépages *américains*, les cépages *franco-américains* et les cépages *hybrides*.

1° Les **cépages français** sont ceux qui sont d'origine française, comme le *Chasselas*, l'*Aramon*, le *Gamay*, etc. Tous proviennent d'une même espèce de vigne, le *Vitis Vinifera*.

2° Les **cépages américains** sont ceux qui sont d'origine américaine, comme le *Riparia*, le *Jacquez*, etc. Ils appartiennent à plusieurs espèces différentes de vigne : le *Vitis Riparia*, le *Vitis Æstivalis*, etc.

3° Les **cépages franco-américains** sont ceux qui sont constitués par un plant français greffé sur un plant

(1) La grande culture de la vigne, en France, est limitée, au nord, par une ligne que l'on peut considérer comme partant de Vannes, en Bretagne, et se dirigeant sur Mézières.

américain. Ce sont actuellement les plus nombreux de nos vignobles.

4° On appelle **cépages hybrides** ceux qui ont été obtenus par le croisement de deux espèces différentes. Exemple : le *Solonis*, qui est produit par le Vitis Riparia et le Vitis Candicans.

Comment obtient-on les cépages hybrides?

235. On obtient les **cépages hybrides** en fécondant la fleur d'un cépage avec le pollen de la fleur d'un cépage différent ; les pépins des raisins résultant de cette opération donnent naissance, par leur germination, à de nouvelles variétés participant des propriétés des cépages qui ont concouru à leur formation. *(Dictée XXXI).*

Les hybrides peuvent provenir : 1° Du croisement de deux cépages français. Ex. : les *hybrides Bouchet*. 2° Du croisement de deux cépages américains. Ex. le *Riparia* × *Rupestris* de Couderc. 3° Du croisement d'un cépage français et d'un cépage améracain. Ex. : l'*Aramon* × *Rupestris* de Ganzin (1).

II. — CÉPAGES FRANÇAIS

Quels sont les principaux cépages français cultivés en Champagne, en Bourgogne et dans le Beaujolais ?

236. Les principaux cépages français de la Champagne, de la Bourgogne et du Beaujolais sont : pour le vin rouge, les nombreuses variétés de *Pinots* et de *Gamays ;* et pour le vin blanc, le *Chardonnel*, quelques variétés de *Pinot blanc*, l'*Aligoté* et le *Melon*.

1) Les **Pinots** ou *Pineaux* constituent presque exclusivement les vignes produisant les vins des grands crus de la Champagne et de la Bourgogne. Les principales variétés sont le *Pinot fin*, appelé *Petit Bourguignon* dans le Beaujolais et *Plant doré* en Champagne ; le *Pinot Giboudot* et le *Pinot Pernand*.

---

(1) Les hybrides sont presque toujours désignés par les noms des deux cépages qui leur ont donné naissance, séparés par le signe × et suivis du nom du viticulteur qui les a obtenus. Ainsi, par l'expression *Riparia* × *Rupestris* de Couderc, on désigne un hybride provenant du Riparia fécondé par le Rupdstris et obtenu par M. Couderc. Cette expression se lit : *Riparia multiplié par Rupestris.*

2) Les **Gamays** sont presque les seuls plants français cultivés dans le Beaujolais et le Lyonnais ; ils donnent un vin agréable, caractérisé par sa vinosité et sa fraîcheur particulières, qui en font un excellent vin de table. Comme variétés principales, on peut citer le *Gamay Picart*, le *Gamay Geoffray* ou *Plant de Vaux*, les *Gamays teinturiers* et le *Gamay blanc*.

Fig. 82. — Pinot.

3) Le **Chardonnet** est cultivé spécialement en Bourgogne et dans le Beaujolais ; c'est lui qui donne les vins blancs renommés de Chassagne, de Pouilly et de Chaintré.

L'**Aligoté** et le **Melon** se rencontrent principalement en Bourgogne ; ils produisent des vins blancs qui, à un certain bouquet, joignent la qualité d'une longue conservation.

Nommez les principaux cépages français cultivés dans la vallée du Rhône et dans la région de l'Est.

237. Dans la vallée du Rhône et dans la région de l'Est, on cultive principalement : pour le vin rouge; le *Gamay*, la *Syrrah* ou *Serine*, la *Mondeuse*, le *Durif*, le *Persan* et le *Pulsart;* pour le vin blanc, le *Viognier*, la *Roussette*, la *Roussanne* et la *Marsanne*.

Fig. 83. — Gamay.

1) La **Syrrah**, appelée aussi *Serine* et *Syrac*, produit un vin ferme, corsé et très apprécié ; c'est le plant principal des vignes de la Côte-Rôtie, dans le Rhône, de l'Ermitage, dans la Drôme, et de celles de Cornas et de Saint-Joseph, dans l'Ardèche, dont les vins sont justement renommés.

2) La **Mondeuse,** désignée encore par les noms de *Persagne* et de *Gros Plant,* est productive et donne un vin assez estimé; elle est principalement cultivée dans l'Ain, l'Isère et la Savoie. Le **Durif,** originaire du département de l'Isère, est bon sous tous les rapports.

3) Le **Pulsart** est surtout cultivé dans le Jura, où il s'accommode très bien des terrains argilo-calcaires, et le **Persan** se rencontre principalement en Savoie; l'un et l'autre donnent un vin un peu dur, mais qui a l'avantage de se bien conserver. Le raisin du Pulsart est délicieux et se conserve très bien en hiver, autant et même mieux que le Chasselas.

4) Les vins blancs du **Viognier,** de la **Roussette,** de la **Roussanne** et de la **Marsanne** sont généralement bien appréciés; c'est la Roussette qui produit les vins blancs de Saint-Péray, dans l'Ardèche.

Quels sont les principaux cépages français du Languedoc?

238. Les cépages français les plus cultivés dans le Languedoc sont : pour le vin rouge, l'*Aramon*, le *Carignan*, le *Mourvèdre*, le *Grenache*, le *Cinsaut* et le *Terret;* pour le vin blanc, la *Clairette*, le *Muscat* et l'*Ugni blanc.*

1) L'**Aramon,** appelé aussi *Ugni noir* et *Gros Boutcillan,* produit beaucoup; son vin est bon, mais assez faible et peu coloré; il est néanmoins recherché dans le commerce, où on l'emploie principalement pour les coupages.

2) Le **Carignan,** qui porte le nom de *Morastel* dans le Var, produit également beaucoup et donne un vin solide, riche en alcool. Il est très sujet aux maladies cryptogamiques, lorsqu'il se trouve dans des parties basses.

3) Le **Mourvèdre,** désigné encore par les noms de *Balzac* et d'*Espar*, est un des cépages les plus répandus dans le midi de la France. Son vin est estimé à cause de sa belle couleur et de son bouquet.

4) Le **Grenache,** appelé aussi *Alicante, Roussillon* et *Rivesaltes*, est également un bon producteur; il donne un vin agréable et riche en alcool et s'accommode assez bien des terrains pauvres et caillouteux; mais il est facilement attaqué par le mildiou.

5) Le **Cinsaut** est aussi remarquable par sa grande fécondité: dans les terrains élevés et caillouteux, il produit autant que l'Aramon. Ses raisins sont excellents et son vin est très apprécié. Il a l'inconvénient d'être sujet à l'anthracnose. Les **Terrets,** dont les variétés sont nombreuses, donnent un vin renommé à juste titre.

6) La **Clairette,** le **Muscat** et l'**Ugni blanc** donnent des raisins de table qui se conservent bien; ils produisent de bons vins blancs généralement assez alcooliques (1).

Citez quelques-uns des cépages les plus cultivés en Provence.

239. Les cépages français cultivés en Provence sont en général les mêmes que ceux du Languedoc; on peut y ajouter : pour le vin rouge, le *Brun Fourca*, le *Tibouren* et le *Grec rouge*; pour le vin blanc, le *Colombaud*, le *Pascal blanc* et le *Picardan*.

Fig. 84. — Cabernet.

Quels sont les principaux cépages français cultivés dans la Gironde?

240. Dans la Gironde, on cultive principalement le *Cabernet Sauvignon*, le *Cabernet franc*, le *Merlot*, le *Verdot* et le *Cot*, pour le vin rouge; le *Sémillon*, le *Sauvignon* et la *Muscadelle*, pour le vin blanc.

1) Les **Cabernets** sont les principaux cépages de la Gironde; ce sont eux qui donnent les vins désignés plus spécialement sous le nom de *vins de Bordeaux*.

2) Le **Verdot** produit un vin coloré et solide et demande un sol riche et profond. Le **Merlot** et le **Cot**, appelé aussi **Malbec**, sont productifs et réussissent bien sur les coteaux.

3) Le **Sémillon**, le **Sauvignon** et la **Muscadelle** donnent de bons raisins de table et produisent d'excellents vins blancs.

Quels sont les cépages français plus spécialement cultivés pour la production des raisins de table?

241. Parmi les nombreux cépages français cultivés pour la production des raisins de table, outre ceux qui ont déjà été nommés, on peut encore citer : les nom-

(1) Outre les plants susnommés, on cultive aussi beaucoup dans le Languedoc les nombreux hybrides de M. Bouchet et spécialement l'*Alicante-Bouchet*, le *Petit-Bouchet*, le *Terret-Bouchet*, l'*Aramon-Teinturier-Bouchet*, l'*Aspiran-Bouchet*, etc. Ces cépages donnent de bons résultats; leur vin est généralement très coloré.

breuses variétés de *Chasselas*, les différents *Muscats* et le *Frankental*.

1) Dans la série des **Chasselas**, le plus estimé est, sans contredit, le *Chasselas doré;* puis viennent le *Saint-Bernard*, très précoce, le *Gros Coulard*, également très précoce, mais qui coule souvent, et le *Chasselas rose royal*, aux magnifiques grains roses.

Fig. 85. — Chasselas.

2) Parmi les **Muscats**, la première place appartient au *Muscat d'Alexandrie*, dont les énormes grains blancs sont très parfumés; après lui viennent le *Muscat de Hambourg*, à gros grains noirs, ainsi que le *Muscat de Smyrne*, dont les grains blancs, à goût exquis, sont fort recherchés pour les conserves.

3) Le **Frankental** est très apprécié à cause de ses énormes grappes à gros grains d'un beau noir; il est spécialement cultivé dans les serres, ainsi qu'une de ses variétés, le *Gros Colman*. Les serres de *Bailleul* (Nord), dont la superficie est de 26.000 m. carrés, donnent annuellement 50.000 kg de raisins de ces deux cépages.

II. — CÉPAGES AMÉRICAINS ET HYBRIDES

Pourquoi a-t-on introduit les cépages américains et hybrides dans nos vignobles ?

242. Les cépages américains et hybrides ont été introduits dans nos vignobles : 1° à cause de la grande résistance de leurs racines au *phylloxéra*, insecte qui fait périr tous les cépages français; 2° à cause de la résistance que quelques-uns d'entre eux offrent aux maladies cryptogamiques et en particulier au *black-rot*, maladie qui exerce actuellement de grands ravages dans

certaines contrées et qui menace de plus en plus les récoltes de nos vignobles.

A quoi doit être attribuée la résistance des cépages américains au phylloxéra ?

243. La résistance des cépages américains au phylloxéra doit être attribuée à la structure spéciale de leurs racines, lesquelles sont plus denses et par suite plus dures que celles des cépages français.

Sur les racines des cépages américains, l'action du phylloxera n'est que superficielle, et les blessures produites par l'insecte se cicatrisent rapidement, tandis que sur les plants français, les piqûres du phylloxéra sont beaucoup plus profondes et produisent dans les racines des altérations auxquelles elles ne peuvent résister.

Les cépages américains sont-ils tous également résistants au phylloxéra ?

244. Les cépages américains ne sont pas tous également résistants au phylloxéra; les plus connus, placés par ordre décroissant de résistance, doivent être écrits comme suit : les *Rupestris*, les *Riparias*, les *Berlandieris*, le *Solonis*, le *Vialla*, le *Noah*, le *Jacquez*, l'*Herbemont* et l'*Oporto*.

En représentant par 20 la résistance maximum d'un cépage pour le phylloxéra, la résistance des divers *Rupestris* serait exprimée par 19; celle des *Riparias* et des *Berlandieris* par 18; celle du *Solonis* par 15; celle du *Vialla* et du *Noah* par 14; celle du *Jacquez* par 13; celle de l'*Herbemont* et de l'*Oporto* par 19; Dans cette même échelle décroissante, l'*Othello* et le *Sénasqua* n'auraient que le chiffre 6 et la plupart des *plants français*, 1 ou 0 (1).

Comment se divisent les cépages américains et hybrides?

245. Les cépages américains et hybrides se divisent en deux catégories : les **producteurs directs** et les **porte-greffes**.

(1) Les cépages dont la note est comprise entre 15 et 20 sont suffisamments résistants pour tous les terrains ; ceux dont la note est 12, 13 ou 14 ne conviennent qu'aux terrains sablonneux et humides, où le phylloxéra à moins d'action ; les cépages dont la note est inférieure à 12 ne, peuvent généralement pas résister au phylloxéra. Cependant le Vialla, dont la note est 14, réussit très bien dans les terrains granitiques du Beaujolais et du Lyonnais.

1) Les **producteurs directs** sont les plants américains ou hybrides cultivés directement pour la production du vin, parce qu'ils donnent un produit de qualité suffisante pour la consommation.

2) Les **porte-greffes** sont les plants américains ou hybrides sur lesquels on greffe des plants français. Les cépages ainsi constitués participent aux propriétés des plants américains quant aux racines et à celles des plants français quant aux fruits. De plus, leur production est généralement plus précoce et plus grande, comme cela a lieu du reste presque pour tous les arbres greffés.

Comment se subdivisent les producteurs directs ?

246. Les producteurs directs se divisent en deux groupes : les **producteurs directs anciens**, employés dans nos vignobles depuis l'invasion du *phylloxéra*, et les **producteurs directs nouveaux**, hybrides récemment créés et qui offrent une assez grande résistance aux maladies cryptogamiques.

Nommez quelques-uns des producteurs directs anciens les plus cultivés dans nos vignobles.

247. Parmi les producteurs directs les plus cultivés dans nos vignobles, on peut citer : le *Jacquez*, l'*Herbemont*, l'*Othello*, le *Noah* et le *Clinton*, et, parmi ceux de qualité un peu inférieure, le *Cynthiana*, le *Senesqua* et l'*Elvira*.

Fig. 86. — Feuille du Jacquez.

1) Le **Jacquez** est un plant très fertile dans les terrains profonds, riches et secs ; il résiste bien à la chlorose, mais il est souvent envahi par le mildiou et l'anthracnose dans les terrains humides. Sa grappe, grosse et allongée, ne mûrit bien que dans les contrées méridionales ; son vin, qui a un goût particulier quand il est jeune, est alcoolique et très coloré, mais il se trouble facilement ; on s'en sert beaucoup pour les coupages. Le Jacquez est aussi souvent employé comme porte-greffe, à cause de sa résistance relative à la chlorose dans les terrains calcaires.

2) L'**Herbemont** a beaucoup de ressemblance avec le Jacquez ; il résiste mieux que lui au mildiou et à l'anthracnose, mais redoute un peu plus le black-rot. Il est assez difficile pour le choix du sol et a de la préférence pour ceux qui sont profonds et meubles. Dans ces terrains, sa productivité est parfois prodigieuse ; son vin est plus fin que celui du Jaquez ; après quelques mois, il devient un bon vin de table ordinaire.

3) L'**Othello** est très vigoureux, très fertile et peu difficile pour le choix du sol ; il est un des producteurs directs qui viennent le mieux dans les terrains calcaires et pierreux. Son plus grand défaut est le grillage de ses feuilles par le soufre ou par les grandes chaleurs ; on lui reproche aussi de n'opposer qu'une faible résistance au phylloxéra ; cette résistance est néanmoins suffisante dans les terres profondes et fertiles. La grappe de l'Othello est grosse ; ses grains, d'un beau noir violet, sont bien pruinés ; son vin est coloré, mais il a l'inconvénient d'avoir un *goût foxé* (1).

4) Le **Noah** est un cépage à vin blanc. Il est assez fertile et même très fertile quand il est cultivé en hautains ; il résiste bien au phylloxéra et aux maladies cryptogamiques. Son raisin, assez gros, donne un vin alcoolique et légèrement musqué, que l'on convertit généralement en eau-de-vie. Une de ses variétés, le *Grand Noah*, donne un vin blanc mousseux de bonne qualité.

5) Le **Clinton** est celui des producteurs directs anciens qui réussit le mieux dans les sols frais et humides ; sa production est abondante ; il donne un vin un peu foxé, mais qui s'améliore très rapidement avec le temps.

Nommez les producteurs directs nouveaux qui sont actuellement les plus cultivés.

248. Les producteurs directs nouveaux actuellement les plus cultivés sont : le *4.401 de Couderc*, le *Seibel n° 1* et le *Terras n° 20*.

1) Le **4.401 de Couderc** est un hybride du Chasselas rose par Rupestris. C'est un cépage remarquable sous beaucoup de rapports, mais qui est principalement caractérisé par sa grande résistance au black-rot et sa facile adaptation aux terrains calcaires. Il est très fructifère, et ses raisins, un peu petits, donnent un vin fort acceptable comme vin courant (2).

2) Le **Seibel n° 1** est un hybride de Rupestris × Linsecomii, probablement par le Cinsaut. Sa production est très abondante ;

---

(1) Saveur caractéristique qui a quelque analogie avec l'odeur du renard ; *foxé* vient du mot anglais *fox*, qui signifie *renard*.

(2) Parmi les nombreux cépages obtenus par notre grand hybrideur, **M. Couderc**, il s'en trouve beaucoup d'autres ayant une réelle valeur comme producteurs directs, et qui ont déjà obtenu une place importante dans la grande culture de la vigne, tels sont les n°s 201, 503, 603, 1.103 et 3.907 de sa remarquable collection.

ses nombreux raisins, à gros grains, résistent très bien à la pourriture et donnent un vin d'excellente qualité. Il est facile de le préserver du black-rot, par un ou deux sulfatages, même dans les milieux les plus contaminés. Il craint les sols trop humides et trop secs. On lui reproche de ne pas assez résister au phylloxera dans certains terrains et de manquer un peu de régularité dans sa production (2).

3) Le **Terras n° 20** est un hybride de l'Alicante × Bouchet par Rupestris. Ce cépage, qui a déjà 15 ans d'existence, est actuellement assez répandu. Ses qualités prédominantes sont : sa parfaite adaptation aux terrains dosant jusqu'à 70 pour cent de calcaire et sa grande résistance aux maladies cryptogamiques. Il est très fertile; sa maturité est de première époque; son vin est franc de goût et riche en alcool (1).

4) Remarque. — Tous ces producteurs directs nouveaux, cultivés principalement dans le Midi et le Sud-Ouest, donnent des vins bien suffisants pour l'usage ordinaire, mais qui ne peuvent pas remplacer ceux produits par la plupart de nos cépages français, et en particulier par ceux de nos grands crus. De plus, ces cépages, comme tous les autres, exigent, pour réussir, des conditions spéciales de terrain et de climat; il est donc de toute nécessité d'en faire un essai préalable avant de les employer à la constitution d'un vignoble.

Nommez quelques-uns des cépages américains ou hybrides les plus souvent employés comme porte-greffes.

249. Parmi les porte-greffes américains ou hybrides les plus souvent employés, on peut citer : le *Riparia tomenteux géant*, le *Riparia Gloire de Montpellier*, le *Riparia grand glabre*, le *Rupestris du Lot*, le *Riparia* × *Rupestris n° 101* de Millardet, les *Riparia* × *Rupestris nos 3.306 et 3.309* de Couderc, le *Solonis*, le *Vialla*, etc.

1) Le **Riparia tomenteux géant** donne de nombreuses reprises au greffage; la soudure de ses boutures est excellente et

---

(1) M. Seibel a obtenu avec le même Rupestris × Linsecomii et divers plants français toute une magnifique série de producteurs directs. Il en est qui manifestent des qualités hors pair; l'étude s'en poursuit attentivement; plusieurs sont déjà entrés dans la grande culture, où ils commencent à rendre de véritables services. Les numéros les plus recommandables de son importante collection sont les suivants : 1, 2, 14, 47, 54, 128, 156, 182 et 2.003.

(2) Un autre producteur direct nouveau qui promet beaucoup, mais qui n'est pas encore entré dans la grande culture, parce qu'il est de création très récente, c'est l'**Auxerrois × Rupestris du Lot**, connu aussi sous les noms de **Rupestris Lacoste** et de **Rupestris Pardes**. Ce cépage, d'une très grande production, donne un vin riche en alcool, d'une belle couleur et d'un goût agréable. Il se défend bien contre le phylloxéra, et on le dit très résistant au black-rot.

son enracinement très développé ; ce qui le rend apte à prospérer dans tous les terrains, même dans ceux qui sont compacts et humides. Il est malheureusement sensible à la chlorose et ne doit pas être employé dans les sols contenant plus de 15 pour cent de calcaire. Sa résistance au phylloxéra est des plus considérables.

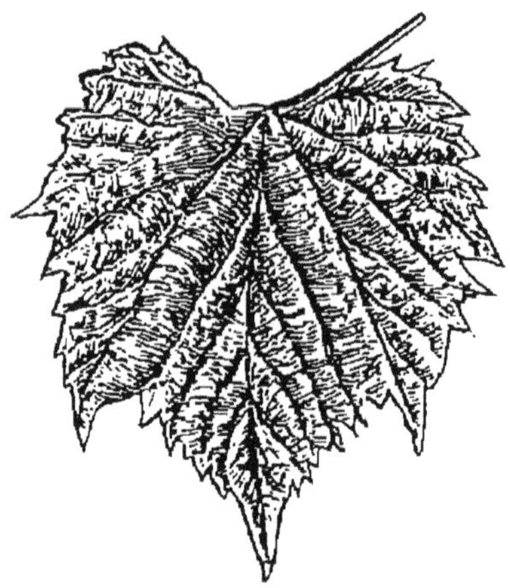

Fig. 87. — Feuille du Riparia Gloire de Montpellier.

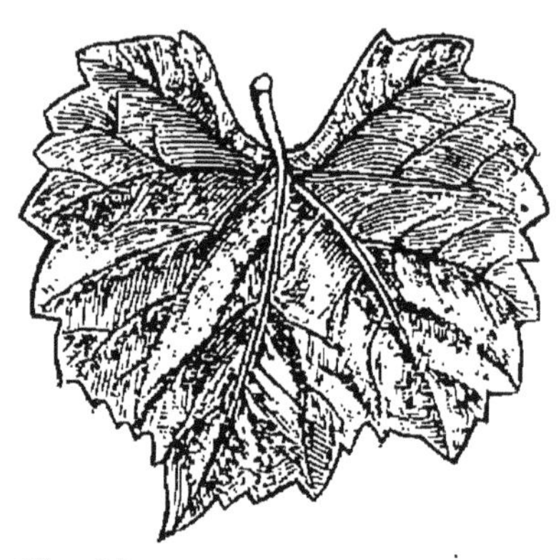

Fig. 88. — Feuille du Rupestris du Lot.

2) Le **Riparia Gloire de Montpellier** est un des meilleurs porte-greffes connus : la plupart des plants français donnent sur lui de nombreuses reprises et s'en accommodent très bien. Il réussit parfaitement dans tous les sols n'ayant pas plus de 25 pour cent de calcaire ; par contre, dans les terrains humides, il paraît moins avantageux que le Riparia tomenteux. Comme ce dernier, il résiste très bien au phylloxéra.

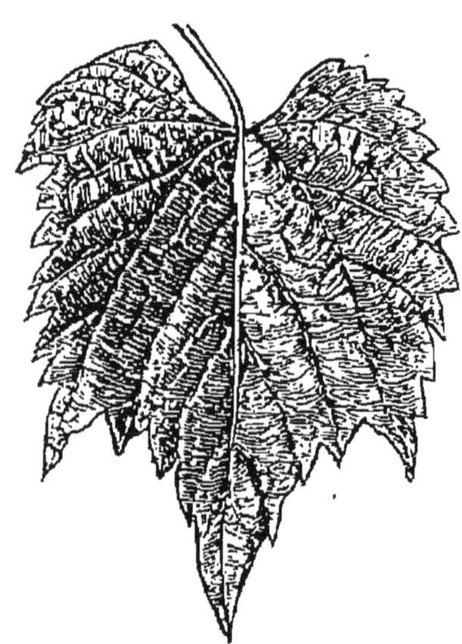

Fig. 89. — Feuille du Riparia grand glabre.

3) Le **Riparia grand glabre,** que l'on peut regarder comme le meilleur des Riparias, vient dans tous les sols et dans tous les terrains, excepté dans les terres marneuses, peu profondes, imperméables ou trop sèches. La greffe reprend facilement sur ce cépage ; les greffons y acquièrent une grande vigueur et une grande fertilité. Il est de tous les Riparias celui qui supporte la plus forte proportion de calcaire.

4) Le **Rupestris du Lot** est d'une reprise moins facile au greffage que les précédents, mais il réussit bien dans les argiles de la région au nord de Montpellier, dans les sols argilo-calcaires de l'Aude et dans une foule de terrains secs et caillouteux, calcaires ou non, où sa résistance à la sécheresse lui crée une supériorité manifeste sur les Riparias. Dans les terrains fertiles, ses greffes sont d'une telle vigueur qu'elles seraient fortement portées à la coulure, si, dans la taille, on ne leur laissait de nombreux arçons, lesquels donnent parfois un rendement énorme.

5) Le **Riparia × Rupestris n° 101^{14}** de Millardet est doué d'une grande rusticité et d'une grande facilité de reprise à la greffe-bouture. Il grossit rapidement du tronc, et le bourrelet du point de soudure du greffage, quand il existe, est beaucoup moins apparent que chez les Riparias. Les greffes sont d'une fructification régulière et abondante. Il est peu de terrains, calcaires ou non, où l'on ne puisse reconstituer un vignoble avec ce cépage.

5) Les **Riparia × Rupestris n°s 3306 et 3309**, de Couderc, donnent des greffes vigoureuses et très fructifères ; ils sont appelés à jouer un rôle important dans la reconstitution des vignobles des terres trop maigres pour le Riparia et où l'on craint la coulure fréquente des greffes sur Rupestris. On ne doit pas néanmoins les employer dans les terrains dosant plus de 30 °/$_0$ de calcaire, par crainte de la chlorose. Le n° 3306 paraît convenir plutôt aux terres calcaires humides, et le n° 3309 semble mieux se plaire dans les sols calcaires, pierreux et caillouteux.

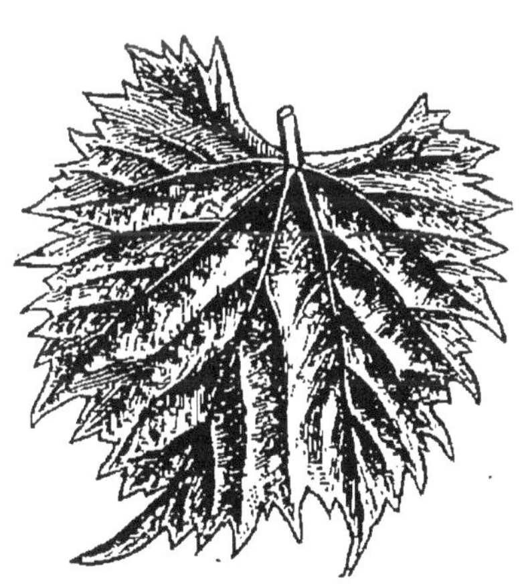

Fig. 90. — Feuille du Solonis.

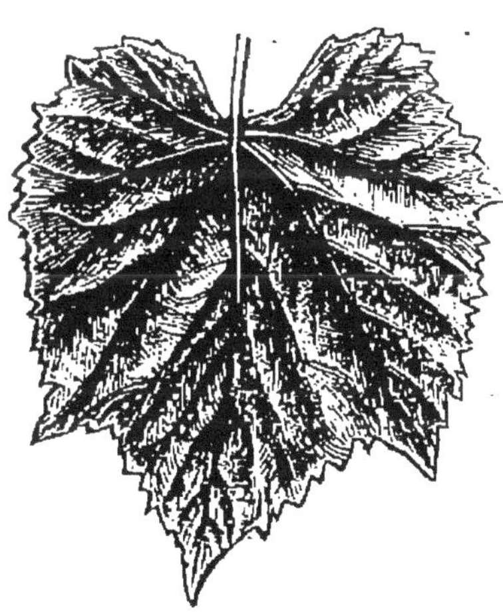

Fig. 91. — Feuille du Vialla.

6) Le **Solonis**, qui appartient à la famille des Riparias, se soude bien avec nos vignes françaises ; les vignes greffées sur ce plant sont plus vigoureuses, plus précoces et plus productives que celles qui sont franches de pied. Il exige des terrains frais et profonds, de riches alluvions. Moins résistant au phylloxéra que le Rupestris et le Riparia, le Solonis craint la présence de cet insecte dans les terrains peu fertiles. Dans les terres calcaires, humides et froides, il résiste mieux à la chlorose que les Riparias, mais il jaunit facilement dans les sols silico-calcaires, friables et secs. On peut donc l'employer dans les terrains humides et fertiles, contenant de 20 à 30 °/₀ de calcaire; mais il vaut mieux choisir le Rupestris tomenteux pour les terres argileuses, compactes et se crevassant facilement.

7) Le **Vialla** est préféré par beaucoup de viticulteurs à cause du grand nombre de reprises qu'il donne au greffage, lequel va jusqu'à 80 °/₀. Ses soudures sont parfaites, sans bourrelet; c'est le plant américain qui s'identifie le mieux avec nos cépages français. Il développe considérablement la vigueur du greffon, que l'on doit modérer par la taille. Le Vialla se chlorose dans les terrains calcaires, mais il se plaît dans les sols légers, profonds, argilo-siliceux et granitiques. C'est le porte-greffe par excellence du Beaujolais et d'une bonne partie du Lyonnais (1).

RÉDACTIONS

45. Caractères généraux de la vigne; ses conditions climatériques.

46. Comment se subdivisent les divers cépages qui constituent nos vignobles? Principaux cépages français.

47. Nommez quelques-uns des porte-greffes américains les plus employés pour la reconstruction de nos vignobles et décrivez leurs propriétés.

PROBLÈMES

40. Avant l'invasion du phylloxéra vastatrix, en 1860, la France possédait 2.500.000 Ha de vignes produisant annuellement 70.000.000 Hl de vin. En 1887, cette production est tombée à 24.000.000 d'Hl pour une superficie de 1.200.000 Ha de vignes; mais, en 1896, grâce à la reconstitution des vignes françaises par les porte-greffes américains, elle est remontée à 51.000.000 Hl, pour une superficie de 1.500.000 Ha de vignes. On demande 1° la production moyenne par hectare en 1860, en 1887 et en 1896; 2° la superficie moyenne des vignes reconstituées, chaque année, de 1887 à 1896.

41. La France compte actuellement (1897) environ 624.000 Ha de vignes reconstituées par l'emploi des porte-greffes américains. Les 2/5 de cette superficie ont été plantés de plants français greffés sur Riparias. On demande : 1° le nombre de plants Riparias employés, sachant que l'on en met 4.500 ceps à l'hectare; 2° le rendement annuel des vignes reconstituées avec ces plants, en supposant qu'elles rapportent en moyenne 80 Hl à l'hectare et que le vin produit se vende 50 francs la pièce de 200 litres.

---

(1) Les porte-greffes précédemment décrits sont loin d'être les seuls employés pour la reconstitution de nos vignobles; parmi les plus connus on peut citer : l'*Oporto*, le *Taylor*, le *Berlandieri*, le *Cordofolia*, l'*hybride Franc*, et les précieux hybrides américano-américains et franco-américains créés par nos savants hybrideurs, MM. Couderc, Ganzin, Millardet, de Grasset, Martin, etc., en vue des sols calcaires, qui jusque-là s'étaient montrés réfractaires aux porte-greffes américains connus (*voir chapitre III, n° 289*).

CHAPITRE II

MULTIPLICATION DE LA VIGNE

I. — SEMIS ET PROVIGNAGE

Comment se multiplie la vigne?

250. La vigne peut se multiplier par quatre procédés différents, savoir : 1° le *semis;* 2° le *provignage;* 3° le *bouturage;* le *greffage.*

Comment se fait un semis de vigne?

251. Pour faire un **semis** de vigne, on commence par faire tremper les pépins dans l'eau pendant quatre ou cinq jours, puis on les sème à peu de profondeur dans une bonne terre, bien meuble et bien terreautée. On arrose ce terrain assez fréquemment et, après trois ou quatre semaines, les pépins commencent à lever. Au printemps suivant, on transplante les jeunes plants de vigne ainsi obtenus, et ce n'est qu'après sept ou huit ans qu'ils donnent leurs premiers fruits.

La multiplication de la vigne par semis est peu usitée, parce que les autres modes de reproduction sont plus expéditifs et donnent de meilleurs résultats, et aussi parce que les plants résultants des semis sont presque toujours différents de ceux qui ont fourni la semence. Ce mode de multiplication de la vigne n'est guère employé que pour la création de nouvelles variétés d'hybrides.

En quoi consiste le provignage?

252. Le **provignage** ou *marcottage* consiste à faire enraciner un sarment de vigne sans le détacher de la

souche-mère. On l'utilise soit pour remplacer les plants manquants dans les vignobles, soit pour produire des plants enracinés.

Jusqu'au jour où l'on s'est mis à greffer la vigne, le provignage était d'un usage très général, et même, dans certaines contrées, on ne renouvelait pas autrement la vigne qu'en la provignant de proche en proche ; mais il est certain que le greffage diminuera beaucoup ce mode de multiplication de la vigne.

Combien distingue-t-on de sortes de provignages?

253. On distingue deux sortes de provignages : le *provignage* par *marcotte simple* et le provignage par *marcotte multiple.*

Comment se fait le provignage par marcotte simple ?

254. Pour provigner par **marcotte simple**, on couche un sarment à 20 centimètres de profondeur, dans un fossé creusé à partir du pied du cep sur lequel on opère; on relève ensuite l'extrémité du sarment au point où l'on veut obtenir un nouveau cep, on remplit le fossé de terre et on supprime tous les bourgeons situés entre la base du sarment et le point où il pénètre dans le sol. Placé dans ces conditions, le sarment ne tarde pas à émettre des racines de tous ceux de ses yeux qui sont en terre.

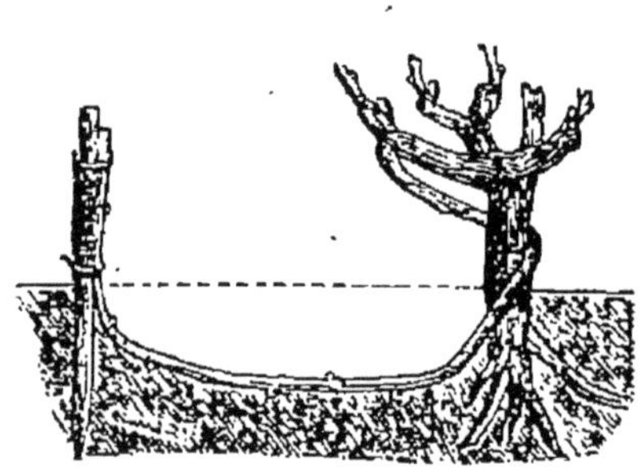

Fig. 92. — Marcotte simple.

1) Lorsque la marcotte est destinée à demeurer en place, on ne la détache du pied-mère qu'au bout de deux ans, et cela pour avancer l'époque de sa fructification ; dans le cas contraire, on la détache après un an.

2) On pratique quelquefois le provignage par marcotte simple en couchant toute la souche dans la terre ; chacun de ses sarments donne alors un nouveau pied de vigne. Cette manière d'opérer est surtout employée pour la multiplication des cépages réfractaires à la reprise par la greffe-bouture.

Comment se fait le provignage par marcotte multiple ?

255. Dans le provignage par **marcotte multiple** ou

par *marcotte chinoise*, le sarment à provigner est couché dans une fosse de 6 à 8 centimètres de profondeur, où on le maintient à l'aide de petits crochets. Les yeux du sarment enfoui donnent bientôt naissance, à la fois à des rameaux et à des racines, qui permettent de constituer, par des sections faites au sarment, plusieurs nouveaux plants enracinés.

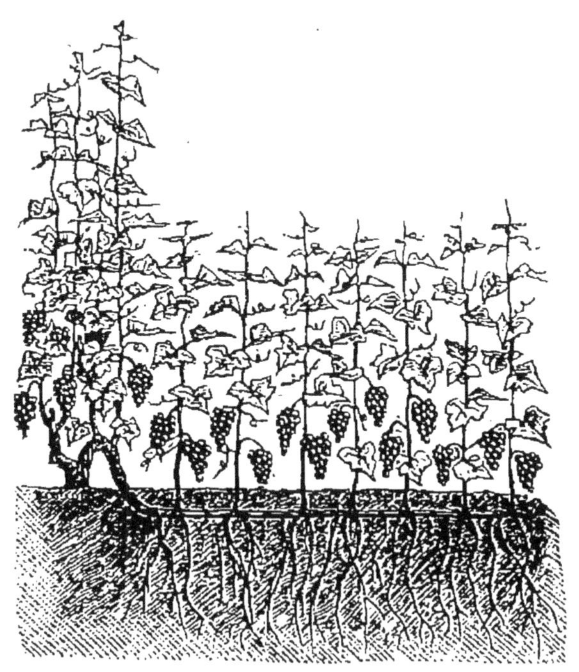

Fig. 93. — Marcotte multiple.

Pour favoriser la naissance des rameaux, quelques viticulteurs conseillent de faire une ligature au sarment, avec un fil de fer très mince, à un centimètre ou deux au-dessous de chaque nœud.

Le provignage s'applique-t-il aux vignes françaises greffées sur des cépages américains ?

256. Le provignage s'applique fort bien aux vignes greffées sur des cépages américains. Il est vrai que, dans ce cas, les racines des nouveaux plants obtenus ne sont pas résistantes au phylloxéra ; mais on obvie à cet inconvénient en ne détachant pas la marcotte de la souche-mère.

Quelle est l'époque la plus favorable au provignage ?

257. L'époque la plus favorable au provignage est à partir de janvier, après les grands froids ; les sarments se stratifient dans le sol pendant le reste de l'hiver et s'enracinent plus facilement au printemps.

II. — BOUTURAGE

Qu'est-ce qu'une bouture de vigne?

258. Une **bouture** de vigne est une portion de sarment que l'on plante en terre dans le but de lui faire pousser des racines et de lui faire reproduire un cep de même espèce que celui d'où on l'a détaché.

Les boutures de vigne ont généralement de 0^m30 à 0^m40 de longueur; on les place dans le sol de manière que deux ou trois de leurs yeux soient en terre et un seul dehors.

A quelle époque fait-on la récolte des sarments destinés à faire des boutures?

259. Les sarments destinés aux boutures peuvent être récoltés en automne, mais ils le sont généralement en janvier ou en février.

Pour les conserver jusqu'au moment de la plantation, on les dispose dans un endroit frais, par lits parallèles recouverts chacun d'une couche de sable humide; celle qui recouvre le dernier lit doit avoir une épaisseur d'au moins 0^m40. Les sarments subissent ainsi une sorte de stratification qui favorise l'enracinement des boutures et les dispose à une végétation plus vigoureuse.

Quels sarments doit-on choisir pour faire des boutures?

260. Pour faire des boutures, on doit choisir les plus beaux sarments du cépage que l'on veut reproduire et ceux qui ont donné le plus de fruits, en ayant soin d'écarter tous ceux des ceps atteints de maladies cryptogamiques.

Quelle est l'époque la plus favorable à la plantation des boutures?

261. Le moment de l'année le plus favorable à la plantation des boutures est le printemps, février et mars dans le Midi, avril et mai ailleurs; c'est à cette époque que l'on doit mettre les boutures en *pépinière* et planter les vignobles que l'on veut constituer avec des producteurs directs.

La mise en pépinières de boutures peut se faire au *plantoir*, mais généralement elle se fait à la *tranchée*. Voici comment on procède :

1) Dans un terrain meuble, sablonneux, fertile, bien défoncé et fumé l'automne précédent, on ouvre des fossés de 0m20 de largeur, de 0m30 de profondeur, présentant un talus légèrement incliné et distants les uns des autres de 0m50. Au fond de ces fossés, on répand une légère couche de sable.

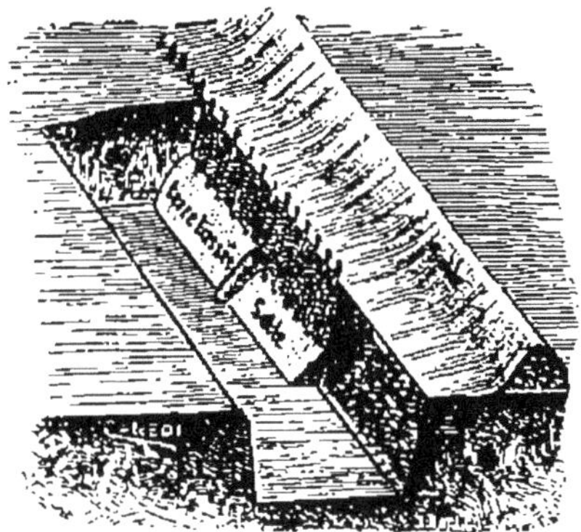

Fig. 94. — **Disposition des boutures en pépinière.**

Le buttage de sable indiqué dans cette figure n'est absolument nécessaire que pour les greffes boutures.

2) Un ouvrier place les boutures contre le talus du fossé, en les espaçant de 5 à 8 centimètres, et de manière qu'elles dépassent légèrement le bord supérieur du fossé, puis il forme à leur pied une petite butte de sable.

3) Un second ouvrier remplit à moitié le fossé avec la terre enlevée, qu'il a bien émiettée, et la foule ensuite fortement avec les pieds.

4) Un troisième ouvrier achève de remplir le fossé avec la terre qui reste encore, en ayant soin de laisser les extrémités des boutures découvertes. *(Dictée XXXII.)*

Quels sont les soins à donner à la pépinière ?

262. Les soins à donner à la pépinière se bornent à des sarclages assez fréquents pour maintenir la terre dans un grand état de propreté. Si au mois d'août les pampres sont trop longs et trop serrés, on les rogne à 0m30 et on abat les plus faibles pour ne laisser qu'un ou deux des plus forts.

III. — GREFFAGE

En quoi consiste le greffage de la vigne ?

263. Le **greffage de la vigne** consiste à transporter une partie du sarment d'un plant de vigne sur la tige d'un autre, de manière à obtenir leur soudure. La partie du sarment transportée se nomme *greffon*, et la tige qui

la reçoit, *sujet* ou *porte-greffe*. Un greffon a ordinairement de 12 à 15 centimètres et porte généralement deux yeux.

Pourquoi greffe-t-on la vigne?

264. Dans le greffage de la vigne, on peut avoir pour but :

1° *De donner aux cépages français des racines américaines qui résistent suffisamment au phylloxéra;*

2° *De remplacer rapidement des cépages dont on n'est pas satisfait par d'autres meilleurs;*

3° *De multiplier très vite des variétés rares.*

Quels soins doit-on apporter dans le choix des greffons?

265. Les greffons doivent être formés par des sarments de moyenne grosseur, bien aoûtés, exempts de toute maladie et ayant produit de beaux et nombreux fruits l'année précédente.

Les sarments des vignes âgées de huit à dix ans donnent les meilleurs greffons, parce qu'ils ont la moelle d'un plus petit diamètre que ceux des jeunes vignes. Dans les vignes où l'on se propose de récolter des sarments pour le greffage, il faut avoir soin d'exécuter un traitement supplémentaire vers la fin de l'été, pour que les feuilles soient bien exemptes de maladies et les sarments parfaitement aoûtés; puis, avant la vendange, on doit marquer les souches dont la récolte est très abondante et les raisins bien formés, afin de prendre de préférence leurs sarments pour en faire des greffons.

A quelle époque est-il à propos de récolter les sarments destinés à faire des greffons?

266. Il est très important de récolter les sarments destinés à faire des greffons *avant que la sève se soit mise en mouvement*. L'époque la plus favorable est le mois de janvier.

1) On conserve les greffons comme on le fait pour les boutures, en les plaçant par lits superposés dans du sable légèrement humide. Avant le greffage, on retire les sarments du sable et on met tremper leurs pieds pendant deux jours dans de l'eau courante, à l'ombre, de manière qu'ils puissent reprendre le liquide qu'ils ont perdu depuis la récolte.

2) Les sarments ainsi conservés doivent être soigneusement lavés avant d'être employés ; car le sable est une gêne très grande pour le greffage : outre qu'il détériore considérablement le greffoir, un seul grain de sable dans une coupe rend la soudure improbable.

3) Pour connaître qu'un sarment est suffisamment conservé pour être employé au greffage, on l'expose pendant deux ou trois heures à l'action du soleil et à l'abri du vent ; s'il est bon, une section faite en un point quelconque de ce sarment devient humide et reverdit.

Combien distingue-t-on de modes de greffage par rapport au lieu où l'on opère?

267. Par rapport au lieu où l'on opère, on distingue deux modes de greffage : la *greffe sur place* et la *greffe sur table* :

1° La **greffe sur place** se pratique sur des sujets plantés à leur place définitive, depuis une ou plusieurs années, ou sur des jeunes plants encore en pépinière. Elle a l'inconvénient d'être plus pénible que la greffe sur table et elle expose l'opérateur aux intempéries de la saison ;

2° La **greffe sur table** se fait généralement sur des boutures et quelquefois sur des sujets enracinés que l'on a arrachés de la pépinière. Elle se fait chez soi, à l'abri de tous les mauvais temps.

1) Le *greffage sur place* est encore très prédominant dans la région méditerranéenne ; dans le Sud-Ouest, on ne pratique que le greffage en pépinière sur plants enracinés d'un an. Toutefois, il commence à se produire parmi les meilleurs viticulteurs du Midi un mouvement très accusé en faveur des plants greffés à l'atelier et ayant passé un an en pépinière.

2) Dans la grande majorité des autres régions viticoles, c'est le *greffage sur table* qui est exclusivement usité. Ce procédé de greffage est de beaucoup le meilleur, d'abord parce que, dans les régions tempérées, il réussit mieux, ensuite parce qu'il est plus économique et qu'il donne plus de régularité dans les plantations.

Dans quelle saison doit-on faire le greffage de la vigne?

268. La greffe sur place ne doit se faire que lorsque la sève commence à se mettre en mouvement ; cette condition est essentielle pour la soudure du sujet et du greffon. On doit choisir un temps doux, couvert si c'est

possible, mais non pluvieux. Quant à la greffe sur table, on peut la faire plus tôt, même en hiver; la meilleure époque est du 15 mars au 15 mai.

Quels sont les systèmes de greffage les plus employés pour la vigne?

269. Les systèmes de greffage les plus usités pour la vigne sont : la greffe en *fente ordinaire*, la greffe en *fente pleine* et la greffe *anglaise*. Les deux premières se font généralement sur place, la greffe anglaise est presque la seule employée sur table.

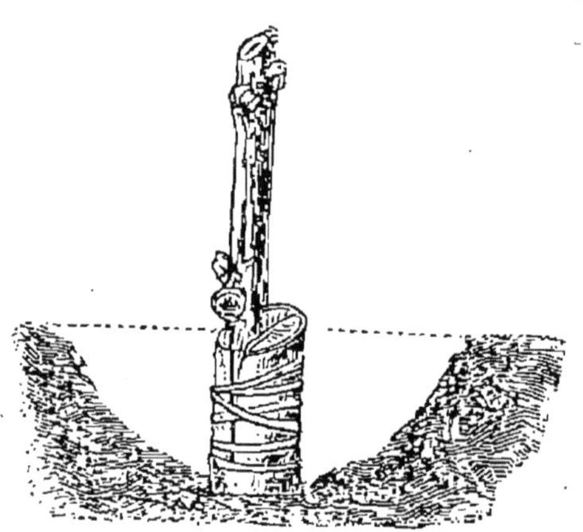

Fig. 95. — Greffe en fente ordinaire.

Comment se fait la greffe en fente ordinaire?

270. Pour greffer en **fente ordinaire,** on déchausse d'abord le sujet, puis on le coupe horizontalement au niveau du sol ou un peu au-dessous. On le fend ensuite en son milieu et l'on introduit dans la fente le greffon portant trois yeux et taillé en lame de couteau à son extrémité inférieure. Après cela, on fait une ligature autour de la greffe et on butte avec de la terre, de manière à ne laisser à découvert que l'œil supérieur du greffon (1).

1) Le greffon doit être placé de manière que son *cambium coïncide parfaitement avec celui du sujet*; cette condition est essentielle pour la reprise.

2) Pour augmenter la sûreté de la reprise, on peut aussi placer deux greffons dans la fente faite au sujet, un à chaque extrémité; la greffe est dite alors **greffe en fente double** (fig. 97).

---

(1) Ce système de greffe est spécialement appliqué aux souches déjà âgées, et, par suite, d'un diamètre assez considérable; lorsque le diamètre du sujet est égal à celui du greffon, on applique le système de la greffe en fente pleine. La greffe en fente se pratique surtout dans le Midi, pour la greffe sur place.

3) La **ligature** des greffes a pour but de maintenir le sujet et le greffon assemblés jusqu'à ce que leur soudure soit effectuée. Elle se fait habituellement avec du *raphia*, espèce de palmier de Madagascar dont les fibres, peu coûteuses, sont solides et permettent un serrage énergique ; ces fibres se décomposent assez à temps pour ne pas empêcher le grossissement de la partie greffée.

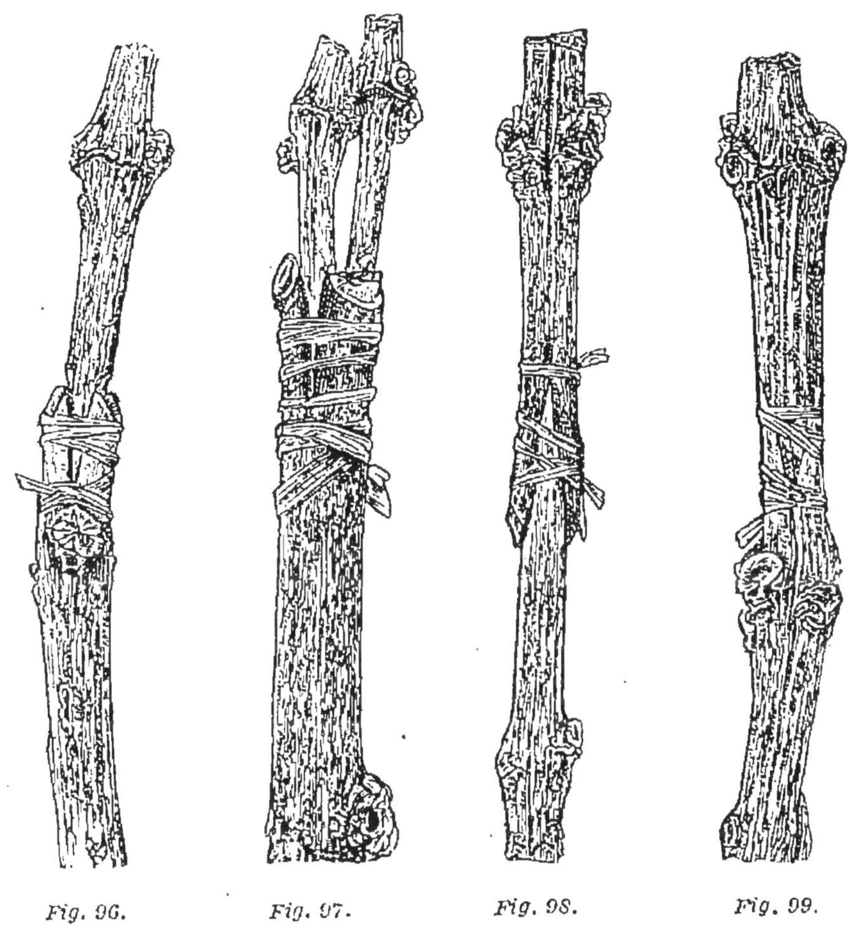

Fig. 96. Fig. 97. Fig. 98. Fig. 99.

Différents systèmes de greffes en fente.

Comment se fait la greffe en fente pleine ?

271. Pour la greffe en **fente pleine**, on déchausse le sujet et on le coupe au niveau du sol, comme pour la greffe précédente, puis on le fend en son milieu et on introduit dans la fente un greffon de diamètre égal à celui du sujet et taillé en biseau sur ses deux faces ; on

fait ensuite une ligature et on butte, comme pour la greffe précédente.

1) Les figures 98 et 99 représentent d'autres systèmes de greffe en fente; la première dite en *fente à cheval*, donne d'excellents résultats et la seconde, qui est une modification de la première, est plus commode que la greffe en fente ordinaire pour la greffe sur place.

2) Un autre système de greffe en fente dit de *Cadillac*, est représenté par la figure 100. Ce mode de greffage, introduit depuis peu dans la pratique, présente, dit-on, de sérieux avantages et, entre autres, celui de ne pas arrêter la végétation de la souche sur laquelle on opère, et qu'on laisse continuer jusqu'à la reprise complète du greffon.

Fig. 100 Greffe de Cadillac.

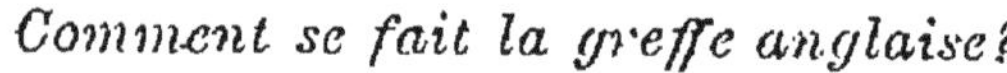

Comment se fait la greffe anglaise?

272. Dans la **greffe anglaise**, le sujet et le greffon doivent être taillés d'une manière identique. On les choisit de même grosseur et on les coupe en biseau sous un angle de 18 à 20 degrés; la longueur de la section doit représenter à peu près *trois fois* le diamètre du sarment. Sur la face de chacun des biseaux, on fait une fente d'environ 6 à 7 millimètres de profondeur, ce qui donne de petites languettes, que l'on engage mutuellement dans les fentes des biseaux, en faisant coïncider les écorces. Les parties sont ensuite maintenues en place par une ligature *fortement* serrée.

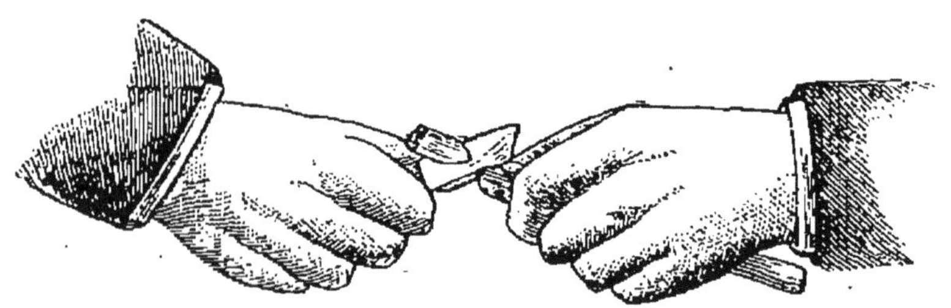

Fig. 101. — Taille du greffon ou du sujet dans la greffe anglaise.

La greffe ne doit pas présenter de vides et doit être solide sans le concours des ligatures. On fait partir les biseaux de la base d'un œil et on coupe le greffon à un centimètre au-dessus du deuxième œil ; la fente doit commencer au tiers de la longueur du biseau, à partir du sommet, et suivre le sens des fibres du bois. La greffe anglaise est très expéditive ; un bon greffeur peut tailler et greffer environ 100 greffes anglaises par heure. Dans les ateliers de greffage, le soin de lier des greffes est habituellement laissé à des femmes ; deux lieuses habiles peuvent lier les greffes exécutées par trois greffeurs.

Quelles sont les précautions à prendre pour conserver les greffes faites sur table ?

273. Pour conserver les greffes faites sur table, il est important de ne pas les laisser se dessécher. Pour cela, on les lie immédiatement, puis on les met dans une caisse recouverte d'un drap mouillé. Lorsque la caisse est pleine, on place les greffes dans du sable légèrement humide, comme il a été dit pour les boutures (nº 259), et on les y laisse jusqu'au moment de la plantation ou de la mise en pépinière.

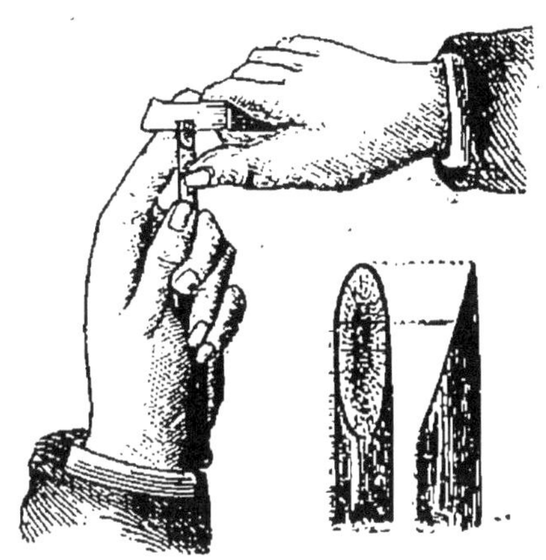

Fig. 102. — Manière de faire la languette dans la greffe anglaise.

Fig. 103. Assemblage du sujet et du greffon.

Comment et à quelle époque se fait la mise en pépinière des greffes ?

274. La mise en pépinière des greffes peut se faire au *plantoir ;* mais elle se fait généralement à la *tranchée*, comme il a été indiqué pour les boutures, en les plaçant à 8 ou 10 centimètres de distance les unes des autres, dans des fossés de 0m20 de largeur, de 0m30 de profondeur et espacés de 0m50 (nº 261). Dans le Centre, la mise en pépinière a lieu en avril ou en mai ; dans le Midi on doit la faire plus tôt.

1) Dans la mise en pépinière des greffes, il est important de *butter fortement* avec du sable les extrémités des greffons et de renouveler ce buttage lorsqu'il est défait par les eaux pluviales.

2) Pour la pépinière de greffes, on doit choisir de préférence un terrain meuble, sablonneux, fertile et frais, défoncé avant l'hiver et fortement fumé lors du défoncement, soit avec du fumier de ferme bien décomposé, soit avec des engrais chimiques. Le fumier de ferme ne doit jamais être mis en couverture sur le sol, ou même dans le sol, au moment de la mise en pépinière; car ce serait amener la pourriture des greffes au lieu de leur soudure.

3) Lorsque la mise en pépinière des greffes se fait à la tranchée, il importe de placer les greffes toutes à la même hauteur. Cette précaution permet de les butter toutes de la même quantité et donne aux bourgeons la facilité de sortir en même temps du sol, ce qui rend plus facile l'exécution des travaux à faire dans la pépinière.

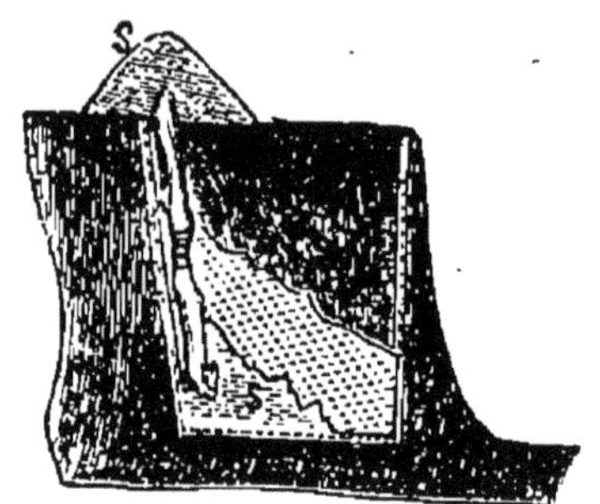

Fig. 104. — Position des greffes dans les tranchées des pépinières.

Quels sont les soins à donner aux pépinières de greffes ?

275. Les soins à donner aux pépinières de greffes sont : 1° de les maintenir dans un parfait état de propreté, par des sarclages multipliés; 2° de les arroser de temps en temps, mais pas plus qu'il n'est nécessaire pour conserver humide la surface du sol; 3° de sulfater plusieurs fois les jeunes pousses, pour les préserver du mildiou qui pourrait être causé par l'humidité du sol; 4° de procéder au *sevrage des greffes*.

En septembre, on enlève le buttage des greffes et on les découvre jusqu'à l'extrémité supérieure du greffon, de manière que l'empattement de la jeune pousse puisse s'aoûter; on butte de nouveau avant la gelée. *(Dictée XXXIII.)*

En quoi consiste le sevrage des greffes ?

276. Le **sevrage des greffes** consiste à enlever les racines qui se sont formées sur le greffon. Cette opération se fait vers le milieu du mois d'août. Pour cela, on déchausse chaque greffe jusqu'au point de soudure et, avec un couteau bien affilé, on coupe les racines du greffon, puis on referme immédiatement. Il est nécessaire de renouveler cette opération dans le courant de novembre.

Le sevrage des greffes est un travail *indispensable*, car la suppression de ces racines, dites d'*affranchissement*, est pour les neuf dixièmes dans le succès de la soudure. Cette opération ne doit pas se faire au milieu du jour, mais le matin à la fraîcheur, ou par un temps couvert. Il est évident qu'il faut aussi supprimer les bourgeons provenant du porte-greffe.

Comment se fait l'arrachage des pépinières ?

277. Dans l'**arrachage** des pépinières, on doit apporter les plus grandes précautions, afin de ne pas *altérer la soudure*. A cette fin, on creuse une tranchée voisine du premier fossé de la pépinière et aussi profond que le talon des greffes; puis, avec une bêche à dents, on soulève la terre de manière à amener lentement les greffes et avec le plus de racines possible. On répète la même opération pour chaque fossé.

Une fois arrachées, les greffes doivent être tenues *au frais*, à l'abri du *vent* et du *soleil;* cela est d'une très grande importance au point de vue de leur reprise à la plantation.

Qu'entend-on par greffes aériennes de la vigne ?

278. On entend par **greffes aériennes** de la vigne celles qui se font sur toutes les parties du cep : *souche, bras, sarments aoûtés, sarments encore herbacés.*

Le grand avantage des greffes aériennes est de permettre de changer la nature de l'encépagement d'un vignoble sans être obligé de le reconstituer, et même presque sans perdre de récolte, car les greffes aériennes produisent des fruits dès la première année. Elles sont pratiquées surtout dans le Sud-Ouest, et en particulier dans le département du Lot, où la plupart ont pris naissance.

Quelles sont les greffes aériennes les plus employées pour la vigne?

279. Les greffes aériennes les plus employées pour la vigne sont : la greffe *Vauzou*, la greffe *Massabie* et la greffe *Pardes*.

1) La **greffe Vauzou** n'est autre chose que la greffe à l'écusson appliquée à la vigne. Pour cette greffe, on choisit sur le cep à greffer, soit sur la souche, soit sur les bras, soit sur les sarments de l'année précédente, un emplacement bien lisse, on l'incise en forme de T, on soulève les bords de l'incision avec la spatule du greffoir, on introduit le greffon au-dessous, entre l'écorce et l'aubier, et on ligature au raphia en commençant par le haut; quinze jours après, la greffe est soudée. La greffe Vauzou se fait depuis le moment où la vigne est bien en sève jusqu'en juillet; elle donne environ 90 pour cent de reprises (1).

2) La **greffe Massabie** ne diffère de la greffe Vauzou que par l'œil-écusson, que l'on dépouille de son écorce de manière à mettre le liber à nu avant de le placer sur le sujet. Pour que l'écorce des écussons se laisse facilement enlever, on fait tremper pendant 24 heures, dans de l'eau courante, les sarments qui doivent les fournir. La greffe Massabie réussit bien de mai à septembre; elle donne encore plus de reprises que la greffe Vauzou.

3) La **greffe Pardes** est la greffe en fente appliquée aux bras de la vigne, de telle sorte que les greffons en deviennent les nouveaux prolongements. Cette greffe se fait dès que la sève se met en mouvement (2). *(Dictées XXXIV et XXXV.)*

RÉDACTIONS

48. Du bouturage : choix des boutures, leur conservation, leur mise en pépinière, soins à donner à ces pépinières.

49. Dites ce que vous savez sur le provignage.

50. Le greffage de la vigne : son but, son application par le système de la greffe anglaise; soins à donner aux pépinières de greffes.

PROBLÈMES

42. On veut planter une vigne ayant la forme d'un rectangle de 200 mètres de longueur et 80 de largeur. On demande combien on devra préparer de greffes pour cette plantation, sachant que le nombre de reprises du porte-greffe employé n'est que de 65 °/₀ et que la vigne doit avoir 10.000 ceps à l'hectare.

43. Un particulier a besoin de 12.000 plants enracinés et greffés. Il peut se les procurer au prix de 15 fr. le 100, ou les préparer lui-même. De combien le second mode est-il plus avantageux, sachant qu'on peut avoir les sujets et les greffons à 5 fr. le 1.000, que le greffage coûte 0 fr. 50 les 100 greffes, que les frais de pépinière sont estimés à 80 fr., et que le nombre des reprises doit être évalué à 75 °/₀.

---

(1) Le *greffon* est un *œil-écusson* détaché d'un sarment de l'année précédente et qui a été conservé dans le sable. Pour l'enlever, on fait une incision perpendiculaire au sarment, à un centimètre au-dessus de l'œil, puis, tenant le sarment sens dessus dessous, on place la lame du greffoir à un centimètre au-dessus de l'œil et on la dirige vers la première incision, en ayant soin de prendre une partie du bois.

(2) Une autre greffe aérienne, pratiquée pour la première fois en 1897, promet de donner de bons résultats; c'est la **greffe Lafleur**. Cette greffe n'est autre chose que la greffe anglaise appliquée aux sarments encore herbacés de la vigne, mais ayant acquis un certain degré de consistance et déjà en voie de lignifaction. Elle se fait ordinairement dans le courant du mois de juin.

CHAPITRE III

ÉTABLISSEMENT D'UN VIGNOBLE

I. — PRÉPARATION DU SOL

Quelles sont les opérations que comprend l'établissement d'un vignoble?

280. L'établissement d'un vignoble comprend trois opérations principales : 1° la *préparation du sol;* 2° le *choix des cépages;* 3° la *plantation proprement dite.*

L'avenir d'un vignoble dépend en grande partie de son établissement; on ne saurait donc prendre trop de précautions pour qu'il soit fait dans les meilleures conditions possibles.

Comment doit être préparé un sol où l'on se propose d'établir un vignoble?

281. Un sol destiné à devenir un vignoble doit subir les préparations suivantes. Il faut :

1° Le *niveler* de manière que les eaux des pluies ne séjournent en aucune de ses parties, et le *drainer*, s'il est nécessaire;

2° Le *défoncer* à une profondeur variant de 0 m. 40 à 0 m. 70, suivant la nature du sol et du sous-sol.

Ce qui doit régler la profondeur du défoncement, c'est surtout la nature du sous-sol. Dans un terrain à sous-sol calcaire, le défoncement ne doit pas dépasser la partie arable, faute de quoi on augmenterait la quantité de carbonate de chaux du sol, où doivent se développer les racines de la vigne, ce qui pourrait être très désavantageux pour certains cépages, principalement pour ceux qui sont sujets à la chlorose.

Quels sont les avantages d'un défoncement profond?

282. Un **défoncement profond** assure l'écoulement des eaux; de plus, il favorise l'échauffement du sol, le

développement des racines et, par suite, la production de la vigne.

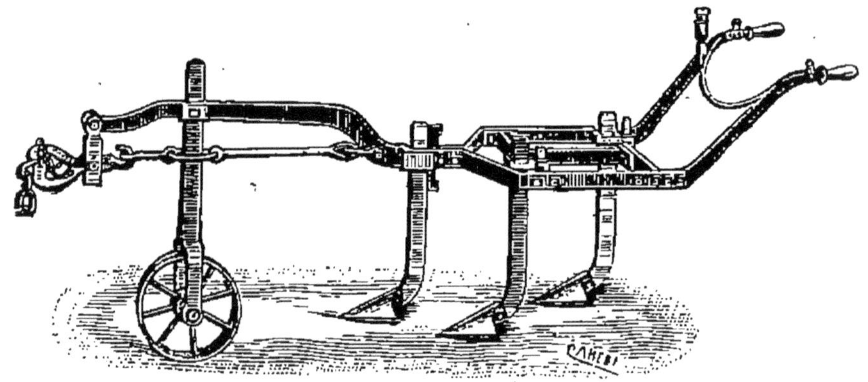

Fig 105. — Charrue fouilleuse.

Quels sont les systèmes de défoncement les plus généralement employés ?

283. Le défoncement d'un terrain peut se faire *à bras* ou à la *charrue*, et il peut être exécuté sur *toute la surface* ou seulement *par bandes*.

1) Pour défoncer un terrain **à bras**, on procède de la manière suivante. A l'une des extrémités du terrain, à l'extrémité supérieure s'il est en pente, on ouvre, sur toute la longueur du terrain, un fossé de la profondeur déterminée ; puis à côté de ce fossé, on en creuse un autre de même profondeur, en comblant le premier avec la terre enlevée au second. On continue ainsi jusqu'à ce que le terrain soit entièrement défoncé.

2) Pour faire un bon défoncement à la **charrue**, on laboure d'abord le terrain avec une charrue ordinaire et l'on fait suivre ce labour d'un autre fait avec une charrue spéciale appelée *fouilleuse ;* cette charrue désagrège le sous-sol en le laissant en place. Après cela, on fait un troisième labour perpendiculaire à la direction des deux premiers, avec une charrue dite *défonceuse*, dont le versoir cylindrique remonte la terre du sous-sol à la surface.

Quel est le meilleur des défoncements?

284. Le meilleur défoncement est celui qui est fait *à bras* sur *toute la surface*.

1) Dans le défoncement **à bras**, la terre est mieux ameublie, et mieux nivelée ; de plus ce défoncement est plus régulier quant à la profondeur.

2) Dans un terrain défoncé **sur toute la surface**, les racines de la vigne s'étendent plus à leur aise pour aller puiser leur nourriture, tandis que dans un terrain défoncé par bandes, elles sont souvent gênées par la résistance du sol non remué. On pratique généralement les défoncements en hiver, avant les grands froids, parce qu'alors on a plus de temps pour les faire.

Est-il à propos de profiter du défoncement pour fumer les terrains destinés aux vignobles ?

285. On peut profiter du défoncement pour introduire dans le sol des fumures à décomposition lente : *fumier de ferme*, *phosphates fossiles*, *scories de déphosphoration*, *cornaille*, *vieux cuirs*, *résidus de colle forte*, etc. On forme ainsi des réserves d'engrais, qui sont dispersés dans toutes les parties du sol défoncé.

II. — CHOIX DES CÉPAGES

Quels cépages doit-on choisir pour planter une vigne ?

286. Les cépages français étant tous détruits plus ou moins rapidement par le phylloxéra, il est nécessaire pour constituer une vigne, de ne planter que des **cépages américains ou hybrides**, soit comme *porte-greffes*, soit comme *producteurs directs*.

Peut-on employer indifféremment tous les cépages américains dans la plantation d'une vigne?

287. Pour qu'un cépage américain puisse être employé à la plantation d'une vigne, il faut : 1° que le sol du vignoble lui convienne ou, en d'autres termes, que ce cépage s'**adapte** au sol; 2° que ce cépage, s'il doit servir de porte-greffe, s'accommode bien du greffon que l'on se propose de lui donner, c'est-à-dire qu'il ait l'**affinité** pour lui.

Quels inconvénients résulteraient d'une adaptation et d'une affinité insuffisantes ?

288. Si l'adaptation et l'affinité *n'étaient pas suffisantes*, la végétation de la vigne serait moins vigoureuse et la production inférieure; en outre, la vigne serait moins

résistante au *phylloxéra* et à la *chlorose*, et beaucoup plus sujette aux différentes maladies auxquelles elle est exposée.

L'adaption et l'affinité exercent une telle influence sur la *résistance* des porte-greffes au phylloxéra et à la chlorose, que l'on peut dire avec raison que partout et toujours *elles règlent cette résistance*. Une bonne adaptation au sol et une grande affinité entre le porte-greffe et le greffon sont donc de première importance, et c'est pour avoir méconnu ce principe que certains viticulteurs ont éprouvé des échecs dans la reconstitution des vignes par les cépages américains (1).

Nommez quelques-uns des cépages américains qui résistent bien à la chlorose dans les terrains calcaires.

289. Parmi les cépages américains qui résistent bien à la chlorose dans les terrains calcaires, on peut citer : le *Solonis*, le *Jacquez*, le *Rupestris du Lot*, le *Berlandieri* et la plupart des hybrides obtenus avec ce dernier plant.

1) Les cépages américains **les plus résistants à la chlorose** sont l'*Aramon* × *Rupestris n° 1* de Ganzin, le *41 B. Chasselas* × *Berlandieri* et le *218 Rupestris* × *Berlandieri* de Millardet, le *Gamay-Couderc n° 3103*, le *Mourvèdre* × *Rupestris n° 1202*, le *Bourrisquou* × *Rupestris n° 603* et le

---

(1) Voici, d'après le rapport de *M. Prosper Gervais*, lu le 1er septembre 1898 au Congrès viticole de Lyon, comment les porte-greffes peuvent être classés sous le rapport de leur adaptation :

1° **Porte-greffes des terrains calcaires**. — *Américo-Américains :* Berlandieri × Riparia nos 157-11, 420, 33 et 34 ; Berlandieri × Rupestris nos 219 et 301 ; Monticola × Riparia n° 554-5 ; Taylor-Narbonne ; Rupestris du Lot ; Riparia × Rupestris nos 3306, 3309 et 101^{14}. — *Franco-Américains :* Chasselas × Berlandieri n° 41 B, Mourvèdre × Rupestris n° 1202, Aramon × Rupestris nos 1 et 2, Cabernet × Berlandieri n° 333. — *Américains purs :* Berlandieri.

2° **Porte-greffes de terrains compacts** — *Américo-Américains :* Solonis × Cordifolia-Rupestris n° 202^{4} ; Rupestris du Lot ; Riparia × Rupestris nos 3306 et 101^{14} ; Solonis × Riparia nos 1615 et 1616. — *Franco-Américains :* Alicante-Bouchet × Cordifolia n° 142 B ; Aramon × Rupestris nos 1 et 2 ; Bourrisquou × Rupestris n° 601 ; Mourvèdre × Rupestris n° 1202.

3° **Porte-greffes des terrains humides**. — *Américo-Américains :* Solonis × Cordifolia-Rupestris n° 201^{4} ; Solonis × Riparia nos 1615 et 1616 ; Taylor-Narbonne ; Solonis. — *Franco-Américains :* Mourvèdre × Rupestris n° 1202 ; Aramon × Rupestris n° 1.

4° **Porte-greffes des terrains secs**. — *Américo-Américains :* Riparia × Cordifolia-Rupestris n° 106^{8} ; Rupestris du Lot ; Riparia × Rupestris n° 3309 ; Cordifolia × Rupestris. — *Franco-Américains :* Bourrisquou × Rupestris n° 603 ; Pinot × Rupestris ; Cabernet × Rupestris nos 33 A^{1} et A^{2}. — *Américains purs :* Rupestris Martin.

601 × *Monticola* de Couderc. Ces plants supportent facilement de 35 à 55 °/₀ de calcaire, et la plupart d'entre eux réussissent bien même dans les terrains nettement crayeux.

2) Les cépages américains ayant une **résistance moyenne pour la chlorose** sont le *Jacquez*, le *Solonis*, le *Rupestris du Lot*, les *nos 3306* et *3309* du *Riparia* × *Rupestris* de Couderc, le *Taylor-Narbonne* du Dr Despetis, le *Riparia* × *Rupestris n° 101*[14] de Millardet, l'*Aramon* × *Rupestris n° 2* de Ganzin, etc. Ces plants peuvent être employés dans des terrains dosant de 20 à 25 °/₀ de carbonate de chaux, et même davantage s'ils se trouvent dans des conditions favorables.

Quels cépages doit-on choisir pour fournir les greffons d'une vigne dont les porte-greffes sont américains?

290. Les greffons des vignes que l'on veut constituer à l'aide des porte-greffes américains, doivent être fournis par les *plants français* **les plus généralement cultivés dans la région**; l'expérience a prouvé depuis longtemps que ce sont ces cépages qui s'adaptent le mieux au sol et au climat et qui donnent les meilleurs résultats.

Sous quelle forme peuvent être les plants servant à constituer une vigne?

291. Les plants servant à constituer une vigne peuvent être sous la forme de *boutures ordinaires*, de *boutures déjà enracinées*, de *boutures enracinées et greffées* mais non soudées et de *plants déjà greffés et soudés*. Dans les deux premiers cas, les boutures sont ensuite greffées sur place, à moins que l'on ne veuille constituer une vigne de producteurs directs.

A laquelle de ces diverses sortes de plants doit-on donner la préférence?

292. De ces diverses sortes de plants, on doit préférer ceux qui sont **greffés et soudés**; car ils économisent du *temps* et de l'*argent* sur les autres, tout en donnant une plantation *bien plus régulière*.

En effet, les boutures doivent rester une première année en place avant d'être greffées, et une deuxième année avant que la soudure de la greffe soit faite, et, pendant ces deux années, les vignes constituées avec ces boutures devront recevoir les mêmes façons que si elles étaient en rapport, ce qui est onéreux pour le viticulteur. D'autre part, les greffes qui n'auront pas réussi au greffage devront être renouvelées; il en résultera un retard considérable pour certains ceps, et pour la vigne une grande irrégularité dans sa plantation.

III. — PLANTATION DE LA VIGNE

Que comprend la plantation proprement dite de la vigne?

293. La plantation proprement dite de la vigne comprend deux choses : la *manière de disposer les plants* dans le terrain et leur *mise en place*.

De combien de manières peut-on disposer les plants dans le terrain?

294. On peut disposer les plants de trois manières : en *lignes*, en *carrés* et en *quinconce*.

Dans la disposition en **lignes,** les plants sont plus rapprochés dans les lignes que celles-ci ne le sont entre elles; dans la disposition en **carrés,** l'espacement des ceps est le même dans tous les sens, et dans la disposition en **quinconce,** les souches, considérées par groupes de trois, forment des triangles équilatéraux, et considérées par groupe de quatre, elles forment des losanges.

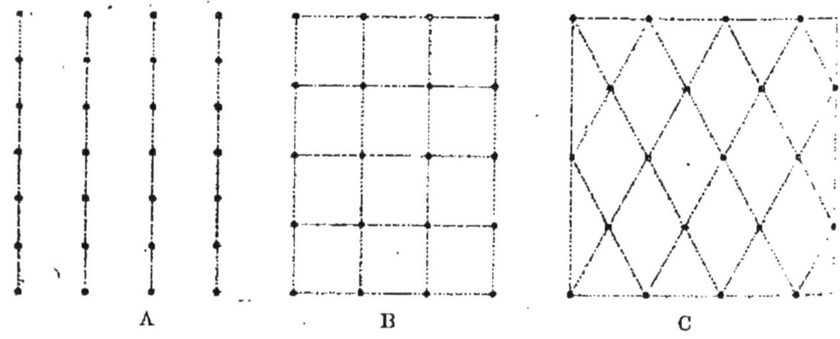

Fig. 106. — Manières de disposer les plants d'un vignoble.
A, disposition en lignes. — B, disposition en carrés. — C, disposition en quinconce.

Quelle est de ces trois dispositions celle qui doit être préférée?

295. Dans les contrées où les vignobles sont en pente, la disposition la plus avantageuse est la disposition en **carrés,** car elle est la plus favorable à la bonne exécution des travaux de culture.

1) Dans le Midi, où l'écartement des ceps dans les vignes est très considérable, où les vignes sont généralement situées en plaine et où les labours se font presque tous à l'aide de mulets et de chevaux, on préfère la plantation en **quinconce**, car elle permet de faire des labours dans trois directions différentes.

2) Les dispositions précédentes ne sont applicables que dans les vignes **en plein**, c'est-à-dire dans celles où l'on consacre uniquement à la vigne la parcelle de terre qu'elle occupe. Dans les vignes à **cultures intercalaires**, les ceps sont toujours disposés en lignes plus ou moins distantes entre elles. Ce mode de plantation, dans lequel les végétaux se nuisent réciproquement, est peu en rapport avec l'état actuel de notre viticulture; aussi tend-il de plus en plus à disparaître.

Quel écartement doit-on donner aux ceps?

296. La distance à laisser entre les ceps varie avec les climats et les plants. Dans le Midi, on laisse en moyenne 1m50 entre les ceps; dans la Bourgogne, cette distance se réduit parfois à 0m40. Les plants américains demandent plus d'écartement que les plants français, à cause du plus grand développement de leurs racines. On ne peut donc pas donner de règle pour l'écartement des plants; le mieux est de se conformer aux usages du pays.

1) Une distance de **un mètre** entre chaque souche semble cependant être la plus avantageuse pour la plupart de nos vignobles; car, outre que cette distance permet de placer 10.000 plants à l'hectare, elle donne la facilité de faire à *la charrue* les labours exigés par la culture de la vigne; ce qui produit une grande économie dans la main-d'œuvre.

2) Un trop grand rapprochement des ceps nuit à leur développement, facilite la pourriture des raisins dans les années humides et rend la culture de la vigne difficile et coûteuse; un écartement exagéré augmente la vigueur des souches au point de nuire à la maturité des fruits, surtout là où elle se fait moins facilement; de plus, il diminue le rendement de la vigne en diminuant le nombre des ceps.

Quelle orientation doit-on donner aux rangées des ceps dans les vignes plantées en lignes?

297. Dans les vignes plantées en lignes, l'orientation à donner aux rangées de ceps dépend de la *conformation du terrain* et de la *direction des vents dominants* de la contrée.

Ainsi, dans une plaine, l'orientation nord-sud est la meilleure, parce qu'elle permet aux rayons solaires d'atteindre également les deux côtés de la rangée des ceps; mais, dans un terrain très en pente, il est préférable d'établir les lignes dans une direction perpendiculaire à celle de la pente, afin de faciliter les labours à la charrue et de s'opposer à l'entraînement de la terre par les eaux pluviales. Dans les contrées où règnent des vents violents et à direction stable, il est bon de planter les rangées dans la direction de ces vents, afin qu'ils aient moins de prise sur les jeunes rameaux.

Comment se fait la mise en place des plants de vigne?

298. Pour la mise en place des plants de vigne, il y a deux cas à considérer, suivant que ces plants sont de simples *boutures* ou qu'ils sont *déjà enracinés*.

Comment se fait la plantation des boutures?

299. Lorsque la plantation est faite avec des *boutures*, on trace d'abord au cordeau des lignes dont les intersections déterminent l'emplacement des plants; puis, avec un *pal* ou une *liaque*, on fait des trous aux points ainsi déterminés, et on y introduit les boutures, en ayant soin de bien serrer la terre autour d'elles; ce que l'on obtient en enfonçant une ou deux fois le pal à quelques centimètres de la bouture. Dans les terrains argileux, il est bon de mettre un peu de terreau ou de sable autour des boutures, afin de favoriser le développement des racines.

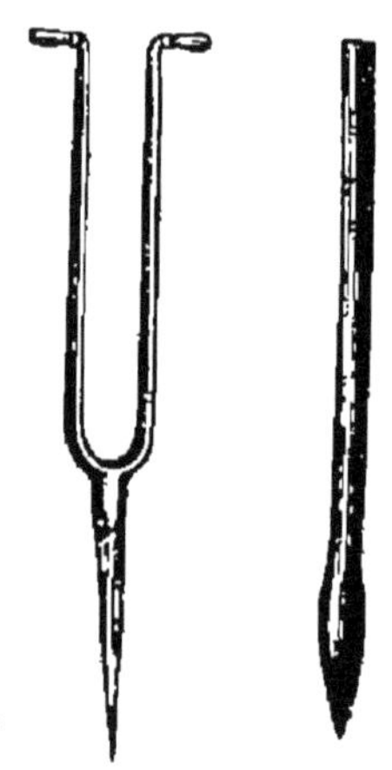

Fig. 107. *Liaque.* *Fig. 108.* *Pal.*

Comment se fait la plantation des plants déjà enracinés?

300. Lorsque la plantation est faite avec des *plants déjà enracinés*, greffés ou non, on coupe les racines à un centimètre du talon, puis on effectue la plantation au pal, comme il a été dit pour les boutures. Dans les terrains très caillouteux, on entoure les plants de terre meuble qu'on a transportée d'autre part.

1) Dans cette plantation, on recommande d'arroser les plants dès que les trous sont à moitié pleins de terre meuble, et cela dans le but de serrer davantage la terre contre les racines. Cette recommandation est très utile au point de vue de la reprise.

2) On plante aussi quelquefois les plants enracinés de la manière suivante : on creuse à la bêche des trous de 20 à 25 centimètres de profondeur, dans lesquels on place les plants de manière que leurs racines, que l'on a rognées légèrement, soient bien étalées ; on met ensuite une couche de terre fine sur les racines et on la tasse très fortement avec le pied, puis on achève de remplir le trou avec de la terre. Cette manière d'opérer a l'inconvénient d'être bien plus coûteuse que la précédente, car elle demande beaucoup plus de main-d'œuvre.

3) Quel que soit celui de ces deux procédés que l'on adopte pour la plantation de la vigne, il est nécessaire, pour les greffés, de placer les plants de manière que la soudure soit un peu au-dessus de la surface du sol, et de butter les greffes.

Comment taille-t-on les plants greffés avant de les mettre en place?

301. Dans les terrains meubles et fertiles, on taille ordinairement la greffe à deux yeux au moment de la plantation ; mais dans les sols secs et pierreux et dans les plantations tardives, on se contente de la tailler à un seul œil.

A quelle époque doit-on planter la vigne?

302. L'époque de la plantation de la vigne est relative à la nature des terrains et des climats. Dans les sols secs et légers, on peut planter en automne ; mais dans les terrains humides et compacts, ainsi que dans les marnes calcaires, il faut attendre le printemps.

Dans le Midi, la vigne doit être plantée avant l'hiver, à cause de la chaleur et de la sécheresse de l'été, peu favorables à la reprise des jeunes plants.

Quels sont les soins à donner aux jeunes plantations?

303. Les soins à donner aux jeunes plantations de vigne consistent à faire des binages à la main, suffisamment nombreux pour débarrasser le sol des mauvaises herbes et lui conserver sa fraîcheur. Au commencement du mois d'août, on doit aussi enlever les racines qu'auraient pu émettre les greffons ainsi que les bourgeons partant des porte-greffes, et, en automne, il faut avoir

soin de butter les jeunes ceps pour les préserver de la gelée d'hiver.

Au printemps de la seconde année, on devra remplacer, par de bonnes greffes bien enracinées, ceux des plants qui n'auraient pas pris l'année précédente, et procéder à la taille de la jeune vigne. Dans cette première taille, on ne laissera aux jeunes plants qu'un seul courson à un œil. Pour cette opération, on devra se servir d'un sécateur et non d'une serpette, afin de ne pas ébranler les greffes, car les secousses produites par la serpette pourraient être funestes à leur soudure encore incomplète.

RÉDACTIONS

51. Décrivez les divers systèmes de défoncement, les moyens de les mettre en pratique et leurs avantages.

52. Du choix des cépages : conditions que les cépages doivent remplir ; cépages des terrains calcaires.

53. Ecrivez à un de vos camarades pour lui annoncer que votre père vient de planter une vigne et pour lui donner le détail des opérations que cette plantation a nécessitées.

PROBLÈMES

44. Un propriétaire désire faire défoncer une terre de 65 mètres de longueur sur 32 de largeur pour y planter une vigne. Le défoncement à bras lui coûterait 0 fr. 15 le mètre carré, et pour le faire à la charrue, on lui demande 250 francs par hectare. Quel est le plus économique de ces deux systèmes et de combien ?

45. Un vigneron veut planter une vigne dans un terrain qui a 120 mètres de longueur et 64 de largeur. On demande : 1° combien il lui faut de plants, sachant qu'ils doivent être disposés en carrés et qu'ils doivent être à 1 mètre les uns des autres et des bords du terrain ; 2° combien il payera pour ces plants, au prix de 16 fr. le cent.

46. Combien ont coûté les plants nécessaires pour constituer un vignoble de 3 Ha 15 a contenant 10.000 ceps à l'hectare, si les 2/5 des plants sont des greffes sur Solonis, le 1/3 des greffes sur Riparia et le reste des greffes sur Rupestris ; les premières greffes ont été payées 14 fr. le 100, les secondes 15 fr. et les troisièmes 16 fr. ?

CHAPITRE IV

SOINS D'ENTRETIEN D'UN VIGNOBLE

I. — TAILLE DE LA VIGNE

Quels soins réclame l'entretien d'un vignoble?

304. Une fois constitué, un vignoble demande trois choses : 1° être taillé chaque année; 2° être débarrassé des mauvaises herbes par les labours; 3° être fumé de temps en temps.

Quel est le but de la taille de la vigne?

305. La taille de la vigne a pour but : 1° d'*améliorer ses fruits et d'en augmenter le nombre ;* 2° de *régler son développement*, c'est-à-dire de donner à chaque cep une forme déterminée.

La vigne abandonnée à elle-même produit de longs rameaux sarmenteux, qui s'étendent sur le sol ou grimpent sur les arbres à leur portée. Les grappes que l'on obtient alors sont peu nombreuses, restent chétives et mûrissent mal ; car presque toute la sève élaborée se répand dans les rameaux, dont elle favorise le développement. Au contraire, dans la vigne taillée, l'étendue des rameaux étant restreinte, la sève se porte sur les fruits, qui deviennent plus nombreux, plus gros et plus succulents; d'autre part, ces fruits, étant moins ombragés, mûrissent mieux.

Combien distingue-t-on de sortes de taille par rapport à l'époque où on la fait?

306. Par rapport à l'époque où on la fait, on distingue pour la vigne deux sortes de taille : la *taille d'hiver* ou la *taille sèche* et la *taille d'été* ou la *taille en vert.*

La **taille sèche** s'effectue sur les sarments aoûtés; elle se fait généralement à la fin de l'hiver, avant le commencement de la végétation. La **taille en vert** se pratique sur les rameaux, durant la végétation. La première a pour but de déterminer le nombre des rameaux, et la seconde de régler l'activité et le sens de leur développement.

Sur quels principes repose la taille d'hiver de la vigne?

307. La taille de la vigne repose sur les principes suivants :

1° Les raisins ne viennent que sur les bourgeons de l'année;

2° Les sarments de l'année précédente sont généralement les seuls qui donnent des bourgeons fructifères;

3° Les bourgeons les plus fertiles sont ordinairement vers le milieu du sarment;

4° Chaque cep ne peut nourrir qu'un nombre de raisins proportionné à sa vigueur et à la fertilité du sol où il est situé.

Combien distingue-t-on de sortes de taille par rapport au mode dont on la fait?

308. Par rapport au mode dont on la fait, on distingue pour la vigne deux sortes de taille : la *taille courte* et la *taille longue*.

La taille est dite **courte** ou à *coursons* lorsque les parties de sarment conservées n'ont que deux ou trois yeux ou bourgeons; elle est **longue** ou à *long bois* quand ces parties de sarments ont au moins cinq bourgeons.

De quoi dépend le mode de taille à adopter pour la vigne?

309. Le choix du mode de taille dépend des *cépages*, de leur *âge*, de la *fertilité des terrains* et des *climats*.

1) La plupart des cépages français exigent la taille courte, et en particulier ceux de la Bourgogne, du Beaujolais, du Languedoc, tandis que le *Jacquez* et l'*Herbemont* ne réussissent bien qu'avec la taille longue. Généralement, afin d'avoir plus de fruits, on taille long les ceps très vigoureux et ceux qui ne produisent pas à la taille courte. Un cépage qui rapporte à la taille courte produit toujours à la taille longue et selon le nombre d'yeux qu'on lui laisse.

2) En principe, plus on taille long, plus le ceps porte de fruits; mais si l'on taille trop long, sans que les raisins puissent se nourrir abondamment, ils ne se développent pas; si l'on taille trop court, et que le terrain soit très fertile, la sève se porte de préférence sur le bois, et les raisins ne se forment pas, ils coulent.

Qu'est-ce que la taille mixte?

310. On entend par **taille mixte** l'emploi simultané des deux modes de taille précédents sur un même cep.

On fait usage de la taille mixte : 1° pour les cépages vigoureux placés dans des terrains fertiles; 2° quand on veut forcer momentanément la production d'une vigne; 3° lorsqu'on veut disposer un cep en espalier ou en cordon.

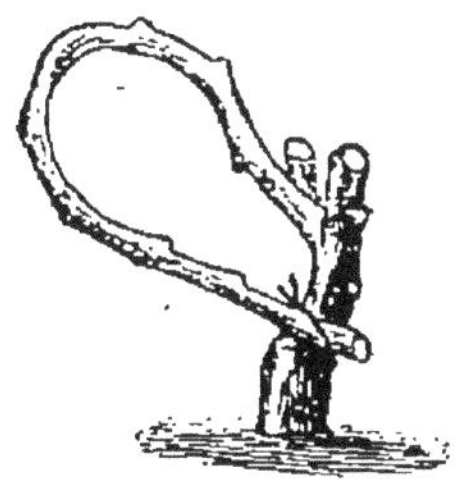
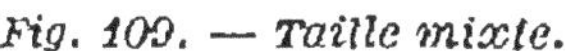

Fig. 109. — Taille mixte.

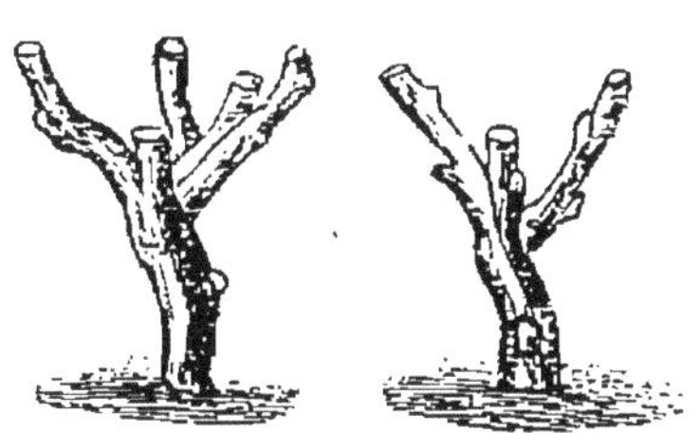

Fig. 110. — Taille en gobelet.

Combien distingue-t-on de sortes de taille par rapport à la forme qu'elle donne au cep?

311. Par rapport à la forme qu'elle donne au cep, on distingue trois sortes de taille : la taille en *gobelet*, la taille en *cordon* et la taille en *espalier*.

1) La taille en **gobelet** consiste à donner aux différents bras d'un même cep une disposition telle, qu'il existe entre eux un espace vide dont la forme rappelle plus ou moins l'intérieur d'une coupe.

2) Dans la disposition en **cordon**, les rameaux des ceps sont dans un même plan et suivent tous la même direction.

3) Dans la taille en **espalier**, les rameaux sont également situés dans un même plan, mais ils s'étendent symétriquement à droite et à gauche d'un axe vertical passant par le pied du cep.

Comment se fait la taille en gobelet?

312. A la première taille d'un cep auquel on veut donner la forme en *gobelet*, on ne laisse qu'un seul courson à deux yeux; chacune des deux pousses obtenues par ce courson est également taillée à deux yeux, l'année suivante, et, dans la suite, on laisse au cep le nombre de coursons que comporte sa vigueur, en choisissant de préférence ceux qui sont uniformément répartis autour de son axe.

Il est important, dans la taille en gobelet, de prendre des mesures pour que les extrémités des coursons soient autant que possible dans un même plan horizontal; sans cette précaution, les coursons les plus élevés recevraient une surabondance de sève au détriment des autres. On a remarqué, en effet, que la sève se porte de préférence vers les parties les plus élevées d'un cep.

Que faut-il faire lorsque les bras d'un cep formant gobelet sont devenus trop longs et gênent pour la culture?

313. Lorsque, par suite des tailles successives, les bras d'un gobelet se sont allongés de manière à gêner pour la culture et à nuire à la maturité du raisin placé trop au-dessus du sol, il faut ménager, à l'époque de la taille, un des rejetons de la souche, et, quand il sera devenu assez fort, on coupera la souche et on formera un nouveau gobelet avec ce rejeton.

Fig. 111. — Taille du docteur Guyot.

Connaissez-vous d'autres procédés de taille pour la vigne?

314. Il existe beaucoup d'autres procédés de taille pour la vigne, et entre autres ceux du Dr *Guyot*, de *Sylvoz*, de *Cazenave*, de *Marcon*, etc. Un des plus recommandés, à cause de l'abondance de sa production, est celui du docteur Guyot.

Voici comment se fait la taille du docteur Guyot :

A chaque cep on laisse un *long bois*, destiné à produire des fruits, et un *courson* à deux ou trois yeux, qui doit fournir le long bois de l'année suivante; pour ce motif, le long bois est nommé *branche à fruits*, et le courson, *branche à bois*.

La branche à fruits est ensuite couchée horizontalement et liée à son extrémité à un piquet fixé au sol. De chacun des yeux de cette branche naît un rameau, ordinairement chargé de raisins; ceux de ces rameaux qui n'ont pas de fruits sont enlevés, et les autres sont rognés au-dessus de la deuxième feuille surmontant le raisin le plus élevé; puis ils sont attachés à un fil de fer tendu horizontalement dans le sens de la branche à fruits. Les rameaux issus de la branche à bois sont liés à un échalas fixé au sol près du cep.

A la taille de l'année suivante, on abattra la branche à fruits de l'année précédente et on la remplacera par une nouvelle branche choisie parmi les sarments produits par la branche à bois; un autre sarment taillé à deux yeux formera le courson appelé à donner la branche à fruits de la troisième année. A la taille de la troisième année, on agira de la même manière, et ainsi de suite. (*Dictées XXXVI et XXXVII.*)

Combien distingue-t-on de sortes de vignes par rapport à la hauteur qu'on leur laisse par la taille?

315. Selon la hauteur que l'on laisse aux vignes par la taille, on distingue les *vignes basses*, les *vignes moyennes* et les *vignes hautes*.

1) Les vignes **basses** sont celles dont la hauteur ne dépasse pas 0m50; les vignes **moyennes** atteignent de 1m50 à 2m, et les vignes **hautes** s'élèvent jusqu'à 3m et plus. On soutient les sarments des vignes moyennes et des vignes hautes à l'aide d'*échalas*, de *supports en fil de fer* ou au moyen d'*arbres morts*.

2) L'*échalassement* est le mode de support de beaucoup le plus employé. Il consiste à enfoncer au pied de chaque cep, un échalas auquel on attache les pampres à mesure qu'ils se développent. Le support des sarments par échalassement ou par un autre système est surtout avantageux dans les vignobles du Centre et du Nord, car il permet au soleil d'échauffer le terrain et de mûrir plus facilement les raisins.

Quelles sont les règles à observer par rapport à la taille de la vigne?

316. Quels que soient le mode et la forme adoptés pour la taille d'une vigne, on doit observer les règles suivantes :

1° Choisir pour faire les coursons les sarments les plus sains, les mieux aoûtés, ceux qui ont produit le plus de raisins à la récolte précédente et ceux qui sont les plus rapprochés du canal principal de la sève, c'est-à-dire de la branche mère;

2° Ne laisser à chaque cep que le nombre de coursons convenable, vu son âge, sa vigueur et la fertilité du sol, et choisir ces coursons de manière à assurer au cep la forme adoptée pour la taille;

3° Parmi les rejetons issus du vieux bois, ne laisser que ceux qui remplaceraient avantageusement quelques coursons mal placés ou devenus trop longs.

1) En taillant les sarments, on doit faire la section perpendiculairement à leur axe et au niveau de l'œil immédiatement supérieur au dernier des bourgeons conservés; la cloison qui existe en ce point empêche les eaux pluviales d'envahir l'étui médullaire et d'arriver jusqu'à la base du rameau le plus rapproché, ce qui pour lui aurait de fâcheuses conséquences.

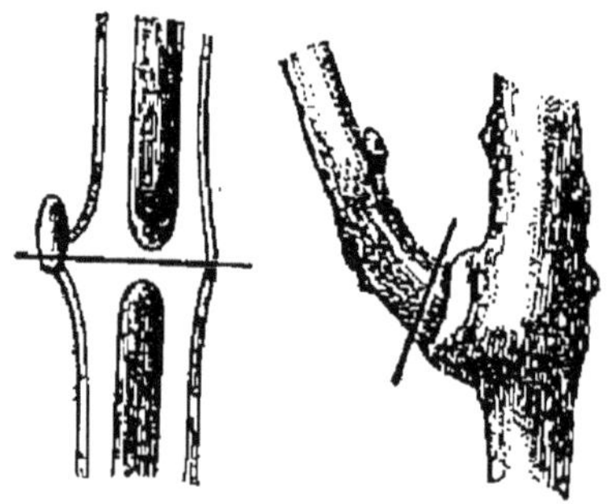

Fig. 112.
Tailles au point convenable.

2) On conseille également, pour les rejetons et les sarments que l'on ne veut pas conserver, de ne pas faire la section trop près du vieux bois, mais seulement au-dessus de l'empattement; de cette manière, la blessure faite au cep est plus vite cicatrisée et offre moins de risque de devenir le point de départ d'un chancre qui nuirait à sa vitalité.

En quoi consiste la taille en vert ou taille d'été?

317. La **taille en vert,** ou *taille d'été*, consiste en plusieurs opérations qui se pratiquent sur les rameaux en végétation. Les principales sont l'*épamprage* ou *ébourgeonnement*, le *pinçage*, le *rognage* et l'*effeuillage*.

En quoi consiste l'épamprage ou ébourgeonnement?

318. L'**épamprage** ou *ébourgeonnement* consiste à retrancher sur chaque cep les pampres qui ne portent pas de grappes ou qui sont inutiles pour la taille de l'année suivante.

L'épamprage a pour effet d'augmenter la vigueur des rameaux conservés et d'obtenir ainsi des fruits plus beaux et des sarments plus forts. Il se pratique lorsque les raisins sont tous formés, un peu avant la floraison.

Comment se fait le pinçage de la vigne?

319. Le **pinçage** ou *écimage* de la vigne se fait en coupant les extrémités des pampres, afin de modérer la vigueur des ceps, de refouler la sève dans les raisins et de hâter leur maturité.

Cette opération se pratique lorsque les raisins sont noués et qu'ils ont pris un peu de développement; plus tôt, elle favoriserait la coulure, par l'abondance de sève qui se porterait sur la grappe.

Comment se fait le rognage?

320. Le **rognage** se fait en pinçant les bourgeons issus à l'aisselle des feuilles des sarments qui ont déjà été pincés. Ces bourgeons adventifs sont généralement réduits à la longueur des feuilles.

Le but du rognage est de faire grossir les raisins et les sarments à conserver, de faciliter l'accès de l'air et du soleil aux raisins et d'enlever les pampres qui auraient pu échapper aux sulfatages et qui pourraient être des foyers de maladies cryptogamiques.

En quoi consiste l'effeuillage?

321. **L'effeuillage** consiste à décharger la vigne d'une partie de ses feuilles, à l'approche de la maturité des raisins, afin que le soleil atteigne les fruits, les fasse mûrir plus vite et leur donne les principes qui leur sont nécessaires pour produire de bon vin.

L'effeuillage ne doit être pratiqué que dans des circonstances tout à fait exceptionnelles, car il nuit beaucoup à la qualité des raisins, et par suite à celle du vin. Il est reconnu, en effet, que ce sont les feuilles qui élaborent la plus grande partie du sucre des raisins; par conséquent lorsque la vigne est privée de ses feuilles, volontairement ou par l'effet de quelque maladie, les raisins restent acides et produisent un vin peu alcoolique.

II. — LABOURS ET BINAGES

Quel est le but des labours faits dans les vignes?

322. Le but des labours faits dans les vignes est non seulement de débarrasser la terre des mauvaises herbes,

mais encore de favoriser son aération et de permettre aux eaux pluviales de pénétrer plus facilement jusqu'aux racines.

Dans les labours, il faut avoir soin de ne pas atteindre les racines superficielles de la vigne; car ces racines ont pour fonction d'absorber les matières fertilisantes contenues dans la couche supérieure du sol, et surtout de s'emparer des agents atmosphériques avec lesquels elles se trouvent en contact, pour les faire passer dans l'intérieur de la plante.

Combien une vigne demande-t-elle ordinairement de labours chaque année?

323. Lorsque les labours peuvent être exécutés avec l'aide des animaux, comme cela se pratique dans la plupart des vignobles du Midi, leur nombre est ordinairement de *quatre* et quelquefois davantage. Mais quand le rapprochement des ceps ou la pente du terrain obligent de faire les labours à la main, on se contente de *trois* et même de *deux;* un plus grand nombre deviendrait onéreux pour le viticulteur.

Quand et comment doit se faire le premier labour?

324. Le **premier labour** doit se faire après la taille. Il consiste à endosser la terre au milieu des interlignes pour l'aérer et la faire sécher, si elle est trop humide.

De plus, par cette opération, les ceps se trouvent déchaussés et placés au centre d'un fossé dans lequel convergent les eaux saturées de tous les principes fertilisants répandus dans le sol. Dans les grandes exploitations viticoles, ce premier labour se fait avec une *charrue vigneronne* dite **déchausseuse**, dont la déviation du versoir permet d'approcher de très près les rangées de ceps; dans les vignes de peu d'étendue et dans celles qui sont très en pente, il se fait *à bras*, à l'aide de la *pioche à deux dents*.

Quand et comment se fait le second labour?

325. Le **second labour**, appelé plus spécialement *binage*, se fait quelques jours avant la floraison de la vigne. Il consiste à remettre en place la terre soulevée par le premier labour.

Pour cette façon, il est nécessaire de choisir un temps sec et chaud; car elle a généralement lieu à l'époque des gelées blanches, si funestes aux vignobles situés dans les parties basses, et l'on sait que la gelée est plus à craindre lorsque le sol est fraîchement remué qu'en toute autre circonstance. Le second labour se fait avec une *charrue vigneronne* nommée **houe à expansion**, ou à bras, avec la *houe ordinaire*.

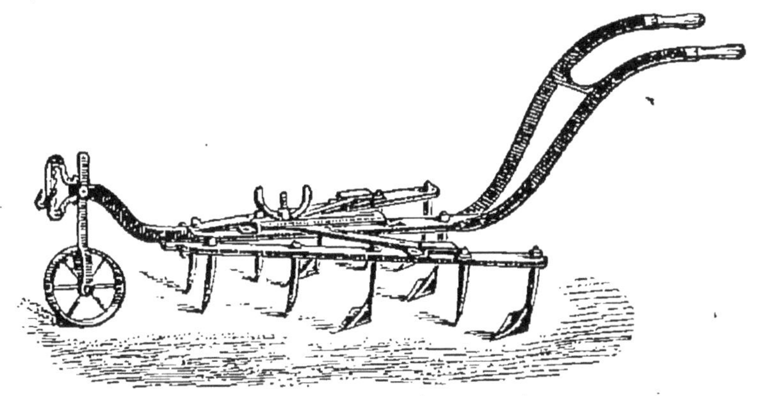

Fig. 113. — Houe à expansion.

Quand et comment se fait le troisième labour?

326. Le **troisième labour** se fait aussitôt après la floraison de la vigne; il a pour but de briser la croûte superficielle formée par les rayons du soleil, et aussi de détruire les herbes qui ont poussé depuis le second labour.

Pour cette troisième façon, il est nécessaire d'attendre que la floraison soit bien achevée, car l'abaissement de température produit par l'évaporation active de l'eau des terres fraîchement remuées pourrait favoriser la coulure de la vigne. Elle se fait à l'aide de la *houe à expansion*, ou à bras, à l'aide de la *houe ordinaire*.

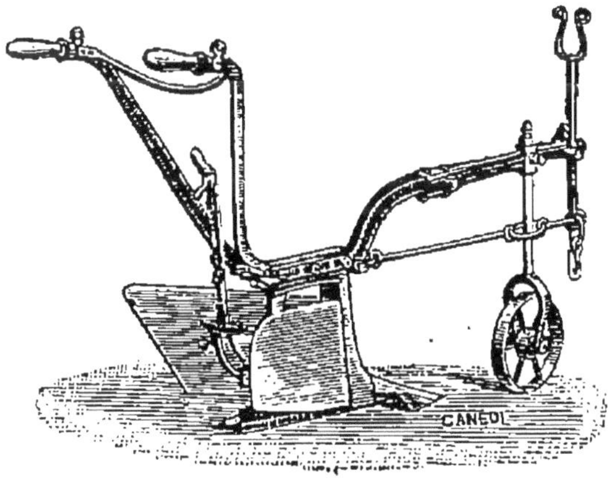

Fig 114. — Buttoir.

Quand et comment se fait le quatrième labour?

327. Le **quatrième labour** se fait en automne, aussitôt après la chute des feuilles. Il consiste à écarter la

terre du milieu des interlignes pour l'amonceler au pied des ceps ; il n'est autre chose qu'un *buttage*.

1) Outre que, par ce quatrième labour, on enfouit les feuilles, qui constituent un excellent engrais, on creuse un fossé central qui facilite l'écoulement des eaux de toute nature, opération des plus avantageuses à la vigne. Cette quatrième façon se fait ordinairement avec la charrue appelée **buttoir.**

2) Dans les vignobles où, pour un des motifs indiqués au nº 323, on ne peut faire que deux façons à la main, il est de toute nécessité de suppléer aux autres labours par des *raclages* ayant pour but de détruire les mauvaises herbes.

III. — FUMURES

Quel est le but des fumures que l'on répand dans les vignes?

328. Le but des **fumures** que l'on répand dans les vignes est de restituer au sol les éléments qu'elles y ont absorbés pour leur développement. Sans ces engrais, le sol finirait par s'épuiser, et les vignes, en perdant de leur vigueur, verraient aussi diminuer leur productivité (*Dictée XXXVIII.*)

Quels sont les éléments indispensables que la vigne doit trouver dans le sol pour se développer?

329. La vigne, comme tous les végétaux, a besoin, pour se développer, de quatre éléments qui lui sont indispensables : l'*azote*, l'*acide phosphorique*, la *potasse* et la *chaux*.

Dans quelle proportion faut-il restituer annuellement ces éléments au sol pour compenser la perte qu'il éprouve par la culture de la vigne?

330. Des analyses très sérieuses ont montré que les quantités de principes fertilisants enlevés chaque année au sol par la culture de la vigne sont, par hectare, en outre de la chaux :

De 20 à 30 Kg d'acide phosphorique.
De 45 à 50 Kg d'azote.
De 40 à 50 Kg de potasse.

Par suite, ce sont ces mêmes quantités d'acide phosphorique, d'azote et de potasse que l'on doit introduire annuellement dans le sol, si l'on veut lui conserver sa fertilité première.

1) Les principes fertilisants absorbés par la vigne sont contenus dans les *feuilles*, les *sarments*, le *vin* et les *marcs de raisin*. Le vin en renferme peu, le quinzième à peine; mais les feuilles, les sarments et les marcs en contiennent beaucoup; le viticulteur a donc tout intérêt à restituer ces substances au sol qui les a produites; à elles seules, elles constituent un riche engrais.

2) On rend les feuilles au sol par un labour fait immédiatement après leur chute. Quant aux marcs de raisin et aux sarments, on conseille fortement de les mélanger avec de la terre pour en faire un terreau, qui sera ensuite répandu à la surface du sol de la vigne; on peut encore les brûler et répandre la cendre dans la vigne.

Le fumier de ferme peut-il être employé pour la fumure des vignes?

331. Le **fumier de ferme** est le meilleur des engrais dont on puisse se servir pour la fumure de la vigne; car, outre qu'il renferme tous les principes fertilisants nécessaires à son développement, il ameublit les terrains et favorise leur aération. La quantité à employer est environ de 35.000 Kg par hectare; cette dose est suffisante pour trois ans.

Quoique le fumier de ferme soit excellent pour la culture de la vigne, on ne peut l'employer exclusivement à tout autre engrais ; d'abord parce qu'il ne serait pas possible d'en produire assez, surtout dans le Midi, et ensuite parce qu'il ne contient pas en proportions suffisantes tous les principes fertilisants dont la vigne a besoin pour se développer. On y supplée par les *engrais chimiques* et surtout par les matières *azotées organiques : sang desséché*, *tourteaux*, *cornaille*, etc.

Quels sont les engrais chimiques les plus employés pour la fumure de la vigne?

332. Les **engrais chimiques** les plus employés pour la fumure de la vigne sont :

1° L'*azotate de soude* ou *nitrate de soude* et le *sulfate d'ammoniaque*, qui restituent au sol l'azote nécessaire au développement des organes de la vigne et principalement des feuilles.

2° Les *superphosphates*, les *phosphates naturels* et les

scories de déphosphoration, qui rendent au sol l'acide phosphorique nécessaire à la fructification.

3° Le *chlorure de potassium* et le *sulfate de potasse*, qui restituent au sol la potasse nécessaire, comme l'azote, au développement des organes de la vigne.

Voici une formule pour l'emploi de ces engrais qui peut convenir à la plupart des sols où l'on ne peut se servir du fumier de ferme, et qui donne une fumure dont l'action dure trois ans :

Sulfate d'ammoniaque	300 Kg	par	Ha.
Superphosphate de chaux.	400 —	—	—
Sulfate de potasse.	200 —	—	—

Toutefois, on doit se rappeler que chaque sol a une composition spéciale et que, pour les engrais chimiques, on ne peut donner de formule générale parfaite.

La vigne doit-elle être souvent fumée?

333. Pour donner de bons rendements, la vigne doit être fumée tous les trois ou quatre ans, si l'on emploie du fumier de ferme, et un peu plus souvent si l'on a recours aux engrais chimiques.

1) Une pratique très conseillée, lorsqu'on doit faire appel aux engrais industriels, c'est de fumer tous les deux ans : une fois avec fumier de ferme et une fois avec des engrais chimiques.

2) Les engrais à décomposition lente, comme le fumier de ferme, les phosphates de chaux et les différents engrais à azote organique, doivent être introduits dans le sol à l'entrée de l'hiver, afin que leur action puisse se manifester durant la prochaine végétation ; quant aux autres, il suffit de les appliquer au printemps.

3) Les engrais à décomposition lente doivent être enterrés dans une rigole de 20 à 25 centimètres de profondeur, creusée au milieu des interlignes formées par les ceps. Pour les engrais chimiques, qui agissent rapidement sur la végétation, il est préférable de les répandre d'une manière uniforme sur tout le sol et de les enterrer de suite par un hersage ou un binage à la main.

RÉDACTIONS

54. De la taille de la vigne : son but, ses diverses sortes par rapport à son mode, à sa forme et au temps où on la pratique. Règles à observer concernant la taille de la vigne.

55. En quoi consiste la taille d'été? Comment se pratique-t-elle? Taille du docteur Guyot

56. Décrivez les quatres labours annuels nécessaires à l'entretien d'une vigne et indiquez leurs avantages.

PROBLÈMES

47. On demande combien on payera pour faire tailler une vigne ayant la forme d'un rectangle de 120 mètres de longueur et 60 de largeur, sachant que les ceps sont plantés en carrés, à un mètre de distance les uns des autres et des bords du terrain, et que l'ouvrier exige 5 francs par 1000 ceps taillés.

48. Dans le Languedoc, on met 50 tonnes de fumier de ferme par hectare de terrain que l'on défonce en vue de planter une vigne. A défaut de fumier de ferme, on le remplace par 300 Kg de sulfate d'ammoniaque, 400 Kg de superphosphate de chaux et 200 Kg de sulfate de potasse. Pour une vigne de 2 Ha 5 a 3 ca, combien devrait-on employer : 1° de fumier de ferme; 2° de chacun des trois autres engrais précédemment désignés?

CHAPITRE V

ENNEMIS DE LA VIGNE

I. — ACCIDENTS NATURELS

Quels sont les principaux ennemis de la vigne?

334. On peut diviser les ennemis de la vigne en quatre catégories distinctes, qui sont : les *accidents naturels*, les *parasites animaux*, les *parasites végétaux* et les *maladies non parasitaires.*

Quels sont les principaux accidents naturels auxquels la vigne est exposée?

335. Les principaux accidents naturels auxquels la vigne est exposée sont les *gelées de printemps*, les *gelées d'hiver*, la *grêle*, les *vents violents*, la *coulure* et le *millerandage*.

Par quoi sont produites les gelées de printemps?

336. Les gelées de printemps peuvent être occasionnées, comme celles de l'hiver, par un abaissement général de la température atmosphérique, mais le plus souvent elles sont produites par un refroidissement du sol, dû au rayonnement de la terre vers les espaces célestes, pendant les nuits où le ciel n'est pas couvert de nuages.

La gelée a lieu lorsque, par cette déperdition de chaleur, la température du sol descend à 2 ou 3° au-dessous de zéro. Elle est surtout à craindre dans les plaines, les parties basses et le voisinage des eaux. Les gelées blanches peuvent se produire jusque dans la seconde quinzaine de mai; la période de la lune rousse est très à redouter, non pas que la lune y soit pour quelque chose, mais parce que les gelées de cette époque sont les plus funestes, à cause de l'état dans lequel se trouve alors la végétation.

Comment peut-on atténuer les effets des gelées blanches?

337. Pour atténuer les effets des gelées blanches, on conseille de produire avec de la fumée des nuages artificiels, qui s'opposent au rayonnement de la chaleur terrestre.

Dans ce but, lorsque la gelée est à craindre, on établit dans les vignes, de distance en distance, des foyers où l'on brûle du coaltar, du goudron ou des huiles lourdes, substances qui donnent une quantité considérable de fumée. Pour que ce procédé soit efficace, il est nécessaire que tous les vignerons de la région s'associent pour le mettre simultanément en application.

Ne peut-on pas prémunir les vignes contre les gelées de printemps par une modification de la taille d'hiver?

338. Dans les vignes exposées aux gelées de printemps, la taille d'hiver peut être faite très avantageusement de la manière suivante : à l'époque ordinaire de la taille, on coupe d'abord tous les sarments qui ne sont pas destinés à donner des coursons, on réduit les autres à la longueur de $0^m,50$ environ, et, lorsque la gelée n'est plus à redouter, on taille les sarments restants à deux ou trois yeux, comme pour une taille ordinaire.

La sève se portant plus spécialement vers les pointes, met d'abord en mouvement les bourgeons des extrémités des sarments, et, s'il survient une gelée, ils auront presque seuls à en souffrir.

Comment peut-on prémunir les vignes contre les gelées d'hiver?

339. Un froid de 20 à 30° fait ordinairement périr la vigne. Dans les contrées exposées à ces basses températures, on préserve les vignes de la gelée en buttant fortement leur pied avant l'hiver. Il est nécessaire dans ces contrées de maintenir les souches basses, afin de pouvoir faire ce buttage.

Comment peut-on remédier en partie aux dommages causés par la grêle?

340. Lorsque la grêle tombe de bonne heure, on remédie en partie aux dommages qu'elle a causés en taillant de suite à un œil les jeunes rameaux, afin de

faire pousser d'autres sarments, qui auront encore le temps de s'aoûter avant l'automne.

1) La grêle, en tombant sur les jeunes sarments encore sans consistance, les meurtrit au point de compromettre gravement la récolte de l'année suivante. La taille précédemment indiquée fait développer vigoureusement les bourgeons ménagés et leur permet de produire des sarments qui fourniront des coursons de la taille d'hiver de l'année suivante.

2) Lorsque la grêle tombe un peu tard, il est bon de supprimer de suite les sarments inutiles pour la taille d'hiver suivante, et de réduire les autres à la moitié de leur longueur. Lorsqu'on fera la taille d'hiver, ces sarments seront taillés comme d'habitude.

Comment les vents peuvent-ils nuire à la vigne?

341. Les vents, s'ils sont violents, nuisent à la vigne en brisant les jeunes rameaux, en ébranlant les plants nouvellement enracinés et en décollant les greffes non encore parfaitement soudées. On remédie à ces inconvénients en palissant les rameaux et en donnant des tuteurs aux jeunes vignes.

Fig. 115.
Grappe millerandée.

Qu'est-ce que la coulure et le millerandage?

342. La **coulure** est l'action par laquelle les fleurs de la vigne disparaissent sans produire de fruits, et par le **millerandage** on désigne l'état des grappes dont une partie des graines ne sont pas formées parce que les fleurs ont coulé.

Quelles sont les causes les plus ordinaires de la coulure?

343. La coulure peut résulter de deux causes principales : 1° d'une végétation trop luxuriante; 2° des intempéries à l'époque de la floraison, telles que des pluies abondantes, un refroidissement sensible et prolongé de la température, des vents violents et desséchants, etc.

Comment peut-on combattre la coulure?

344. Pour s'opposer à la coulure, on recommande de procéder, avant la floraison, à un *soufrage* semblable à celui que l'on emploie pour le traitement de l'oïdium; car le soufre favorise les fonctions de reproduction de la vigne. Des rognages et des pincements effectués au début de la floraison, et une taille longue dans les vignes où la végétation est trop active, secondent puissamment l'action du soufre.

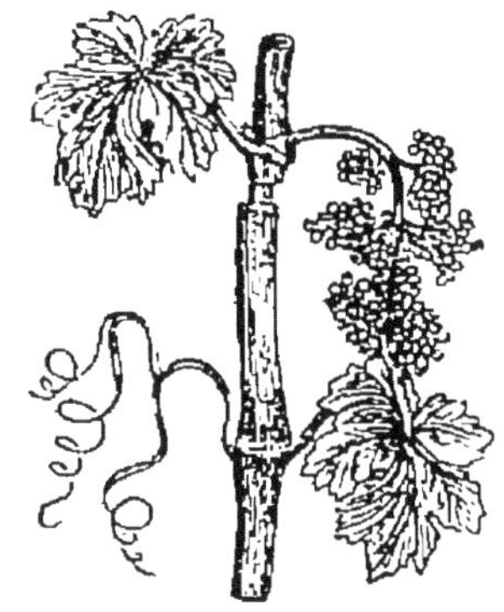

Fig. 116. Incision annulaire.

On s'oppose encore à la coulure en pratiquant l'**incision annulaire**, laquelle consiste à enlever un petit anneau d'écorce au sarment dans la partie située immédiatement au-dessous de la grappe. Cette opération, qui se fait au moyen d'une pince spéciale nommée *inciseur*, donne les meilleurs résultats : elle accroît le volume des raisins, augmente leur richesse en sucre et hâte leur maturation. Il faut trois jours à un homme pour inciser un hectare de vignes.

II. — PARASITES ANIMAUX

Quels sont les principaux parasites animaux que l'on peut regarder comme les ennemis de la vigne?

345. Les parasites animaux qui causent le plus de dégâts à la vigne sont : le *phylloxéra vastatrix*, l'*altise*, le *gribouri* ou *écrivain*, la *pyrale*, la *cochylis* et l'*attelabe*.

Qu'est-ce que le phylloxéra vastatrix?

346. Le **phylloxéra vastatrix** est un insecte de la famille des hémiptères, invisible à l'œil nu, qui se développe en suçant la sève des racines de la vigne. Il détermine la mort de tous les cépages français, de quelques cépages américains et d'un certain nombre de cépages hybrides. C'est le plus terrible des ennemis de la vigne.

Que savez-vous sur la multiplication du phylloxéra ?

347. La multiplication du phylloxéra est prodigieuse : les femelles aptères, c'est-à-dire sans ailes, peuvent

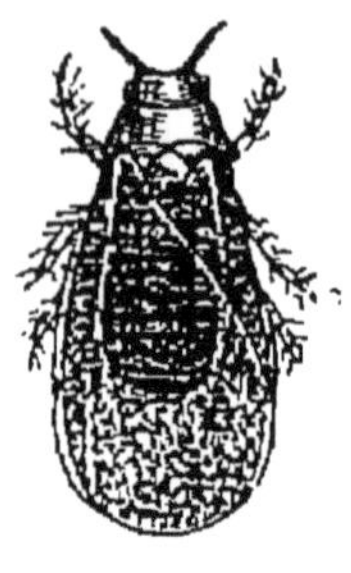
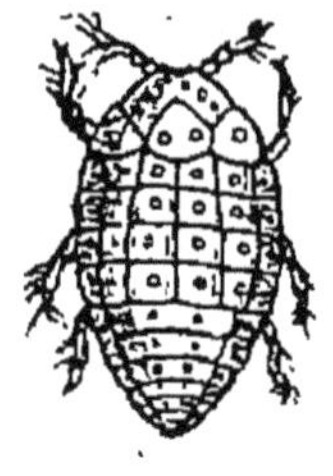
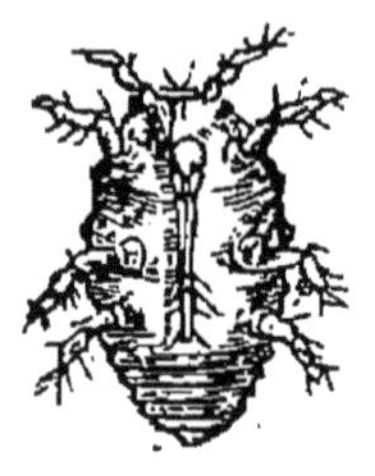

1 2 3

Fig. 117. — *Phylloxéra vestatrix* (*très grossi*).
1. Phylloxéra ailé. — 2. Phylloxéra aptère. — 3. Phylloxéra vu en dessous.

produire chacune, dans l'espace d'une année, plusieurs millions de femelles semblables et également fécondes, qui se fixent par leurs suçoirs sur les racines, les épuisent et les font tomber en pourriture en tuant le cep.

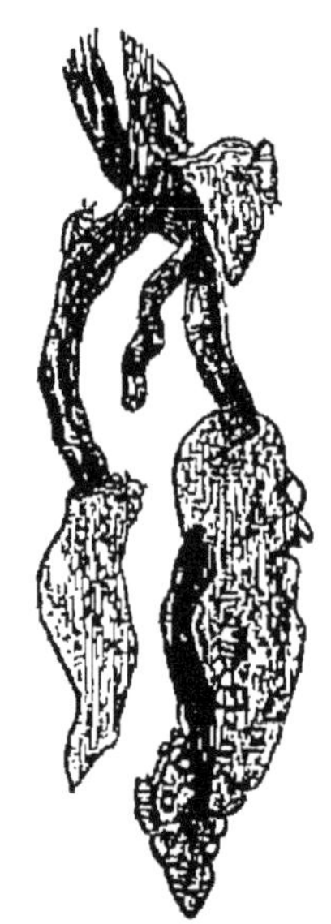

Fig. 118. Racines de vigne attaquées par le phylloxéra.

Pendant l'été, certaines de ces femelles prennent des ailes, sortent de terre, et, portées par le vent, vont répandre la contagion dans d'autres vignobles. Elles pondent alors sur les ceps de ces vignobles de petits œufs et de plus gros : les premiers donnent naissance à de nouvelles femelles aptères et les secondes à des mâles. Ces femelles pondent chacune un gros œuf, appelé *œuf d'hiver*, qu'elles cachent sous l'écorce ou dans les fissures des ceps; des œufs d'hiver naissent, au printemps, d'autres femelles également sans ailes, qui descendent sur les racines, pour s'y multiplier à l'infini, comme il a été dit précédemment (1).

Comment combat-on le phylloxéra?

348. On combat le phylloxéra de deux manières : par la *submersion*

(1) Le phylloxéra ne peut vivre dans les sols purement sablonneux ou même renfermant plus de 60 pour cent de silice. Aussi a-t-on profité de l'avantage que possèdent ces terrains pour y planter de la vigne : les plaines

des vignobles, quand elle est possible, et *par les insecticides*.

Pour que la submersion soit possible, il faut que les cépages n'en souffrent pas (Aramon, Petit-Bouchet, Syrrah, etc.), que les vignobles soient situés en plaine et que leur sous-sol ne soit pas trop perméable; de plus, il est nécessaire qu'il y ait dans le voisinage une quantité d'eau suffisante et que l'on puisse se la procurer économiquement. Dans le Midi, on a fréquemment recours à la submersion pour combattre le phylloxéra; l'eau est fournie par des norias établies dans les vignobles et mises en mouvement par des chevaux ou par la vapeur. Cette submersion, sous une couche d'eau de 0m20 à 0m25, se fait pendant l'hiver et dure de quarante à soixante jours. On compte en France 25.000 Ha de vignes traitées de cette manière.

Quels sont les insecticides dont on fait le plus souvent usage pour combattre le phylloxéra?

349. Les insecticides dont on fait ordinairement usage pour combattre le phylloxéra sont le *sulfure de carbone* et le *sulfocarbonate de potassium*.

Fig. 119.
Pal injecteur.

1) Le **sulfure de carbone** est un liquide incolore quand il est pur, très volatil, très inflammable et dont l'odeur rappelle celle des choux pourris. Introduit dans le sol à la dose de 20 à 25 gr. par mètre carré, il détruit le phylloxéra par les vapeurs qu'il répand. Son introduction dans le sol se fait parfois à l'aide de *charrues sulfureuses*, mais le plus souvent avec le *pal injecteur*. Le sulfure de carbone a d'autant plus d'action que le nombre de trous faits avec le pal injecteur est plus grand; pour les terrains perméables, il en faut au moins 25.000 à l'hectare, et pour les sols argileux un plus grand nombre encore. Le pal ne doit pas être planté à moins de 0m30 des ceps, de crainte de blesser les grosses racines; on doit l'enfoncer à 0m20 ou à 0m25 et boucher énergiquement le trou aussitôt qu'on l'a retiré. Le traite-

---

sablonneuses des Landes et d'Aigues-Mortes, autrefois entièrement stériles, sont actuellement couvertes de magnifiques vignobles qui donnent annuellement de beaux revenus. Les plants qui réussissent le mieux dans les sables sont : l'*Aramon*, le *Petit-Bouchet*, la *Syrrah*, le *Cinsaut*, le *Carignan*, le *Chasselas*, le *Picpoul*, etc.

ment s'applique ordinairement en automne, après les vendanges, ou au printemps, de février en avril; dans les terres argileuses, on doit le faire en été. Il réussit bien dans les terres riches, profondes, de moyenne consistance, ni trop humides, ni trop sèches (1).

2) Le **sulfocarbonate de potassium** s'emploie dans la proportion de 50 grammes par mètre carré, dilués dans 15 litres d'eau. Pour appliquer ce traitement, on creuse une petite cuvette au pied de chaque cep et on y verse la dilution précédemment indiquée. Le sulfocarbonate de potassium présente l'avantage d'être un bon engrais par la potasse qu'il renferme. Son usage est cependant assez restreint, à cause de son prix qui est double de celui du sulfure de carbone, de 350 à 400 fr. à l'hectare, et de la grande quantité d'eau qu'exige son emploi, environ 150 mètres cubes à l'hectare.

Fig. 120.
Altise.

Qu'est-ce que l'altise?

350. **L'altise** est un petit insecte de la famille des coléoptères, aux reflets bleuâtres en dessus, noir en dessous, qui s'attaque aux feuilles et aux bourgeons de la vigne. Peu redoutable dans le Centre, l'altise cause des dégâts considérables dans le Midi et surtout dans les vignobles algériens, soit à l'état de larve, soit à l'état d'insecte parfait.

Comment se débarrasse-t-on des altises?

351. On se débarrasse des altises en les faisant tomber dans un large entonnoir, échancré suivant une de ses génératrices et portant un sac à l'extrémité inférieure. Pour cela, on fait entrer la souche dans l'échancrure de l'entonnoir, puis on la secoue vivement

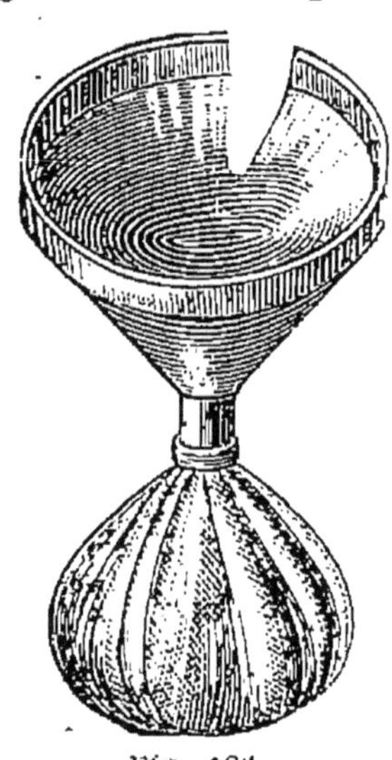

Fig. 121.
Entonnoir pour la chasse aux altises.

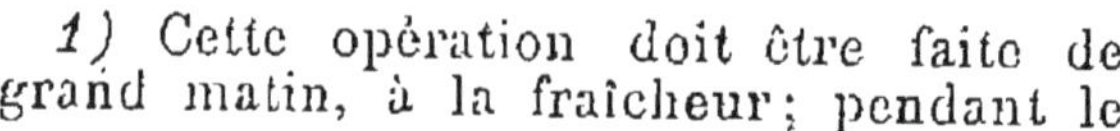

1) Cette opération doit être faite de grand matin, à la fraîcheur; pendant le

(1) Il est à peu près indispensable d'appliquer ce traitement tous les ans aux vignes atteintes par le phylloxéra. Il a l'inconvénient de fatiguer le cep et d'être fort cher, environ 200 fr. l'hectare; aussi, on ne doit le conseiller que pour les crus de haute valeur; pour les autres, il est préférable d'arracher les vieilles souches et de planter des cépages américains.

jour, on ne pourrait s'approcher du cep, sans voir les altises fuir dans toutes les directions.

2) Pour détruire ces insectes, on préconise aussi un mélange de *1 Kg de poudre de pyrèthre* et de *4 Kg de fleur de soufre.* Ce mélange, répandu sur la vigne à l'aide d'un soufflet à soufre, détruit en quelques heures toutes les larves d'altises, ainsi que la plupart des insectes à l'état parfait.

3) Dans le Midi, on emploie très avantageusement contre l'altise une solution que l'on obtient comme suit : faire bouillir pendant deux heures *2 Kg de staphisaigre* dans 10 litres d'eau ; faire bouillir également pendant deux heures *5 Kg de quassia amara* dans 30 litres d'eau ; mélanger les deux solutions et étendre leur mélange à 200 litres. La solution définitivement obtenue se répand sur la vigne à l'aide d'un pulvérisateur, comme pour les sulfatages.

Qu'est-ce que le gribouri ou écrivain, et comment le détruit-on?

352. Le **gribouri** ou *écrivain*, appelé encore *eumolpe*, est un petit insecte également de la famille des coléoptères, dont la forme rappelle celle d'un hanneton. A l'état parfait, il dévore les feuilles de la vigne en y traçant des découpures ayant de l'analogie avec les lettres de l'alphabet ; de là lui vient son nom d'*écrivain*. Mais c'est principalement à l'état de larve que le gribouri est nuisible à la vigne : répandues en quantités considérables sur les jeunes racines, ces larves en paralysent les fonctions absorbantes, arrêtent la végétation des ceps et les font périr. Les ceps morts produisent dans les vignobles des taches circulaires semblables à celles du phylloxéra.

Fig. 122. — Feuille découpée par le gribouri.

On fait la chasse du gribouri de la même façon que celle de l'altise. On détruit aussi ses larves par le sulfure de carbone, que l'on introduit dans le sol au moyen du pal injecteur ; mais ce procédé, très coûteux, n'est employé contre le gribouri que dans les contrées où ses ravages sont très considérables.

Qu'est-ce que la pyrale?

353. La **pyrale** est un petit papillon de nuit d'un jaune plus ou moins doré, dont les ailes postérieures sont grises et les antérieures d'un jaune verdâtre ; ces dernières sont traversées de trois bandes noires. Sa larve dévore les jeunes bourgeons et les feuilles, en causant parfois un tort considérable à la récolte.

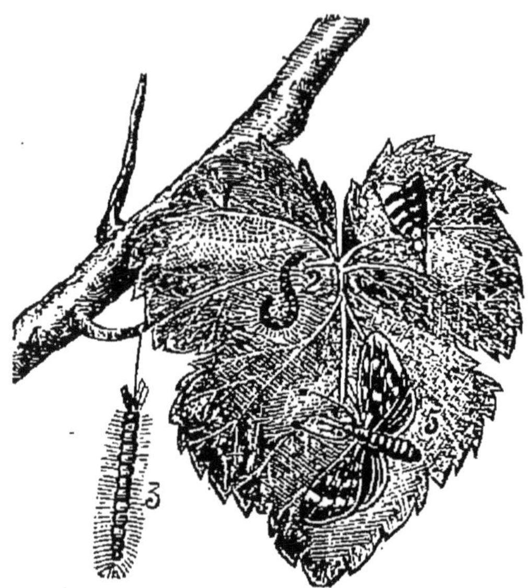

Fig. 123. — Pyrale vue sous ses différents états.

Les pyrales se montrent en juillet et viennent pondre leurs œufs à la surface des feuilles. Les chenilles qui éclosent de ces œufs vont se réfugier sous l'écorce soulevée des ceps ou dans les fissures des échalas ; elles s'y filent un léger cocon, dans lequel elles passent l'hiver. Ces chenilles sortent de leur retraite dès les premiers beaux jours du printemps; elles se précipitent sur les bourgeons de de la vigne et les dévorent avec voracité ; devenues plus grosses, elles s'attaquent aux feuilles, dont elles ne laissent intactes que les nervures; elles enveloppent les grappes d'un réseau de fils de soie et finissent par rouler les feuilles en un cornet, à l'intérieur duquel elles se placent pour y subir les métamorphoses par lesquelles elles se transforment en papillons.

Comment combat-on la pyrale?

Fig. 124. — Cafetière servant à ébouillanter les ceps.

354. Le moyen le plus pratique de lutter contre la pyrale est de détruire sa larve, en hiver, pendant sa période d'engourdissement. A cet effet, on se sert d'*eau bouillante*, que l'on verse sur les souches et les échalas (1).

(1) Ce procédé a été découvert en 1844, par *Raclet*, viticulteur de Romanèche (Saône-et-Loire).

Qu'est-ce que la cochylis?

355. La **cochylis**, appelée aussi le *ver* ou la *teigne de la vigne*, est également un papillon nocturne jaunâtre, qui se distingue de la pyrale par sa taille plus petite et par ses

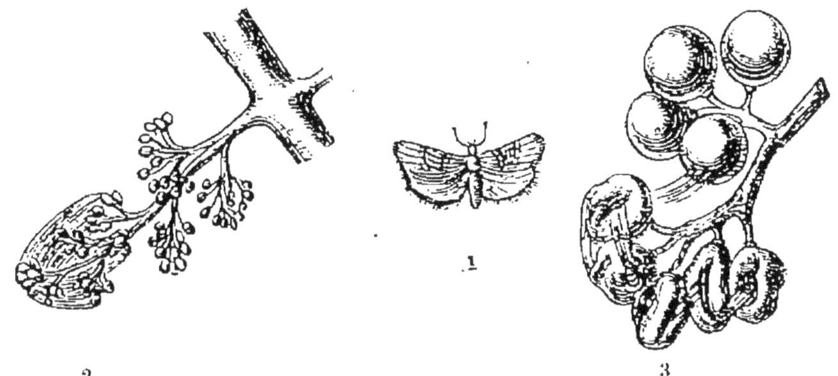

Fig. 125. — Cochylis.
1. Cochylis à l'état de papillon. — 2. Dégâts qu'elle produit à la première génération. 3. Dégâts qu'elle produit à la seconde génération.

ailes antérieures qui ne sont traversées que d'une seule bande noire. Sa larve, qui s'attaque principalement aux raisins, est un vrai fléau pour certains vignobles ; on ne connaît pas encore de moyen sûr pour la détruire, on ne peut qu'atténuer ses ravages.

1) La cochylis présente la particularité de se reproduire deux fois dans l'année, au printemps et au moment où les raisins commencent à mûrir. A la première génération, les cochylis femelles déposent leurs œufs sur les bourgeons de la vigne ; les chenilles qui en sortent attaquent les raisins au moment de la floraison et dévorent tous les organes de la fructification ; elles deviennent papillons en juillet, et ceux-ci donnent naissance à de nouvelles larves qui pénètrent dans l'intérieur des grains, se nourrissent de leur pulpe, passent de l'un à l'autre et déterminent peu à peu la pourriture. Arrivées à l'âge adulte, les larves se retirent dans les fissures des échalas ou sous l'écorce des souches, pour s'y filer un cocon dans lequel elles passent l'hiver.

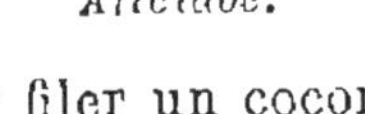

Fig. 126. Attelabe.

2) On emploie utilement, contre la cochylis, des pulvérisations avec une dissolution de *3 Kg de savon noir* dans 100 litres d'eau additionnée de *1 Kg 500 de poudre de pyrè-*

thre. Ces pulvérisations s'appliquent sur les fleurs seulement, avec un appareil dont la lance est munie d'un interrupteur permettant d'éviter la perte du liquide. On combat aussi la cochylis en ébouillantant les ceps en novembre, en les décortiquant après les grands froids, en capturant les papillons et en extrayant les grains contaminés.

Dites ce que vous savez sur l'attelabe.

356. L'**attelabe**, appelé aussi *urbec* et *cigareur* (fig. 126), est un coléoptère d'un vert brillant à reflets dorés, qui apparaît dans les premiers jours de mai; il attaque les feuilles et les bourgeons les plus rapprochés des raisins et fait une incision à leur pétiole; le bourgeon ainsi coupé ne tarde pas à se faner et l'insecte en profite pour le rouler en cigare, dans l'intérieur duquel il dépose ses œufs. Le moyen le plus pratique pour combattre l'attelabe est de cueillir à trois ou quatre reprises les feuilles où il s'est retiré.

III. — PARASITES VÉGÉTAUX

Quels sont les parasites végétaux les plus nuisibles à la vigne?

357. Les parasites végétaux les plus nuisibles à la vigne sont : l'*oïdium*, le *mildiou*, l'*anthracnose*, le *black-rot* et le *pourridié*.

Par quoi est produit l'oïdium.

358. L'**oïdium** est produit par un champignon microscopique, l'*Erysiphe Tuckeri* (1), qui se développe sur les feuilles de la vigne, l'épiderme des rameaux et sur les jeunes grappes de raisin, en les couvrant d'une poussière blanchâtre d'abord et brune ensuite. Cette maladie entraîne la chute des feuilles, le dessèchement des raisins, dont les grains se rident, s'entr'ouvent, se détachent et tombent. L'oïdium se propage surtout au début de l'été, sous l'influence d'une atmosphère chaude et humide.

(1) Du nom du jardinier anglais *Tucker*, qui le premier observa cette maladie, en 1845.

Comment combat-on l'oïdium ?

359. On combat l'oïdium par le *soufre en poudre*, que l'on répand sur toutes les parties vertes du végétal.

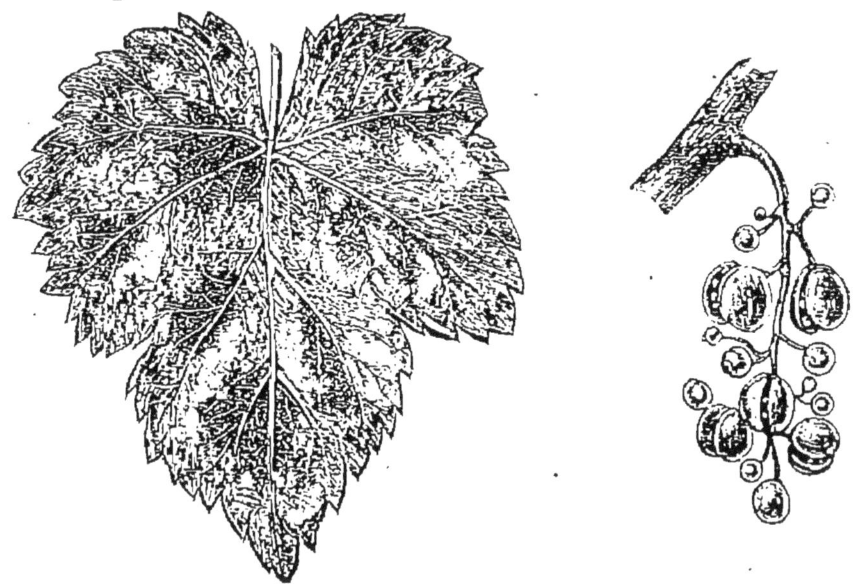

Fig. 127. — Feuille et grappe atteintes de l'oïdium.

Pour produire tout son effet, le traitement doit comprendre trois soufrages : le premier, lorsque les rameaux ont de 10 à 15 centimètres de longueur; le second, de beaucoup le plus important, au moment de la floraison, et le troisième, lorsque commence la *véraison* (1).

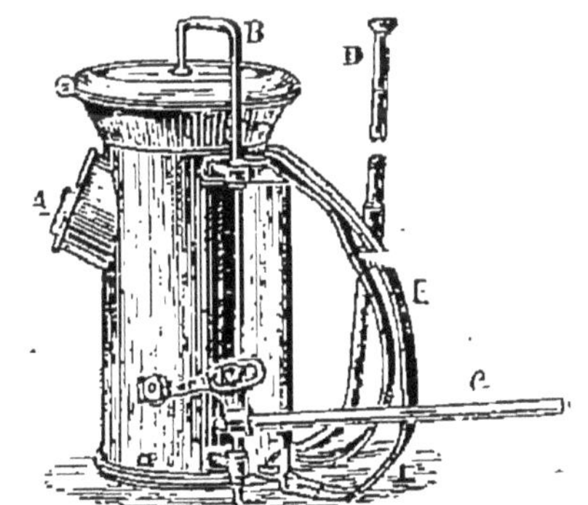

Fig. 128. — Machine à soufrer la vigne.

1) Le soufre est projeté sur la vigne avec des soufflets spéciaux. Si l'on se sert de soufre trituré, la quantité à employer est de 15 Kg par hectare au premier traitement, de 50 Kg au deuxième et de 65 Kg au troisième; si l'on emploie du soufre sublimé, appelé *fleur de soufre*, il suffit d'en répandre 15 Kg la première fois, 30 Kg la deuxième et 40 Kg la troisième.

(1) On appelle *véraison* la période pendant laquelle les raisins mûrissent.

2) Le premier de ces soufrages est inutile dans la région du Sud-Est, peu atteinte par l'oïdium ; il est surtout nécessaire dans le Midi, où cette maladie exerce le plus de ravages ; le second soufrage ne doit être négligé nulle part ; car, outre que le soufre préserve de l'oïdium, il favorise la fructification et empêche en partie la coulure.

3) Le soufre doit être répandu le matin, alors que la rosée couvre encore les feuilles et les grappes. Il opère son effet en très peu de temps ; de sorte que, s'il vient à pleuvoir quelques heures après le soufrage, il ne serait pas nécessaire de recommencer l'opération. Les Othellos ne doivent pas être soufrés, car le soufre brûle leurs feuilles.

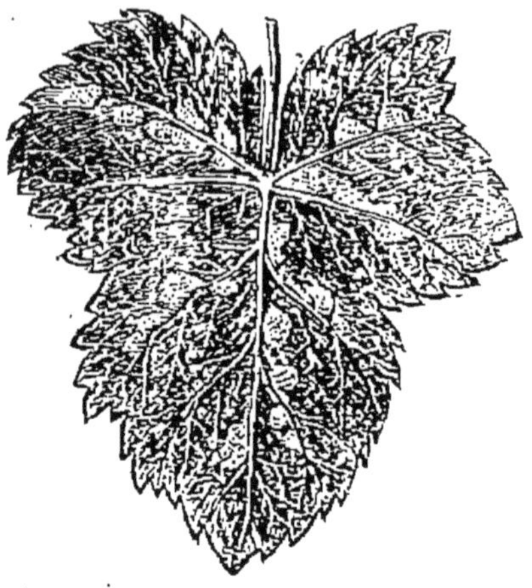

Fig. 129. — Face inférieure d'une feuille de vigne atteinte du mildiou.

Par quoi est produit le mildiou ?

360. Le **mildiou** ou *mildew*, constaté pour la première fois en France en 1878, est causé, lui aussi, par un petit champignon, le *Péronospora viticola*, qui attaque les feuilles et les fruits de la vigne. Il se reconnaît à la face inférieure des feuilles, par la présence de petites taches blanchâtres, brillantes, ayant l'aspect du sucre en poudre, qui se développent surtout près des nervures. A la face supérieure des feuilles, les parties correspondantes à ces taches ne font jamais saillie ; elles sont d'abord jaunâtres, puis elles prennent la couleur des feuilles mortes ; les taches deviennent de plus en plus nombreuses et les feuilles finissent par en être complètement envahies ; alors elles se dessèchent et tombent.

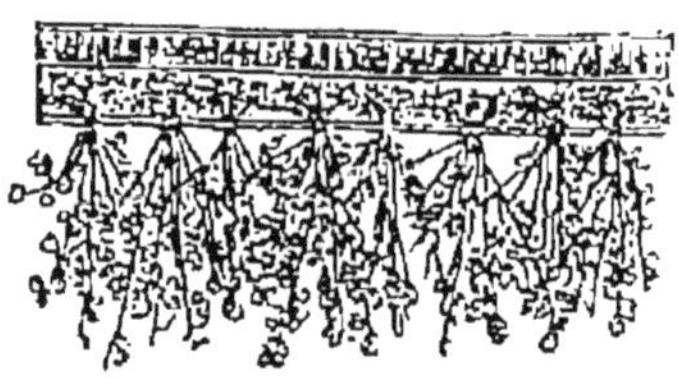

Fig. 130. — Coupe d'une feuille atteinte du mildiou.

Cette coupe, très grossie, montre que le mildiou a son siège dans l'épaisseur de la feuille ; les arborescence que l'on voit à l'extérieur sont les organes de fructification.

1) L'arrêt de la végétation, la non-maturité du bois et des raisins, qui restent acides, sans couleur et sans sucre, sont la conséquence de cette maladie. Lorsque le mildiou envahit de bonne heure une vigne, il fait perdre la récolte entière et compromet gravement celle de l'année suivante. Il est favorisé par les pluies fréquentes suivies d'une température élevée. Les plants français qui lui résistent le mieux sont : le *Cabernet*, le *Sémillon*, le *Petit Bouchet* et le *Castet*.

2) Il ne faut pas confondre le mildiou avec **l'érinose,** qui se reconnaît aussi à des taches blanchâtres à la face inférieure des feuilles, mais dont la partie correspondante à la face supérieure est garnie de boursouflures. Les feuilles atteintes par le mildiou n'ont jamais de boursouflures, et, de plus, leurs taches blanchâtres peuvent facilement s'enlever avec l'ongle, tandis que celles de l'érinose sont beaucoup plus résistantes. L'érinose est produite par un insecte de la famille des arachnides; elle est généralement peu redoutable pour nos vignobles.

Quel traitement fait-on subir aux vignes pour les préserver du mildiou?

361. On préserve les vignes du mildiou en les traitant par un **sel de cuivre,** généralement le *sulfate*, que l'on emploie en dissolution très étendue. Ce traitement doit être préventif, c'est-à-dire être appliqué avant que la maladie ait fait son apparition; quand le mildiou a pénétré dans l'intérieur des tissus du végétal, on ne peut l'en faire sortir; car, pour l'atteindre, il faudrait détruire les tissus eux-mêmes.

Fig. 131. — Ouvrier sulfatant une vigne.

1) Le traitement des vignes contre le mildiou comprend ordinairement **trois sulfatages;** le *premier* est appliqué lorsque les jeunes pousses ont de 10 à 15 centimètres; le *second*, qui vise spécialement les raisins, est fait au moment où la fleur commence à passer, et le *troisième*, lorsque les raisins ont atteint les trois quarts de leur grosseur normale. Ces trois sulfatages suffisent le plus souvent; mais si, par suite de conditions atmosphériques tout à fait exceptionnelles, le parasite tendait encore à se développer, on devrait en ajouter de supplémentaires; le dernier doit se faire, au plus tard, quinze jours avant les vendanges. Les dissolutions cupriques les plus employées pour les sulfatages sont : la *bouillie bordelaise*, la *bouillie bourguignonne* et les *verdets*.

2) La **bouillie bordelaise** se prépare en faisant dissoudre, d'une part, *2 Kg de sulfate de cuivre* dans 90 litres d'eau, et, d'autre part, en faisant éteindre *2 Kg de chaux* vive dans 10 litres d'eau, et en versant lentement le lait de chaux ainsi obtenu dans la dissolution du sulfate de cuivre. Elle doit être employée immédiatement après sa préparation; le lendemain, elle aurait perdu une bonne partie de ses propriétés. Il faut environ 300 litres de bouillie bordelaise par hectare pour le premier traitement, et de 500 à 600 pour chacun des autres (1).

3) La **bouillie bourguignonne** s'obtient en faisant dissoudre, d'une part, *2 Kg de sulfate de cuivre* dans 90 litres d'eau, et, d'autre part, *1 Kg de carbonate de soude pur* dans 10 litres d'eau, et en mélangeant les deux dissolutions. La bouillie bourguignonne a l'avantage d'être plus adhérente aux feuilles que la bouillie bordelaise. Comme la précédente, elle doit être employée immédiatement.

4) Les **verdets** sont des *acétates de cuivre*. On en distingue deux sortes : le *verdet neutre* et le *verdet gris*. Le verdet neutre, de beaucoup le meilleur, est livré sous la forme d'une poudre cristallisée facilement soluble dans l'eau. Le verdet gris se trouve dans le commerce sous la forme d'un corps pâteux, se délayant assez bien dans l'eau. On les emploie l'un et l'autre contre le mildiou à la dose de 1 Kg ou de 1 Kg 1/2 de verdet par 100 litres d'eau. Les verdets sont assez adhérents aux feuilles et sont très efficaces, mais leur prix de revient est plus élevé que celui des bouillies bordelaises et bourguignonnes (2).

Qu'est-ce que l'anthracnose?

362. L'**anthracnose**, appelée aussi maladie du *charbon*, est connue depuis très longtemps. Elle se manifeste

(1) Quand le mal a déjà fait son apparition, on le combat en employant une bouillie plus active, à 3 °/₀ par exemple. Pour préparer cette bouillie, on met 3 Kg de sulfate de cuivre par hectolitre d'eau, et on y ajoute 3 Kg de chaux.

(2) Il est tout naturel de se demander ce que deviennent les vins provenant des vignes traitées à plusieurs reprises par des sels de cuivre, que l'on regarde avec raison comme des poisons violents. Pendant longtemps, les craintes n'ont pas manqué à ce sujet; mais aujourd'hui elles ont complètement disparu. Il est reconnu, en effet, que le cuivre est rendu insoluble pendant la fermentation du vin dans la cuve, et qu'il est précipité dans la lie. La quantité de cuivre qui reste dans le vin est si faible qu'elle atteint à peine *un centième de gramme* par hectolitre; dans les vins provenant de vignes non sulfatées, on en trouve souvent davantage.

sous trois formes différentes : l'anthracnose *maculée*, l'anthracnose *ponctuée* et l'anthracnose *déformante*. Toutes trois sont produites par le même champignon, le *Sphaceloma ampelinum*.

1) L'anthracnose **maculée**, la plus redoutable et la plus commune des trois, fait son apparition sur les jeunes rameaux et sur les ramifications des grappes; elle couvre ces organes de taches noires, qui s'allongent d'abord dans le sens des fibres et se creusent ensuite, en prenant l'aspect d'une sorte de chancre à bords surélevés. Les grains se couvrent de taches grises cerclées de noir, se déforment, éclatent et se dessèchent; les sarments cessent de croître, et les vignes deviennent buissonnantes, restent rabougries et finissent par périr.

2) L'anthracnose **ponctuée** et l'anthracnose **déformante** sont peu redoutables pour les vignobles, au moins pour ceux du Centre. La première se manifeste par de nombreuses petites pustules noires et saillantes, qui couvrent les rameaux et quelquefois les feuilles de la vigne. La seconde atteint plus spécialement les nervures et les sous-nervures des feuilles, qu'elle garnit de taches brunes et dont elle arrête le développement; ces nervures ne pouvant croître assez, il en résulte que les feuilles se déforment, se gaufrent et se contournent dans tous les sens. Cette maladie attaque surtout les vignes américaines (1).

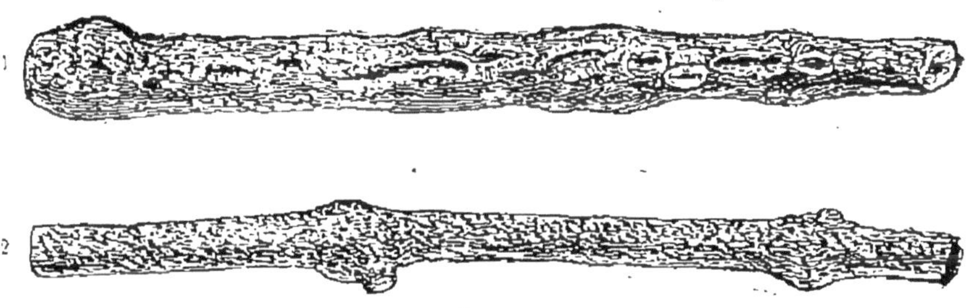

Fig. 132. — Sarments atteints de l'anthracnose.
1. Anthracnose maculée. — 2. Anthracnose ponctuée.

Comment conbat-on ces trois sortes d'anthracnose?

363. Il existe pour l'anthracnose deux espèces de traitements : un traitement *préventif* et un traitement *curatif*.

(1) L'anthracnose attaque principalement les vignes des pays chauds situées en plaine et dans les endroits humides. Les plants français qui y sont le plus exposés sont : le *Grenache*, le *Jacquez*, le *Carignan*, le *Cinsaut*, le *Terret*, le *Morastel*, l'*Alicante-Bouchet*, etc.

Le traitement **préventif**, qui a pour but de détruire les germes de la maladie, consiste à badigeonner deux fois le cep en entier, à un mois d'intervalle, après la taille et avant la reprise de la végétation, avec la dissolution suivante :

Eau....................	100 litres
Sulfate de fer............	50 Kg
Acide sulfurique.........	1 —

Le traitement **curatif** consiste en des soufrages, répétés de quinze en quinze jours, avec un mélange de *soufre* et de *chaux en poudre*. La proportion de chaux, faible d'abord, doit augmenter peu à peu et atteindre 50 %.

Quels sont les principaux caractères du black-rot?

364. Le **black-rot** ou *rot noir*, mot anglais qui signifie *pourriture noire*, est une maladie qui exerce ses ravages principalement sur les raisins, bien qu'elle atteigne toutes les parties vertes de la vigne. Le black-

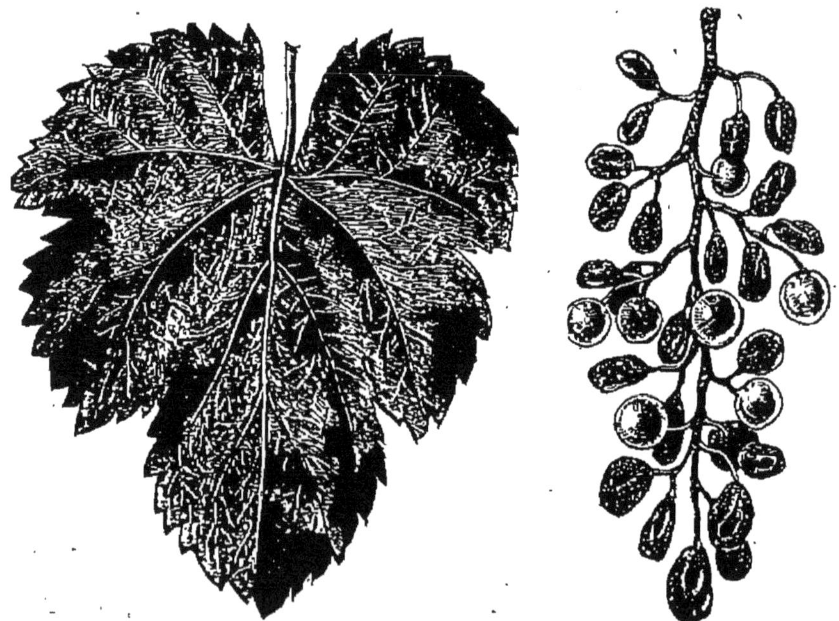

Fig. 133. — Feuille et grappe atteintes du black-rot.

rot débute toujours sur les feuilles, où il produit de petites taches roussâtres, qui se couvrent de pustules noires disposées en cercles concentriques. Des taches d'un rouge livide apparaissent bientôt à la surface des des grains des raisins ; ces taches deviennent brunes d'abord et noires ensuite ; elles envahissent en peu de temps toute la baie, qui se dessèche rapidement, prend l'aspect d'un grain de raisin sec, en se couvrant de pustules noires, semblables à celles des feuilles. Les grains, ainsi desséchés, restent très solidement attachés à la grappe, ce qui n'existe pas pour les autres rots (1).

Il existe deux autres maladies de la vigne que l'on désigne sous les noms de **rot blanc** et de **rot brun** et que l'on remarque spécialement sur les raisins. Ces maladies sont caractérisées par de petites pustules blanches ou brunes, plus ou moins rosées, qui envahissent les pédoncules des grappes ou seulement les grains. Lorsque ces deux rots attaquent les pédoncules, ils les dessèchent et le raisin se fane et tombe ; quand, au contraire, ils n'envahissent que les grains isolés, ces grains se rident, leur pulpe disparaît et leur pellicule vient se coller contre les pépins, en se couvrant de pustules blanches. On combat les rots blancs et bruns de la même manière que le rot noir ou black-rot.

Comment combat-on le black-rot ?

365. On combat le black-rot au moyen de la *bouillie bordelaise* à 3% de sulfate de cuivre ou de la *bouillie bourguignonne* dont on se sert contre le mildiou, mais il faut beaucoup plus de soins dans l'application.

1) Pour que le traitement produise tout son effet, il doit être préventif et répété quatre fois pour le moins : 1° lorsque les pousses ont atteint de 10 à 15 centimètres de longueur ; 2° immédiatement avant la floraison ; 3° aussitôt après ; 4° quand les raisins ont atteint les trois quarts de leur grosseur. Dans tous ces traitements, il importe de bien recouvrir de la dissolution cuprique tous les organes verts de la vigne et surtout les feuilles non entièrement développées et les *raisins*. Pour cela, il faut sulfater lentement et abondamment ; dans certains cas, on devra employer jusqu'à 1.200 litres de bouillie à l'hectare (2).

---

(1) Cette maladie est occasionnée par un champignon qu'on a d'abord appelé *Phoma uvicola*, mais qui porte maintenant le nom de *Læstadia Bidwellii*, du nom du botaniste américain *Bidwell*, qui le premier en a fait l'étude complète.

(2) On reproche aux bouillies bordelaises et bourguignonnes, dont on se sert pour combattre le mildiou et le black-rot, de n'être pas assez adhérentes, et par suite d'être trop facilement entraînées par les eaux pluviales.

2) Aussitôt que l'on s'aperçoit de l'invasion du black-rot dans une vigne, on doit enlever toutes les feuilles atteintes par la maladie, les brûler hors de la vigne et faire un sulfatage. Les feuilles les plus attaquables par le black-rot sont celles qui ne sont pas encore parvenues à leur complet développement, comme celles des pousses secondaires qui prennent naissance à l'aisselle des autres feuilles. On devra donc, dans une vigne envahie par cette cryptogame, éviter les écimages, qui favorisent la formation des pousses secondaires, et pratiquer de fréquents rognages et effeuillages qui, tout en supprimant les organes où le black-rot peut se fixer, permettent à l'air et au soleil de pénétrer plus facilement jusqu'aux raisins, ce qui suffit le plus souvent pour les préserver de la contagion.

Qu'est-ce que le pourridié?

366. Le **pourridié** est une maladie de la vigne, due également à un champignon microscopique, le *Dématophora nécatrix*, qui, au lieu de se développer sur les rameaux et sur les fruits, attaque les racines et entraîne promptement leur pourriture.

Le *pourridié* est toujours causé par un excès d'humidité dans le sol. Comme le phylloxéra, il se manifeste dans les vignobles par des taches circulaires formées de ceps rabougris, dont la végétation est d'autant moins active que ces ceps sont plus près du centre de la tache.

Comment combat-on le pourridié?

367. Le meilleur remède pour combattre le *pourridié* consiste à arracher immédiatement les ceps malades, afin d'éviter que le champignon ne se communique aux souches voisines. Il va sans dire qu'il faut aussi faire des drainages dans la vigne, de manière à faire disparaître l'excès d'humidité, cause première de la maladie.

On conseille aussi, pour combattre le pourridié, de déchausser les ceps qui en sont atteints et de verser au pied de chacun 2 ou 3 litres d'une dissolution de *sulfate de fer* à la dose de 3 %. Il importe de faire ce traitement dès l'apparition de la maladie.

On a cherché à les remplacer par une nouvelle *bouillie au savon noir et au sulfate de cuivre*. Cette bouillie, employée en 1897, dans des vignes des plus contaminées par le black-rot, a donné d'excellents résultats. Sa composition est la suivante : *savon noir 1.000 gr. ; sulfate de cuivre 500 gr : eau 100 litres*. Elle ne revient qu'à 0 fr. 60 l'hectolitre, ce qui constitue une grosse économie.

Quelle est celle des maladies non parasitaires qui nuit le plus à nos vignobles?

368. La maladie non parasitaire qui nuit le plus à nos vignobles est la **chlorose**, que l'on peut appeler avec raison l'*anémie de la vigne*. Elle se manifeste par les feuilles qui, d'un jaune verdâtre au début de la maladie, ne tardent pas à devenir entièrement jaunes entre les nervures et à se dessécher sur leur contour; bientôt après, leur dessèchement devient complet et elles tombent. Si la maladie n'est pas promptement enrayée, les sarments cessent de croître et ne s'aoûtent pas et le cep lui-même finit par périr.

La *chlorose* a pour cause principale la trop grande quantité de calcaire dans le sol; elle est aggravée par l'excès d'humidité, et, pour les vignes greffées, par le défaut d'*adaptation* au sol du porte-greffe et le manque d'*affinité* entre le greffon et le porte-greffe. Elle est devenue commune dans nos vignes depuis l'introduction des plants américains, dont la plupart ne peuvent vivre dans les terrains marneux, calcaires ou trop argileux. *(Dictées XXXIX et XL.)*

Comment combat-on la chlorose?

369. La chlorose est combattue très efficacement par le **sulfate de fer**. Pour faire ce traitement, on taille la vigne de bonne heure et on badigeonne immédiatement après toutes les parties aériennes du cep, avec une dissolution de sulfate de fer, à la dose de 30 à 40 Kg par 100 litres d'eau, pour les vieilles vignes, et de 20 à 30 Kg, pour celles qui sont plus jeunes. Ce badigeonnage se fait avec un pinceau ou avec un chiffon fixé à l'extrémité d'un bâton (1).

1) On applique aussi ce traitement en versant la dissolution de sulfate de fer au pied du cep. La quantité de dissolution à employer est de 1 litre pour chacun d'eux. On peut également répandre le sulfate de fer en poudre sur toute la vigne, en janvier ou février, à raison de 500 Kg par hectare. L'addition d'un engrais phosphaté donne souvent de bons résultats.

2) Lorsque la chlorose provient d'un excès d'humidité dans

(1) On conseille aussi d'appliquer ce traitement en fin octobre, avant la chute des feuilles; à cette époque, la pénétration du sulfate de fer dans le tissu du végétal est plus complète et plus rapide, car elle est favorisée par la sève encore en mouvement.

le sol, on devra pratiquer des drainages, et si elle a pour cause le manque d'adaptation des plants ou l'incompatibilité entre les porte-greffes et les greffons, il sera nécessaire d'arracher la vigne pour la reconstituer de nouveau avec des plants plus accommodants.

RÉDACTIONS

57. Le phylloxéra; son action sur la vigne, moyens de le combattre.

58. Dans une promenade que vous avez faite, vous avez rencontré une vigne attaquée par la pyrale et une autre par la cochylis; dites ce que vous avez observé concernant ces insectes et indiquez les moyens de les combattre

59. Le mildiou; ses caractères, moyens de le combattre.

PROBLÈMES

49. Combien faut-il de sulfate de cuivre pour préparer la bouillie bordelaise nécessaire aux trois sulfatages d'une vigne de 8 Ha 22 a, sachant que dans la composition de cette bouillie on met 3 °/₀ de sulfate de cuivre et que dans chaque sulfatage on répand en moyenne 400 litres de bouillie par hectare.

50. Pour combattre l'oïdium, un viticulteur se propose de faire trois soufrages à ses vignes. On demande la quantité de soufre qu'il doit se procurer, sachant que l'étendue de ses vignes est de 12 Ha 4 a et qu'il désire répandre 15 Kg de soufre à l'hectare à la première opération et 50 à chacune des deux autres.

CHAPITRE VI

VINIFICATION

Qu'est-ce que la vinification?

370. La **vinification** est l'art de faire le vin. Elle comprend aussi les soins à lui donner pour le conserver. et les traitements à lui faire subir pour le guérir des maladies dont il peut être atteint.

Quelles sont les principales opérations dont se compose la fabrication du vin?

371. La fabrication du vin se compose de cinq opérations principales, savoir : la *vendange*, le *foulage*, le *cuvage*, le *décuvage* et le *pressurage*.

A quel moment doit-on faire la vendange?

372. Pour faire la **vendange**, on doit attendre que les raisins soient mûrs à point, c'est-à-dire qu'ils aient atteint leur maximum de principes sucrés, ce que l'on reconnaît aux caractères suivants : 1° les raisins ont acquis toute leur couleur; 2° les grains sont mous, translucides et se détachent facilement de la râfle, en laissant un pinceau gluant et coloré adhérent au pédicelle ; 3° le jus est doux et colle aux doigts.

1) Pour déterminer plus sûrement le moment de la vendange, on se sert quelquefois d'un petit instrument appelé *pèse-moût* ou *glucomètre*, analogue au pèse-vin. Cet instrument, plongé dans une dissolution sucrée, s'y enfonce d'autant moins que cette dissolution est plus dense, qu'elle renferme plus de sucre. On doit faire la vendange lorsque, dans deux expériences faites à deux jours d'intervalle, le glucomètre n'accuse pas d'augmentation de sucre dans le moût des raisins.

2) Dans le Midi, on cueille les raisins alors qu'ils ont encore une verdure prononcée, afin qu'ils gardent un peu de leur acidité, indispensable pour la conservation des vins; mais dans le Bordelais, le Beaujolais et la Bourgogne, on doit attendre que la maturité soit complète. Pour obtenir certains vins de liqueur, on attend que la maturité soit excessive, que les raisins soient blets. A cet effet, on les laisse sur le cep aussi longtemps que possible, ou bien on les place sur des claies garnies de paille, où ils achèvent de mûrir.

3) La vendange doit se faire de préférence par un temps sec et chaud et lorsque la rosée a disparu, sauf pour le vin blanc. On coupe les raisins avec une serpette ou un sécateur; mais il est mieux de ce servir de ce dernier instrument, parce qu'il ébranle moins les jeunes ceps.

En quoi consiste le foulage des raisins?

373. Le **foulage** consiste à écraser les raisins pour en extraire le jus qu'ils contiennent et le mettre en contact avec les ferments qui se trouvent sur la pellicule des grains. Il se fait quelquefois à pieds d'homme, mais le plus souvent avec un *fouloir mécanique*, placé à l'entrée de la cuve.

1) Le **foulage,** dont l'utilité a été souvent contestée, est surtout nécessaire quand la vendange renferme des raisins encore verts et à peau dure. On doit soigneusement éviter, dans cette opération, d'écraser les pépins des raisins, car ils renferment une huile essentielle, très nuisible à la qualité du vin.

Fig. 134. — Fouloir mécanique.

2) Le foulage est parfois accompagné de l'**égrappage**, qui consiste à séparer les râfles du moût. L'égrappage augmente la couleur, la finesse, la richesse alcoolique et le bouquet des vins, tout en diminuant la quantité de ses substances astringentes. Il ne se fait que dans les pays à vins fins; on n'égrappe pas dans le Midi, parce que l'égrappage affaiblit l'acidité du vin, laquelle est nécessaire à sa conservation.

Qu'est-ce que le cuvage?

374. Le **cuvage** ou *cuvaison* est l'opération par

laquelle le moût se transforme en *vin* sous l'influence des ferments, qui convertissent ses principes sucrés en alcool et en acide carbonique. Il se fait quelquefois dans des cuves en maçonnerie ou en ciment, mais le plus souvent dans des cuves en bois de chêne ou de châtaignier.

Le **cuvage** est la partie la plus importante de la fabrication du vin. Voici quelques règles à suivre pour le bien faire :

1° Il faut remplir la cuve le plus promptement possible, afin de ne pas entraver la fermentation, laisser de 20 à 25 centimètres de vide à la partie supérieure de la cuve et bien niveler la surface de la vendange qui y est introduite.

2° La température du cellier doit être de 20 à 25° et celle du moût de 25° au moins et de 30° au plus. Quand la vendange est froide, il est nécessaire de faire chauffer à 40 ou 45° une partie du moût, que l'on verse ensuite dans la cuve.

3° Le *chapeau* ou l'ensemble des grains et des râfles qui, pendant la fermentation, s'accumulent dans la partie supérieure de la cuve, ne doit pas rester en contact avec l'air, de crainte qu'il ne s'aigrisse et communique un mauvais goût au vin; à cet effet, on le tient submergé ou moyen d'une claie ou d'une planche trouée, que l'on fixe à la cuve.

4° On conseille de soutirer quotidiennement, pendant les trois ou quatre premiers jours de la fermentation, une certaine quantité du moût et de le rejeter ensuite sur la cuvée; on obtient ainsi une fermentation plus rapide et plus complète et un vin plus coloré, plus corsé et plus alcoolique.

5° Lorsque la vendange n'a pu atteindre un degré suffisant de maturité, on ajoute parfois du sucre au moût, afin d'augmenter la richesse alcoolique du vin; la quantité de sucre à ajouter est de 1 Kg 700 par hectolitre de moût et par degré d'alcool à obtenir en plus. Pour faire cette opération, on fait dissoudre le sucre dans une quantité de moût suffisante, pour cela, on porte cette dissolution à la température de 25 à 30 degrés, on la verse dans la cuve et, par un brassage énergique, on la mélange intimement avec le reste du moût.

En quoi consiste le décuvage et à quel moment doit-il se faire?

375. Le **décuvage** ou *décuvaison* consiste à soutirer le vin par un robinet placé au bas de la cuve et à le transporter dans des récipients propres à le recevoir. Il doit se faire aussitôt que le cuvage est terminé.

La durée du cuvage varie avec la température, la région et la nature du vin à obtenir. Pour les vins de consommation directe et de choix, on doit décuver dès que la fermentation tumultueuse a cessé ; pour avoir des vins plus colorés, il est nécessaire de faire cuver plus longtemps. En Bourgogne, la fermentation dure généralement de 4 à 8 jours; dans le Midi, de 6 à 10 jours, et dans le Bordelais, de 10 à 15 jours.

Fig. 135. — Pressoir.

Que savez-vous sur le pressurage?

375. Le **pressurage** est l'opération qui suit immédiatement le décuvage. Il consiste à porter sur le pressoir le marc qui reste dans la cuve après qu'on en a soutiré le vin, et à le presser fortement.

Le premier vin qui découle du pressoir, appelé *vin première serre*, est généralement plus riche en alcool et en couleur que le vin donné par le décuvage et que l'on nomme *vin de goutte*. Celui que l'on obtient ultérieurement est de qualité inférieure, mais il contient plus de tannin; d'où résulte la nécessité de mettre un peu de l'un et de l'autre dans tous les récipients pour avoir un vin homogène *(Dictée XLI)*.

Comment se préparent les vins blancs?

376. Pour préparer les **vins blancs**, on porte la ven-

dange directement sur le pressoir, on la presse de suite et on met le moût obtenu dans des fûts, dont la bonde reste ouverte pour laisser dégager l'acide carbonique et l'écume résultant de la fermentation. On peut préparer le vin blanc indistinctement avec des raisins blancs ou avec des raisins noirs bien mûrs, à l'exclusion de ceux qui proviennent des plants dits *teinturiers*.

1) Le **vin blanc sec** est celui que l'on obtient en laissant le moût dans les tonneaux sans lui faire subir d'autre traitement que celui de la fermentation naturelle. On fait un premier soutirage après quelques semaines, afin de séparer le vin des lies.

2) Le **vin blanc doux** est préparé avec du moût que l'on n'a pas laissé fermenter complètement. Pour cela, on commence par saturer un fût avec de l'acide sulfureux, en y faisant brûler des mèches soufrées jusqu'à ce qu'elles s'éteignent (1). On remplit ensuite ce fût à moitié avec du moût, on le ferme et on l'agite pendant une heure, de manière à dissoudre l'acide sulfureux. On fait ensuite brûler de nouveau des mèches dans la partie vide du fût, on achève de le remplir avec du moût, on le bonde, on l'agite énergiquement et on le laisse reposer. Au printemps suivant, on fait deux ou trois soutirages successifs, après quoi on peut mettre le vin en bouteilles.

3) Les **vins blancs mousseux** s'obtiennent en ajoutant un peu de sucre au vin au moment de sa mise en bouteilles. Sous l'action du ferment qui reste encore dans le vin, le sucre produit de l'alcool et de l'acide carbonique, et comme ce gaz ne peut se dégager, il reste dissout dans le vin et le rend mousseux.

Comment utilise-t-on les marcs provenant de la vinification?

377. On utilise les marcs pour faire du *second vin* ou *vin de sucre*, de l'*eau-de-vie* et de la *piquette*, et lorsqu'on en a retiré les produits, les marcs sont encore employés comme *engrais* pour la vigne.

Comment se prépare le second vin ou vin de sucre?

378. Pour préparer le **second vin** ou *vin de sucre*, on introduit dans la cuve, aussitôt après le décuvage, une quantité d'eau sucrée un peu inférieure à celle du

---

(1) Dans cette opération, comme chaque fois que l'on fait brûler une mèche soufrée dans un tonneau, on doit veiller avec le plus grand soin qu'il ne reste aucun fragment de la mèche dans le fût.

vin soutiré, et que l'on complète par de l'eau chaude, de manière que le mélange ait une température de 25 à 30 degré; cette température est nécessaire pour que la fermentation commence de suite.

1) La quantité de sucre à employer est, comme on l'a déjà vu, de 1 Kg 700 par hectolitre d'eau et par degré d'alcool à obtenir; ainsi, pour avoir un vin dosant 8 degrés d'alcool, on doit mettre 1,700 × 8 = 13 Kg 600 de sucre par hectolitre d'eau introduite dans la cuve. Il est bon d'ajouter au mélange précédent 100 gr. d'*acide tartrique* et de 15 à 20 gr. de *tannin* par hectolitre, afin d'augmenter l'acidité du vin et d'assurer ainsi sa conservation.

2) Le sucre cristallisable n'est transformé en alcool et en acide carbonique, par l'action des ferments, qu'après avoir subi une opération qu'on appelle l'*interversion du sucre*. Pour favoriser cette opération, on fait dissoudre le sucre avant son introduction dans la cuve, dans la quantité d'eau suffisante à cet effet, on y ajoute l'acide tartrique nécessaire à la fabrication du vin à obtenir et on fait bouillir le mélange pendant une heure.

3) Par le moyen précédemment indiqué, on peut faire des vins de *troisième* et de *quatrième* cuvée, en mettant dans la cuve du sucre, de l'eau et de l'acide tartrique dans les mêmes proportions que ci-dessus. Pour toutes ces opérations, on prend les mêmes soins que pour le vin de la première cuvée; la fermentation s'y fait d'après les mêmes principes.

Comment se préparent l'eau-de-vie de marc et la piquette?

379. L'**eau-de-vie de marc** s'obtient en distillant le marc auquel on a ajouté assez d'eau pour qu'il baigne complètement. La **piquette** est généralement préparée en faisant macérer dans de l'eau le marc après qu'on l'a retiré du pressoir.

L'addition d'une petite quantité de sucre à l'eau détermine une légère fermentation qui rend la piquette meilleure, plus hygiénique et de plus longue conservation *(Dictée XLII)*.

Quels sont les principaux soins à donner au vin au sortir de la cuve?

380. Les principaux **soins à donner au vin**, au sortir de la cuve, sont : l'*enfûtage*, l'*ouillage*, le *soutirage*, le *collage* et la *mise en bouteilles*.

1) L'**enfûtage** se fait immédiatement au sortir de la cuve ou du pressoir. Il consiste à mettre le vin dans des foudres ou des tonneaux, où il achève de fermenter et de se faire. Les fûts ne doivent pas être bondés immédiatement; on conseille de couvrir leur ouverture seulement avec une feuille de vigne chargée d'une pierre ou de sable; ce n'est que trois ou quatre semaines après qu'ils doivent être hermétiquement fermés avec une bonde bien ajustée.

2) L'**ouillage** consiste à maintenir les fûts constamment pleins. On doit le répéter souvent durant les premières semaines qui suivent le décuvage, et le faire, autant que possible, avec du même vin que celui du fût.

3) Le **soutirage** est une opération très importante pour la conservation du vin, car il a pour but de le sortir du contact des lies très putrescibles et renfermant des germes de maladies. Le premier soutirage doit se faire en février ou en mars et le second en automne; ces deux soutirages doivent être répétés chaque année jusqu'à ce que le vin ait quatre ou cinq ans; un seul soutirage pourra suffire ensuite. Dans les années où les vendanges ont donné beaucoup de raisins pourris, le premier soutirage devra avoir lieu en décembre ou en janvier au plus tard.

4) Le **collage** clarifie le vin et hâte sa maturité. On peut le faire avec le sang des animaux de boucherie et avec de la colle de poisson, mais on préfère généralement se servir de blancs d'œufs. Voici comment on opère : on prend deux blancs d'œufs par hectolitre de vin à coller, on y ajoute environ 10 gr. de sel de cuisine par œuf, on bat vivement le mélange, de manière à le faire mousser, on le verse dans le fût qui contient le vin, et on fouette énergiquement le mélange à l'aide d'un bâton introduit par la bonde du fût. Quelques jours après, le vin peut être mis en bouteilles.

5) La **mise en bouteilles** ne doit se faire que lorsque les vins sont bien dépouillés, et par un temps clair et sec. On recommande de choisir les bouteilles un peu brunes, de les laver avec une dissolution à 10 pour cent de carbonate de soude, de se servir de bouchons souples, peu poreux, trempés préalablement dans le vin et de les goudronner pour soustraire le vin à l'action de l'air.

Quelles sont les maladies auxquelles les vins sont le plus sujets?

381. Les vins sont sujets à plusieurs **maladies** qui, pour la plupart, proviennent d'un manque de soin dans leur conservation; les principales sont : l'*acescence* ou *acidité*, l'*amertume*, la *tourne*, la *graisse* et le *goût de fût*.

1) L'**acescence** est due au développement d'un ferment qui transforme l'alcool de vin en acide acétique; d'où les noms de *vins aigres* et de *vins piqués* que l'on donne aux vins atteints de cette maladie. Ce ferment se développe surtout dans les tonneaux en vidange, dans ceux qui ne sont pas ouillés à temps, dans les vins faibles, et toutes les fois qu'il trouve une température convenable. Il est très difficile de guérir un vin piqué; de tous les moyens conseillés, le meilleur est l'emploi du *tartrate neutre de potasse*, que l'on ajoute au vin à la dose moyenne de *100 gr.* par hectolitre; on laisse ensuite le vin huit jours en repos, puis on le colle et on le soutire dans un tonneau fraîchement mêché. Il est bon de le consommer le plus tôt possible.

2) L'**amertume** est due à la pauvreté du vin en alcool et en acide tartrique ou à une mauvaise vinification; les vins de Bourgogne y sont très sujets. Dès les premiers symptômes de cette maladie, afin de remédier au principe du mal, on verse dans le fût *deux litres de bon alcool* par hectolitre de vin et on y ajoute *50 gr. d'acide tartrique* et *10 gr. de tannin*. On conseille aussi de transvaser le vin dans un fût contenant de la lie d'un vin franc de même nature, et d'y ajouter *2 ou 3 Kg de sucre* par hectolitre : il s'y établit une fermentation nouvelle, qui souvent donne de très bons résultats.

3) La **tourne** est caractérisée par la décoloration du vin, lequel devient violet, acide et amer. On la combat par un collage auquel on ajoute de *10 à 20 gr. d'acide tartrique* par hectolitre de vin, suivi immédiatement d'un transvasement dans un fût mêché et bien propre. On conseille aussi de *pasteuriser* le vin atteint de cette maladie, afin de détruire le ferment qui le décolore. La *pasteurisation* est une opération qui consiste à porter les vins pendant cinq ou six minutes à la température de 55 ou 60°, température suffisante pour détruire les germes nuisibles qu'ils peuvent contenir.

4) La **graisse** est caractérisée par la présence de matières huileuses, produites par un ferment spécial qui rendent le vin filant. Ce ferment se développe surtout dans les vins blancs pauvres en tannin. Pour guérir un vin atteint de cette maladie, on lui ajoute de *15 à 20 gr. de tannin* par hectolitre, on l'agite fortement au contact de l'air, on le laisse reposer pendant deux jours, on le colle et on le met en bouteilles lorsqu'il est parfaitement clair.

5) Le **goût de fût** ou de *moisi* est produit par un petit champignon qui se développe dans les fûts vides et malpropres. Pour faire passer ce goût, on conseille de verser dans le vin un demi-litre par hectolitre de bonne huile d'olive, de fouetter vivement et de soutirer après deux jours de repos, pour séparer le vin de l'huile remontée à la surface.

Quels sont les soins à donner aux fûts destinés à recevoir le vin?

383. Du bon **entretien des vases vinaires** dépend en grande partie la conservation des vins; les vignerons doivent donc veiller avec attention à ce que leurs fûts soient en bon état et savoir remédier aux avaries dont

ils peuvent être l'objet. Les principaux des soins à leur donner concernent les *fûts neufs*, les *fûts ayant servi*, les *fûts à mauvais goût* et le *détartrage des fûts.*

1) Les **fûts neufs** ont besoin d'être affranchis avant d'entrer en service. Pour cela, on verse dans chacun d'eux de 15 à 20 litres d'eau bouillante, on ferme et on agite pendant quelques minutes; deux jours après, on vide cette eau et on rince avec de l'eau fraîche.

2) Les **fûts ayant servi** doivent être soigneusement égouttés aussitôt qu'ils sont vides. Une fois secs, ils sont méchés à raison de 2 centimètres de mèche par hectolitre, et fermés hermétiquement. Lorsqu'on veut s'en servir de nouveau, on les lave à grande eau et, pour que le lavage soit plus complet, on y introduit une chaine de fer, on agite vigoureusement et on rince.

3) Les **fûts à mauvais goût** peuvent être traités de plusieurs manières. Pour ceux qui ont le goût de moisi, on conseille de les laver avec de l'eau tenant en dissolution 100 grammes de *bisulfite de soude* par hectolitre de capacité et de les rincer ensuite avec de l'eau salée à 5 %. Pour les fûts qui ont le goût d'aigre, on prépare un *lait de chaux* contenant un kilog. de chaux par 10 litres d'eau et on introduit dans chaque fût 10 litres par hectolitre de capacité; on agite fortement, on rince plusieurs fois et on soufre ensuite. L'utilisation des fûts à mauvais goût est toujours dangereuse.

4) Le **détartrage** consiste à enlever le dépôt cristallin qui se forme sur les parois des fûts. Il doit se faire chaque année, car le tartre favorise la tourne des vins. Pour les fûts ordinaires, la chaine de fer suffit à cet effet; pour les grands foudres, on enlève le tartre en raclant leurs parois avec un instrument tranchant.

RÉDACTIONS

61. Dans une lettre à un de vos amis qui habite la ville, faites-lui la description des différentes opérations que demande la fabrication du vin et auxquelles vous avez pris part pendant vos dernières vacances scolaires.

62. Maladies des vins; moyens de les combattre, précautions à prendre pour les éviter.

PROBLÈMES

51. Un vigneron se propose d'ajouter du sucre à sa vendange de manière à augmenter de 2° l'alcool de son vin. Combien doit-il en mettre, sachant que le poids de sa vendange est de 7850 Kg, que pour une augmentation de 1° d'alcool au vin, il faut ajouter 1 Kg 700 de sucre par hectolitre de moût et que 1000 Kg de raisins donnent 700 Kg de vin?

52. Avec le marc provenant d'un cuvage qui a donné 45 Hl de vin de goutte, une personne désire faire la même quantité d'un second vin ayant 9° d'alcool. Combien doit-elle acheter de sucre pour cela, sachant qu'il en faut 1 Kg 700 par degré et par hectolitre de vin à obtenir?

CHAPITRE VII

HORTICULTURE

I. — GÉNÉRALITÉS SUR LA CULTURE POTAGÈRE.

Qu'est-ce que l'horticulture?

384. L'**horticulture** est l'art de créer des *jardins*, de les travailler et de leur faire produire le plus possible. Elle comprend deux parties principales : la *culture potagère* et l'*arboriculture fruitière*.

En quoi consiste la culture potagère?

385. La **culture potagère** consiste dans la culture des *légumes*, c'est-à-dire des plantes potagères qui servent à la nourriture de l'homme. Elle se fait dans les *jardins potagers*.

Les légumes sont également produits par la *culture maraîchère*. On désigne ainsi une culture intensive de plantes potagères qui se pratique dans le voisinage des grands centres de population; ceux qui s'y livrent portent le nom de *maraîchers*.

Quelles conditions doit remplir un terrain pour être favorable à l'établissement d'un jardin potager?

386. Pour être favorable à l'établissement d'un **jardin potager**, un terrain doit être sain, riche en humus, légèrement sablonneux ou de terre franche, facilement arrosé et jouir d'une bonne exposition.

Il est bon également, pour les terrains destinés à la culture potagère, qu'ils soient entourés d'une clôture, pour empêcher les animaux d'y pénétrer et pour atténuer l'action des vents violents, lesquels pourraient briser les légumes atteignant un certain développement.

Comment peut-on modifier la composition d'un terrain qui ne serait pas assez favorable à la culture potagère?

387. Un terrain qui ne serait pas assez favorable à

la culture potagère peut être modifié par des *amendements.*

1) Ainsi un sol trop sableux sera grandement amélioré par l'introduction de terre argileuse, et un terrain trop fort, trop compact, gagnera beaucoup à recevoir du sable, du terreau et tout autre substance qui a pour effet d'ameublir la terre.

2) Il est très important d'amender les terrains que l'on destine au jardinage; car s'ils ne possèdent pas les propriétés physiques voulues, ils ne donneront, par la culture, que de faibles rendements et de chétifs produits.

Le terrain destiné à la culture des légumes étant choisi et amendé, que reste-t-il à faire pour constituer le jardin potager ?

388. Le terrain destiné à la culture des légumes étant choisi et amendé, il reste à le défoncer à la bêche, à enlever les pierres, à le niveler et à le diviser en *carrés*, en *planches*, en *plate-bandes* et en *allées* grandes et petites.

Un *carré* est un espace de terrain plus ou moins grand dans lequel on pratique la culture des légumes. Le carré se divise en *planches*, c'est-à-dire en étroits rectangles séparés par de petites allées, lesquelles facilitent l'action des sarclages et des arrosages. Les *plates-bandes* servent de bordure aux grandes allées.

En quoi consistent les soins généraux à donner à un jardin potager ?

389. Les soins généraux à donner à un jardin potager consistent en *fumures*, en *arrosages*, en *sarclages*, en *buttages* et en *binages*.

1) Le **fumier** qui convient le mieux aux jardins potagers est le fumier de ferme bien fermenté, aux trois quarts pourri ; un des meilleurs est le fumier de *cheval* ou de *mouton*. Il est nécessaire d'employer le fumier de ferme bien fermenté, parce que celui qui ne l'est pas suffisamment renferme une foule de mauvaises graines, qui, répandues dans le sol, ne tardent pas à germer et à infester le jardin.

2) Les **arrosages** sont de toute nécessité pour la production du jardinage. Ils se pratiquent soit à la main, à l'aide d'arrosoirs, soit au moyen de tuyaux prenant naissance dans les bassins situés à un niveau supérieur à celui du jardin ou encore par des irrigations.

3) Les **sarclages** ont pour but de débarrasser les jardins des mauvaises herbes ; les **buttages**, de favoriser l'enracinement des plantes ou de les défendre contre le froid, et les **binages**, de rendre la surface du sol plus perméable, afin que les eaux pluviales et celles des arrosages puissent pénétrer jusqu'aux racines des plantes.

Comment se fait généralement la multiplication des légumes?

390. La multiplication des légumes se fait généralement par *semis*. On distingue quatre sortes principales de semis, savoir : le semis à la *volée*, le semis en *rayons* ou en *lignes*, les semis en *pépinières* et le semis sur *couche*.

1) Le **semis à la volée** se fait en répandant les grains à la main et en les jetant devant soi le plus uniformément possible. Pour les recouvrir, on se sert ordinairement d'un râteau.

2) Le **semis en rayons** se pratique en traçant au cordeau des raies de 3 à 5 centimètres de profondeur, en y répandant les graines et en les recouvrant avec la terre déplacée.

3) Le **semis en pépinière** consiste à répandre les graines sur un petit espace de terrain bien ameubli et bien terreauté. On transplante ensuite les plants obtenus à la place qu'ils doivent définitivement occuper.

4) Le **semis sur couche** est employé pour les plantes fort délicates, que l'on ne pourrait laisser en pleine terre durant les premiers jours de leur existence.

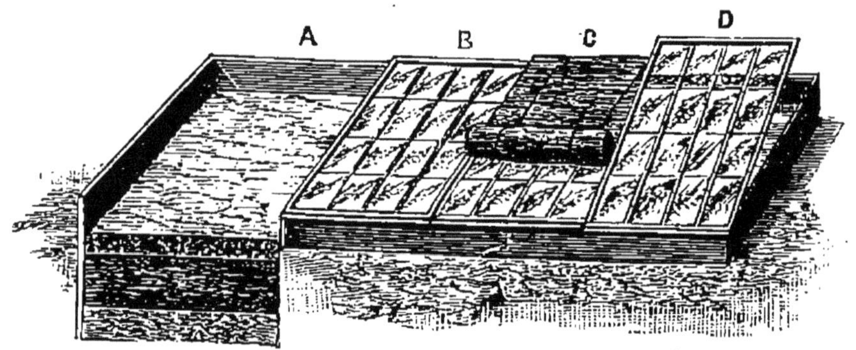

Fig. 136. — Couche sous châssis.

A. Couche où l'on voit comment sont superposés le fumier et le terreau. — B. Châssis baissé. — C. Châssis sur lequel est enroulé un paillasson, servant à garantir les jeunes plants des rayons trop chauds du soleil — D. Châssis relevé.

Qu'est-ce qu'une couche?

391. Une **couche** est un lit plus ou moins épais de fumier recouvert de quelques centimètres de bonne

terre, dans laquelle on sème les graines de certains légumes, pour assurer et activer leur végétation. Les couches se font habituellement sous des châssis vitrés.

On distingue trois sortes de couches : la couche *chaude*, la couche *tiède* et la couche *sourde*.

1) La **couche chaude** se fait avec du fumier de *cheval*, d'*âne* ou de *mulet*, au moment où il sort de l'écurie; plus elle est épaisse, plus elle produit de chaleur et plus elle la conserve longtemps.

2) La **couche tiède** diffère de la précédente en ce qu'elle se fait avec mi-partie de fumier neuf et mi-partie de fumier de vieille couche chaude.

3) Les **couches sourdes** ont la même composition que les précédentes; mais elles sont placées dans les fossés creusés en pleine terre.

Qu'entend-on par repiquage?

392. On entend par **repiquage** l'opération qui consiste à enlever d'une couche ou d'une pépinière les jeunes plants qui y ont germé pour les replanter sur une autre couche, ou les mettre en place dans les planches du jardin qui ont été préparées pour les recevoir.

Le *repiquage sur couche* n'est guère pratiqué que dans les pays où l'hiver est très long : il permet d'avoir des plantes déjà fortes lorsque vient la belle saison. Dans les pays chauds, on se contente d'éclaircir les jeunes plants venus sur couche, ce qui leur permet de croître suffisamment pour supporter la transplantation.

N'y a-t-il pas des précautions à prendre relativement aux plantes qui doivent fournir les graines pour les semis?

393. Il faut éviter de faire grainer ensemble les plantes de la même famille, telles que les différentes espèces de choux avec les radis, les raves, etc.; les betteraves avec les bettes, les courges avec les melons, afin d'empêcher leur hybridation mutuelle.

Les plantes qui s'hybrident le plus facilement sont : les courges, les melons, les concombres, les bettes, les betteraves, les choux, les carottes et les pois. Pour obvier à leur hybridation, on fait grainer une variété une année et une autre variété l'année suivante.

II. — PRINCIPAUX LÉGUMES CULTIVÉS DANS NOS JARDINS POTAGERS

En combien de catégories peut-on diviser les légumes cultivés dans nos jardins potagers?

394. On peut diviser les légumes cultivés dans nos jardins potagers en six catégories, suivant qu'ils sont :

1° à *racines* comestibles;
2° à *bulbes* comestibles;
3° à *feuilles* comestibles;
4° à *fleurs* comestibles;
5° à *fruits* comestibles;
6° à *graines* comestibles.

Quels sont les principaux légumes à racines comestibles?

395. Les principaux légumes à **racines comestibles** sont : la *betterave*, la *carotte*, le *chou-rave*, la *panais*, le *radis*, le *salsifis* et la *scorsonère*. Avec eux, on peut aussi classer la *pomme de terre*, la *patate* et le *topinambour*, quoique la partie de ces végétaux qui sert à l'alimentation de l'homme ne soit pas une racine proprement dite.

1) Les **betteraves** principalement cultivées dans nos jardins potagers sont : la *crapaudine*, dont la chair est sucrée et très rouge, la *rouge longue* et la *rouge pyriforme de Strasbourg*. Leur culture ne diffère pas de celle des betteraves fourragères (n° 101).

Fig. 137. — Carottes rouge foncé demi-longues.

2) Les **carottes** potagères les plus appréciées sont : la *Nantaise*, la *carotte rouge foncée demi-longue*, la *carotte courte de Hollande* et la *carotte de Guérande*. Toutes les variétés de carottes se sèment en place, à la volée ou en rayons, de février en juin ou même en juillet pour les espèces hâtives; elles demandent de nombreux arrosages ainsi qu'un sol riche et bien fumé l'année précédente. La graine des carottes peut se conserver quatre ans.

3) Les **choux-raves** les plus cultivés sont : le *blanc*, le *violet* et le *blanc hâtif de Vienne*. Ils demandent à être semés en pépinière et transplantés ensuite, à 0m35 de distance les uns des autres. Les semis se font ordinairement en mai et en juin, et la récolte commence deux mois après la transplantation. La graine peut se conserver trois ou quatre ans.

4) Le **chou-navet** est une variété de chou-rave; on le sème en place, de mai à juillet, et on l'éclaircit, s'il est nécessaire, de manière que les pieds soient distancés de 0m40. Les sous-variétés les plus importantes sont : le *rutabaga jaune* ou *navet de Suède* et le *rutabaga à collet rouge;* toutes deux forment d'excellents légumes d'hiver.

5) Les **panais** comprennent deux variétés principales : le *panais long* et le *rond hâtif*. Ils demandent la même culture que les carottes; on les consomme de septembre à avril, et, comme ils ne craignent pas la gelée, on peut les laisser dehors tout l'hiver, en les arrachant au fur et à mesure du besoin. La graine du panais n'est bonne que pendant un an.

6) Les **radis** présentent une infinité de variétés, parmi lesquelles on peut citer, comme principales : le *rond hâtif*, le *rose*, le *rond écarlate hâtif*, le *demi-long écarlate*, le *noir d'été*, le *rose d'hiver*, le *noir d'hiver*, etc. Ils se sèment et se récoltent pendant tous les mois de l'année : en automne et en hiver, on les sème sur couche et en été on les sème à l'ombre. Toutes les variétés de radis demandent un sol léger, frais, bien terreauté, et exigent de fréquents arrosages. On sème les radis à la volée et on les éclaircit s'il est nécessaire. Leurs graines se conservent pendant trois ans.

Fig. 138. — Radis demi-longs écarlates à bout blanc.

7) Le **salsifis** et la **scorsonère** se sèment de mars en juillet, en rayons ou à la volée et demandent à être éclaircis après la germination. Ils exigent un sol frais, sablonneux et bien défoncé, ainsi que de fréquents arrosages. La récolte commence en octobre de la première année pour le salsifis, et seulement à l'automne de l'année suivante pour la scorsonère. Les graines de cette dernière se conservent trois ans et celles du salsifis deux ans.

8) La **pomme de terre**, la **patate** et le **topinambour** cultivés dans nos jardins potagers exigent les mêmes soins que celles de ces plantes cultivées dans nos champs. Leur culture a été décrite aux pages 61 et suivantes.

Nommez les principaux légumes à bulbe comestible?

396. Les principaux végétaux à **bulbe comestible** sont : l'*oignon*, le *poireau*, l'*ail* et l'*échalotte*. Les deux premiers se reproduisent par graines et les deux autres par caïeux. Tous demandent une terre légère, substantielle, très meuble et fumée longtemps à l'avance : le fumier frais favoriserait le ramollissement des bulbes et amènerait leur pourriture.

Fig. 139. — Oignons paille des Vertus.

1) Les **oignons** comprennent de nombreuses variétés ; les deux plus cultivées sont : l'*oignon blanc hâtif de Paris* et l'*oignon paille des Vertus*. L'oignon blanc hâtif de Paris se sème en pépinière, dans la première quinzaine d'août, se transplante à la fin octobre, à 0m20 d'intervalle, et se récolte au commencement de l'été ; il est bon de le couvrir pendant les grands froids de l'hiver. L'*oignon paille des Vertus* se sème également en pépinière, en février ou en mars, et, lorsqu'il a atteint la grosseur d'une noisette, on l'arrache pour le porter au grenier et le replanter au printemps de l'année suivante ; sa récolte a lieu vers la fin de l'été. Dès que les tiges des oignons ont atteint leur plein développement, on les couche en terre, afin de faire grossir davantage les bulbes (1).

2) Les **poireaux** les plus productifs sont : le *gros long de Nîmes*, le *long d'hiver de Paris* et le *monstrueux de Carentan*. Les uns et les autres se sèment à la volée, en pépinière, de février à mai, et sont repiqués en lignes espacées de 15 à 20 centimètres, lorsqu'ils ont atteint la grosseur d'un crayon ; on les plante à la distance de 5 à 10 centimètres dans ces lignes, suivant la grosseur que l'on veut obtenir. Les poireaux peuvent aussi être semés en automne et passer l'hiver dehors ; ils donnent alors de beaux produits au printemps. Leur graine se conserve deux ans.

3) **L'ail** et **l'échalotte** se plantent au commencement du printemps et quelquefois en automne ; on dispose les caïeux en

(1) Il existe une variété d'oignon, dite *Oignon merveille*, qui, semée claire, en mars ou en avril, dans un endroit chaud, forme ses bulbes en moins de deux mois.

lignes distantes de 0m40 et on les place à 0m15 les uns des autres, en ayant soin de les recouvrir de peu de terre. On noue les tiges lorsqu'elles commencent à jaunir, et, lorsqu'elles sont entièrement sèches, on arrache les bulbes.

Quels sont les principaux légumes à feuilles comestibles?

397. Les principaux légumes à **feuilles comestibles** sont : la *bette* ou *poirée*, le *cardon*, le *céleri*, le *chou*, l'*épinard*, la *chicorée* et la *laitue*. A ces légumes on peut encore ajouter : le *persil*, le *cerfeuil* et l'*estragon*, dont les feuilles entrent dans les assaisonnements de nos aliments, et l'*asperge*, dont on mange les jeunes pousses.

Fig. 140. — Bette à côtes blanches.

1) Les **bettes** ou *poirées* se sèment en pépinière ou sur couche, de mars à juillet, et se repiquent ensuite à la distance de 0m40 à 0m50 les unes des autres. La récolte des premiers semis se fait en été, et celle des derniers, au printemps de l'année suivante. Les bettes demandent un sol meuble et frais ainsi que de nombreux arrosages. Parmi les meilleures variétés, on peut citer : la *bette à côtes blanches* et la *verte à larges côtes blanches*.

2) Le **cardon** se sème en place vers la fin d'avril, dans des trous que l'on a creusés à un mètre de distance les uns des autres et que l'on a remplis de terreau; on place trois ou quatre graines dans chacun de ces trous et, lorsqu'elles ont levé, on ne conserve que celle qui a la meilleure venue. Les cardons exigent un sol frais, profond et bien fumé; on doit les arroser copieusement, les entourer de paille en octobre pour les faire blanchir et les rentrer avant l'hiver dans des caves bien aérées. Les meilleures variétés sont : le *plein inerme de Paris* et l'*épineux de Tours;* leurs graines se conservent sept ans.

3) Les **céleris** les plus appréciés sont : le *plein blanc d'Amérique*, très précoce et qui blanchit naturellement ; le *plein blanc doré*, presque aussi hâtif que le précédent, mais à côtes plus larges, et le *plein blanc à grandes côtes*, un des plus recommandés. Le céleri se sème sur couche ou en pépinière, en avril ou en mai, et se repique en pleine terre lorsqu'il est assez fort pour supporter la transplantation. Il doit être souvent sarclé et arrosé, et être mis en cave avant l'hiver; comme pour le cardon, on lie ses feuilles en automne afin de les faire blanchir. Ses graines se conservent pendant six ans.

Fig. 141,
Cardon plein inerme.

Fig. 142.
Céleri plein blanc.

4) Les **choux** dont on consomme les feuilles se divisent en quatre catégories : les *choux pain de sucre*, caractérisés par leur forme : les *choux cabus*, à feuilles lisses ; les *choux Milan*, à feuilles frisées, et les *choux verts*, qui ne pomment pas. Les variétés de choux qui composent ces quatres catégories sont très nombreuses (1). Toutes aiment un terrain neuf, frais et bien fumé, spécialement avec des engrais azotés. Les semis de choux se font tous en pépinière, en été pour les choux cabus, en février pour les choux Milan et en mars pour les choux verts. Les graines restent bonnes pendant sept ans.

5) Les **épinards** sont avides d'engrais et demandent un sol riche et profond ; on les sème sur place, à la volée ou en rayons, en automne quand on veut les récolter au printemps, et en août lorsqu'on veut les avoir en automne. Les variétés d'épinards les plus appréciées sont le *monstrueux de Viroflay*, à feuilles charnues, très larges et arrondies, le *lent à monter*

---

(1) Les meilleures variétés de choux pain de sucre sont : le *chou express* et le *chou d'Etampes ;* parmi les choux cabus, on remarque le *chou Nantais*, très précoce, et le *chou quintal*, qui devient énorme. Les deux principales variétés de choux frisés sont : le *chou Milan à pied court* et le *chou Milan gros des Vertus*. Un des choux verts les plus estimés est le *chou de Bruxelles*, qui produit à l'aisselle de ses feuilles des petites pommes d'autant plus appréciées qu'elles se récoltent en hiver, alors que les autres légumes sont très rares.

amélioré, de quinze jours plus lent à monter que les autres, et le *monstrueux à cœur plein*, le plus cultivé de tous.

6) Les **chicorées** comestibles se divisent en trois catégories : les *chicorées sauvages*, les *chicorées cultivées* et les *chicorées scaroles*. La plus estimée des chicorées sauvages est la *chicorée amère améliorée*; elle se sème sur place, en toute saison, et se coupe dès que ses feuilles ont atteint une dizaine de centimètres de longueur. Les chicorées cultivées et les chicorées scaroles se sèment au printemps, sur couche ou sous cloche, et se repiquent en juillet; on leur donne de fréquents arrosages et, lorsqu'elles ont atteint leur complet développement, on lie leurs feuilles, afin de les faire blanchir.

Fig. 143.
Laitue romaine blonde.

7) Les **laitues** peuvent être semées tous les mois de l'année, quelquefois sur place, mais le plus souvent en pépinière; dans le dernier cas, on les repique ensuite, lorsqu'elles ont cinq ou six feuilles. Les laitues demandent à être arrosées tous les jours ; elles aiment un terrain meuble frais et fumé avec des engrais bien décomposés, Les variétés les plus appréciées sont : la *frisée blanche*, très hâtive ; la *Batavia de Pierre-Bénite*, qui pomme très bien et résiste aisément aux chaleurs de l'été ; la *Romaine blonde*, très bonne variété pour le printemps et l'été, et la *Passion blonde*, une des meilleures laitues d'hiver.

8) Les **asperges** demandent un sol profond, léger et bien fumé. Elles doivent être buttées en avril et fréquemment binées ou sarclées; leur reproduction se fait quelquefois par semis, mais le plus souvent par griffes de deux ans cultivées en pépinière (1). Les meilleures variétés d'asperges sont : la *violette de Hollande*, la *grosse violette d'Argenteuil* et la *grosse violette améliorée*.

---

(1) Pour constituer un carré d'asperges, on creuse dans le terrain qui lui est destiné des tranchées espacées de 0m60, profondes de 0m25 et larges de 0m20 ; on garnit le fond de ces tranchées de bon terreau et on y plante les griffes d'asperges, à 0m80 environ les unes des autres et à 3 ou 4 centimètres de profondeur, en étalant bien les racines. A l'automne de chacune des trois premières années, on ramène de la terre dans les fossés, de manière que le terrain soit complètement nivelé à la troisième année. La plantation des griffes doit avoir lieu de fin février au commencement d'avril. On peut commencer à récolter des asperges à partir de la quatrième année.

Nommez les principaux légumes à fleurs comestibles.

398. Les principaux légumes à **fleurs comestibles** sont l'*artichaut*, le *chou-fleur* et le *chou-brocoli*.

1) **L'artichaut** peut se reproduire par semis, mais on préfère le multiplier au moyen de ses rejetons appelés *œilletons*. Les œilletons d'artichaut se plantent ordinairement au printemps, à un mètre de distance les uns des autres, dans un terrain profondément défoncé et bien fumé; ils ne doivent pas être plantés trop profond, de crainte de faire pourrir le cœur qui est à la base des feuilles, et demandent de fréquents arrosages jusqu'à leur reprise. On coupe les tiges des artichauts après la récolte, et on butte les pieds, à l'approche de l'hiver, pour les préserver de la gelée.

Fig. 144. — Chou-fleur nain hâtif.

2) Le **chou-fleur** se sème sur couche, de mars à mai ; on le repique généralement une fois en pépinière avant de le mettre en place. Comme tous les choux, il demande un terrain frais, meuble et riche en engrais azotés, et exige, de plus, de fréquents arrosages. Sa récolte se fait de septembre à novembre. Dans les pays chauds, on le sème aussi en juin pour le repiquer en septembre et le récolter au printemps de l'année suivante. Parmi les meilleures variétés de choux-fleurs, on peut citer le *boule-de-neige*, très hâtif, le *nain hâtif de Châlons*, à grain fin et serré, et le *Lenormand à pied court*, dont la pomme est très volumineuse. Les graines du chou-fleur sont bonnes pendant sept ans.

3) Le **chou-brocoli** ressemble au chou-fleur, qu'il remplace avantageusement au printemps et dont il ne diffère pas sous le rapport de la culture. On le sème ordinairement en juin. La variété la plus appréciée est celle qui porte le nom de *blanc Mammouth*.

Quels sont les principaux légumes à fruits comestibles?

399. Les principaux légumes à **fruits comestibles** sont : la *fraise*, le *melon*, la *courge*, l'*aubergine* et la *tomate*.

1) Les **fraises** se groupent en deux catégories principales : les *fraises communes*, dont le type est la fraise des bois, et les *fraises ananas*, qui sont plus grosses, mais qui ne se récoltent qu'une fois dans l'année. Les variétés les plus importantes de la première catégorie sont : la *fraise des quatre saisons améliorée*, la *généreuse* et la *fraise Gaillon*, qui ne produit pas de stolons. Dans le second groupe, on remarque principalement la fraise du *Docteur Veillard*, très précoce, celle du *Docteur Morère* et la *fraise Noble*, dont les fruits sont excessivement gros. La multiplication des fraisiers peut se faire par graines ou par stolons; mais on opère plus rapidement en plantant des fragments de fraisiers que l'on détache du pied à reproduire. Les plantations de fraisiers demandent des terrains frais, substantiels et des engrais bien décomposés; elles se font en mars ou en septembre et doivent être renouvelées tous les cinq ans. Les fraisiers qui donnent des stolons exigent qu'on les leur enlève dès qu'ils paraissent; la fraise des quatre saisons demande de fréquents arrosages.

Fig. 145.
Fraises des quatre saisons.

2) Les **melons** se divisent aussi en deux groupes principaux : les melons *cantaloups* ou *galeux* et les melons *brodés*, dont les dessins de l'écorce sont plus délicats. Parmi les meilleurs cantaloups, on remarque celui d'*Alger*, le *Prescott argenté* et le *cantaloup noir*, et parmi les melons brodés les plus appréciés on trouve le *noir des Carmes*, le *Sucrin de Tours* et le *Cavaillon à chair rouge*. La reproduction du melon se fait par graines, que l'on sème en mars ou en avril, sur des couches chaudes préparées ordinairement en pleine terre et que l'on recouvre de cloches de verre ou de châssis vitrés. Le melon est soumis à la taille. Voici en quoi elle consiste : la tige issue de la graine étant toujours stérile, on la coupe avec les doigts au-dessus de la deuxième feuille, pour faire pousser deux autres branches à l'aisselle de ces feuilles; ces branches étant aussi stériles, on les pince comme la première, et on fait de même jusqu'à la troisième génération. On obtient alors des branches à fruit qu'on laisse pousser librement, en se contentant de raccourcir celles qui prennent trop de développement. Quand les fruits sont noués, on pince chaque branche à la deuxième feuille au-dessus du dernier de ses fruits, et on a soin de ne laisser à chaque pied que le nombre de melons qu'il peut nourrir. La graine du melon peut se conserver huit ans.

3) Les **courges** se cultivent à peu près comme les melons, sauf qu'elles demandent moins de soins. On les divise en deux catégories : les *courges non coureuses* et les *courges à tiges grimpantes.* Dans la première catégorie, on remarque principalement le *Patisson jaune*, et dans la seconde, la *courge pleine de Naples* et la *courge romaine*. Leurs graines se conservent ordinairement cinq ans.

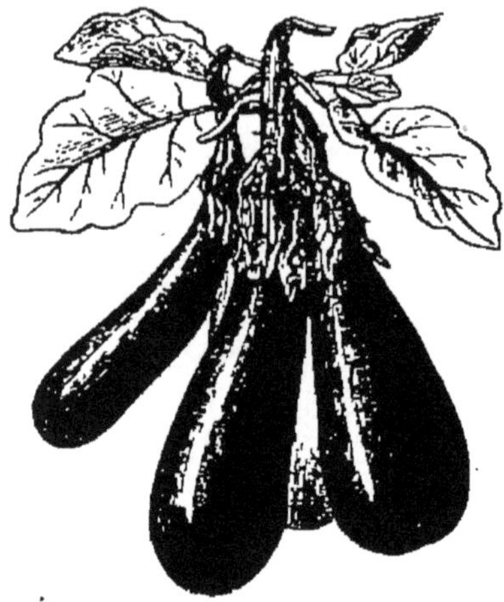

Fig. 146. — Aubergines.

4) Les **aubergines** et les **tomates** se sèment sur couche, de janvier à avril, et se repiquent en pleine terre, à 0m40 de distance, lorsque les gelées ne sont plus à craindre. Les unes et les autres demandent un bon terrain, souvent arrosé et bien fumé. Lorsque les plants de tomates ont acquis un certain développement, on leur donne des tuteurs ou on les palisse contre un mur ou un treillage; on pince les extrémités des branches quand les fruits sont noués et on supprime toutes les nouvelles pousses. La meilleure variété de tomates est sans contredit la tomate *Mikado écarlate*, remarquable par sa précocité, sa production et la grosseur de ses fruits.

Nommez les principaux légumes à gousses ou à graines comestibles ?

400. Les principaux légumes à **gousses** ou à **graines comestibles** sont : le *haricot*, le *pois*, la *lentille* et la *fève*. Bien qu'ils soient un des produits de la culture potagère, ces légumes sont aussi un des rendements importants de la grande culture. Dans l'une et l'autre, les soins à leur donner sont à peu près les mêmes.

1) Les **haricots** demandent un sol léger, fertile et très meuble. On les sème en lignes, par touffes de trois ou quatre, on les couvre peu de terre et on butte les pieds des jeunes plantes, lorsqu'elles ont pris un certain développement, afin de les renforcer. On peut semer les haricots dès la fin de mars dans les endroits abrités; mais il est prudent d'attendre la fin d'avril pour ceux qui doivent être cultivés en plein champ, car ce légume craint beaucoup la gelée. Les semis peuvent être faits jusqu'en fin juillet. Les variétés de haricots sont fort nombreuses; on les divise en deux groupes principaux : les *haricots nains* et les *haricots à rame*. Parmi les meilleures variétés de haricots nains, on peut citer le *gris maraîcher*, le plus productif des haricots verts, l'*éclipse*, très productif, et le *gris de Caluire*, hâtif et très estimé pour la culture maraîchère; parmi les haricots ramés, les plus appréciés sont : le *beurre d'Alger à grain noir*, le *toujours fin* et le *beurre du Mont-d'Or*.

Fig. 147. — Haricots d'Etampes.

2) Les **pois** se divisent en *pois à écosser* et en *pois sans parchemin*, c'est-à-dire dont on peut manger la gousse; les uns sont nains et les autres demandent des rames. Les pois à écosser les plus cultivés sont : le *prince Albert*, le *nain de Gonthier* et l'*express ;* les meilleurs pois sans parchemin sont : le *gourmand blanc*, le *gourmand à cornes de bélier* et le *gourmand nain hâtif*. Dans les pays chauds, les variétés hâtives se sèment en novembre, et dans les autres, de fin janvier à fin juillet. Les pois se sèment également en raies espacées de 15 à 20 centimètres, dans lesquelles on les place les uns à la suite des autres à la distance de 2 ou 3 centimètres. Ils demandent un terrain plus sec et moins fumé que les haricots.

3) La **lentille** cultivée dans les jardins est la *lentille à la reine*. Elle se sème en touffes ou en rayons, en mars ou en avril, et réussit bien dans les terrains légers, secs et sablonneux.

4) La **fève** est généralement semée au printemps, à la volée, en touffes ou en rayons; elle demande un sol substantiel et bien fumé. Les meilleures variétés de fèves sont : la *naine hâtive*, la *fève de Séville* et la *fève des marais*.

III. — GÉNÉRALITÉS SUR L'ARBORICULTURE FRUITIÈRE

En quoi consiste l'arboriculture fruitière?

401. L'**arboriculture fruitière** consiste dans la culture des *arbres fruitiers*, c'est-à-dire de ceux dont les fruits ou les productions que l'on en retire servent à notre alimentation.

Comment peut-on diviser l'arboriculture fruitière au point de vue de la culture?

402. Au point de vue de la culture, l'arboriculture

fruitière peut se diviser en trois parties : la *multiplication des arbres fruitiers*, leur *plantation* et les *soins à leur donner*.

Comment se fait généralement la multiplication des arbres fruitiers?

403. Les arbres fruitiers se multiplient généralement par trois procédés différents : le *sémis*, le *marcottage* et le *greffage*.

1) Le **semis** est peu employé pour la multiplication des arbres fruitiers, parce qu'il retarde beaucoup la production des fruits et aussi parce qu'il ne donne pas toujours les variétés en vue. On n'y a guère recours que pour se procurer des variétés nouvelles et pour avoir des sujets pour la greffe.

2) Le **marcottage** des arbres fruitiers, comme celui de la vigne, consiste à coucher en terre un jeune rameau pour lui faire prendre des racines, sans le détacher de la plante-mère. Il est également très peu employé pour la multiplication des arbres fruitiers.

3) Le **greffage** est préféré à tout autre mode de multiplication pour les arbres fruitiers : 1° parce qu'il accélère l'époque de leur fructification; 2° parce qu'il accroît le nombre et la grosseur de leurs fruits, en même temps qu'il augmente leur saveur; 3° parce qu'il permet quelquefois de rajeunir de vieux arbres épuisés. Il présente l'inconvénient d'abréger la vie des arbres sur lesquels on l'a pratiqué.

En quoi consiste le greffage?

404. Le **greffage** consiste à transporter sur un végétal un rameau ou un bourgeon d'un autre végétal dans des conditions telles qu'il puisse s'y souder et continuer à s'y nourrir et à s'y développer. Le végétal qui reçoit la greffe se nomme *sujet* et le rameau transporté s'appelle *greffon*.

1) Pour que la greffe réussisse, il est nécessaire qu'il y ait analogie d'organisation entre le végétal qui sert de sujet et celui qui fournit le greffon : les deux doivent être de la même espèce ou au moins du même genre.

2) Quel que soit le mode de greffe employé, un arbre, une fois greffé, doit être soigneusement débarrassé de tous les bourgeons qui se trouvent au-dessous de la greffe, car ces bourgeons arrêteraient en partie la marche ascendante de la sève, ce qui nuirait à la soudure du greffon.

3) Dans tous les systèmes de greffes, il est également nécessaire de recouvrir les scissures avec un *mastic à greffer*. Il existe plusieurs de ces mastics ; parmi les plus recommandables, on peut citer le *mastic Lhomme-Lefort* et le *mastic Biguet*. Posés sur les parties que l'on veut unir, ces mastics durcissent immédiatement; ils possèdent assez d'élasticité pour ne jamais étrangler le greffon lorsqu'il se développe, et le tiennent bien en place sans lui permettre de se dessouder.

Combien compte-t-on d'espèces principales de greffes pour les arbres fruitiers?

405. On compte cinq espèces principales de greffes pour les arbres fruitiers, savoir : la *greffe par approche*, la *greffe en fente ou par scions*, la *greffe en écusson*, la *greffe anglaise* et la *greffe en flûte*.

La *greffe en fente* et la *greffe anglaise*, pour les arbres fruitiers, diffèrent peu de celles dont il a été question au sujet de la vigne (nos 270, 271, 272 et 273). Les autres systèmes de greffe sont décrits ci-après.

En quoi consiste la greffe par approche?

406. La **greffe par approche** consiste à unir deux branches de deux arbres voisins par des entailles qui se correspondent le mieux possible, et que l'on maintient l'une dans l'autre, au moyen de ligatures, jusqu'à ce que la soudure soit complète ; on sépare ensuite de sa tige la branche qui sert de greffon.

Il n'est pas rare de voir dans les pépinières cinq ou six jeunes arbres placés autour d'un autre dont on veut reproduire l'espèce ; cet arbre central fournit des greffons par approche à ceux qui l'entourent, et, lorsque la greffe a réussi, on enlève ces derniers pour les remplacer par d'autres.

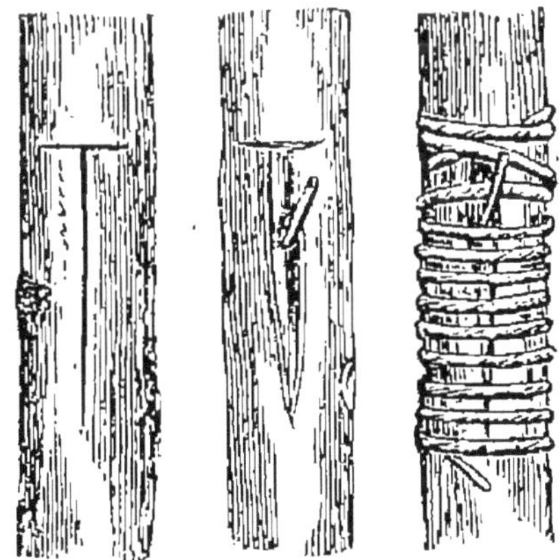

Fig. 148. — Greffe en écusson.

En quoi consiste le greffage en écusson ou par bourgeons?

407. La **greffe en écusson** ou *par bourgeons* consiste à pratiquer sur l'écorce du sujet à greffer une entaille en

forme de T allant jusqu'à l'aubier, à écarter les lèvres de l'entaille ainsi formée et à placer au-dessous le greffon, que l'on fixe au moyen d'une ligature.

Le greffon doit être un bourgeon pris sur un jeune rameau. Pour le détacher de ce rameau, il faut faire à l'écorce trois incisions : une au-dessus du bourgeon et deux latéralement se rejoignant par le bas. Le bourgeon ainsi détaché s'appelle *écusson*, à cause de sa forme. La greffe en écusson prend le nom de *greffe à œil poussant* quand elle se fait au printemps, et celui de *greffe à œil dormant* lorsqu'on la fait en septembre.

En quoi consiste la greffe en flûte?

408. La **greffe en flûte** consiste à enlever un anneau d'écorce de la tige de l'arbre à greffer et à le remplacer par un autre de mêmes dimensions, portant un ou plusieurs bourgeons et qui a été détaché de l'arbre dont on veut reproduire l'espèce.

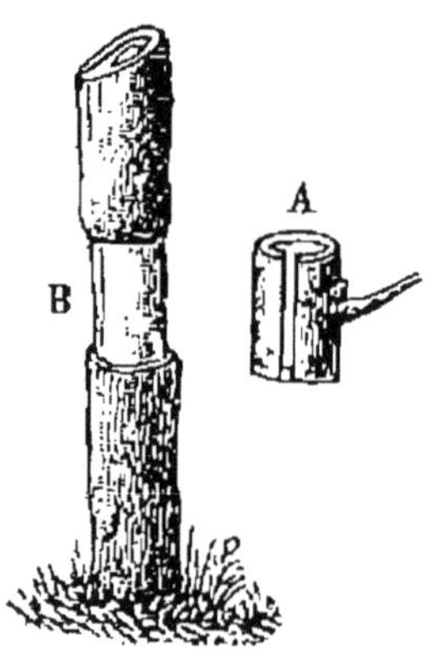

Fig. 149.
Greffe en flûte.

A. Greffon. — B. Place préparée pour recevoir le greffon.

Au printemps suivant, si la greffe est reprise, on coupe la tête du sujet, immédiatement au-dessus du point où la greffe a été posée, afin de favoriser le développement des bourgeons qu'elle porte.

La greffe anglaise réussit-elle bien lorsqu'elle est appliquée aux arbres fruitiers?

409. La greffe anglaise réussit très bien lorsqu'elle est appliquée aux arbres fruitiers : la reprise est facile, la soudure est parfaite et si le greffon porte un œil à fruit et un autre à bois, elle donne du fruit dès la première année, excepté pour les pommiers et les poiriers. Elle se fait sur les pousses de l'année ou sur celles de l'année précédente.

1) Pour cette greffe, on doit préférer l'emploi du mastic à celui du raphia, qui pourrait étrangler le greffon ; le mastic, tout en tenant le greffon en place, empêche l'air de pénétrer jusqu'à la sève et s'oppose à la dessiccation du bois et de la moelle, si l'on a soin d'en recouvrir l'extrémité supérieure du greffon.

2) Dans la greffe anglaise appliquée aux arbres fruitiers, il ne faut éborgner les yeux du sujet que lorsque ceux du greffon ont atteint de quatre à cinq centimètres de longueur. La reprise étant alors assurée, on peut pratiquer l'éborgnage sans crainte de faire périr l'arbre.

A quelle époque doit-on greffer les arbres fruitiers?

410. Les arbres fruitiers doivent généralement être greffés *au printemps*, en mars ou avril, par un temps doux et sec et jamais par un temps pluvieux.

Quelles opérations comprend la plantation des arbres fruitiers?

411. La plantation des arbres fruitiers comprend trois opérations principales : la *préparation du terrain*, le *choix des sujets* et la *mise en place*.

1) Pour la **préparation du terrain**, quand il s'agit d'arbres isolés et de grandes dimensions, on creuse pour chacun d'eux, quelque temps avant la plantation, un trou de 1 mètre carré de superficie et de 0m80 au moins de profondeur ; ces trous peuvent être moindres pour les arbres de petite taille. Pour la plantation d'un verger, le sol doit être défoncé en entier. Il est important, dans ce défoncement, de débarrasser soigneusement le sol de toutes les racines mortes ; car, en pourrissant, elles produiraient des moisissures cryptogamiques, qui ne manqueraient pas d'envahir les racines des jeunes arbres et qui deviendraient bientôt la cause de leur dépérissement.

2) Les **sujets choisis** doivent toujours être de *première qualité*. Ce serait une économie très mal entendue que de planter des sujets de qualité inférieure, car ils ne donneraient jamais que des arbres chétifs et peu productifs. Les plantes des arbres à noyaux doivent avoir au moins un an de greffe et les autres deux ou trois.

3) Pour la **mise en place**, on garnit d'abord d'une couche de fumier bien consommé le fond du trou qui a été préparé pour recevoir l'arbre, et on recouvre ce fumier de terre pour qu'il ne soit pas en contact avec les racines ; puis on place l'arbre dans le trou de manière que les racines les plus hautes soient à peu de distance de la surface du sol ; on jette ensuite de la bonne terre dans le trou et on secoue légèrement l'arbre afin de la faire glisser dans les interstices des racines, que l'on étale soigneusement, étage par étage ; on achève de remplir le trou avec de la terre que l'on foule avec le pied de manière à la bien faire adhérer aux racines.

A quelle époque doit se faire la plantation des arbres fruitiers?

412. L'époque la plus convenable pour la plantation des arbres fruitiers est l'automne, de la mi-octobre à la mi-novembre.

Les racines des arbres mises en terre à cette époque commencent à se développer pendant l'hiver et poussent vigoureusement dès la reprise de la végétation, ce qui permet à l'arbre de résister facilement aux chaleurs de l'été. Les plantations au printemps ne conviennent qu'aux terrains froids et humides.

Quels sont les principaux soins à donner aux arbres fruitiers?

413. Les principaux soins à donner aux arbres fruitiers sont : 1° de les préserver contre l'action des vents en leur donnant un tuteur; 2° de les arroser pendant les sécheresses, les premières années surtout; 3° de maintenir, par de fréquents binages superficiels, le sol bien ameubli et bien propre à leur pied; 4° de les fumer de temps en temps; 5° de les guérir de leurs maladies et de les débarrasser des insectes nuisibles; 6° de tailler leurs branches de manière à augmenter leur production et à leur donner une forme avantageuse.

Quelles sont les principales maladies auxquelles sont sujets les arbres fruitiers?

414. Les arbres fruitiers sont sujets à certaines maladies qu'il importe de connaître et de savoir combattre. Les principales sont : la *gomme*, la *chlorose*, les *mousses* et les *lichens*, la *cloque*, le *blanc* et les *chancres*.

1) La **gomme** est une maladie spéciale aux arbres fruitiers à noyau. Le seul remède efficace à employer consiste à racler les dépôts qu'elle forme, en allant jusqu'au vif, aussitôt qu'ils apparaissent. On nettoie ensuite les plaies et on les enduit de mastic à greffer ou simplement de goudron de Norwège.

2) La **chlorose** ou *jaunisse* atteint tous les arbres fruitiers, mais spécialement les poiriers. On la combat en aspergeant les arbustes malades avec une dissolution de sulfate de fer à la dose de 1 à 2 grammes par litre. Ce traitement, renouvelé plusieurs années consécutives s'il est nécessaire, produit de bons effets.

3) Les **mousses** et les **lichens** envahissent principalement les arbres fruitiers déjà âgés. On s'en débarrasse soit en les faisant tomber par un raclage, soit en badigeonnant les arbres, pendant l'hiver, avec un lait de chaux ou une dissolution de sulfate de fer.

4) La **cloque**, qui est particulière au pêcher, est due à un champignon qui se développe sur les feuilles et les jeunes bourgeons de cet arbre. Elle est favorisée par les alternances de pluies froides et de coups de soleil si fréquents au printemps. Le seul remède consiste à enlever les feuilles atteintes de cette maladie et à les brûler.

5) Le **blanc**, appelé aussi *meunier* et *lèpre*, est une maladie commune à beaucoup de végétaux. Elle se présente sous la forme de poussière blanchâtre attaquant les feuilles, les bourgeons et les fruits. On la combat comme l'oïdium de la vigne, en saupoudrant avec la fleur de soufre les parties qui en sont atteintes.

6) Les **chancres** se reconnaissent à des parties d'écorce fendues qui laissent suinter une sorte de viscosité. On traite les arbres qui en sont atteints en raclant les parties malades et en les enduisant de mastic, comme pour la gomme.

Pourquoi soumet-on les arbres fruitiers à la taille?

415. On soumet les arbres fruitiers à la taille : 1° pour leur donner une forme plus commode et plus agréable ; 2° pour leur faire produire des fruits plus gros, plus nombreux, plus précoces et plus savoureux ; 3° pour établir l'équilibre dans leur végétation et les maintenir dans un état de vigueur plus régulier.

La taille des arbres fruitiers repose sur les principes suivants :

1° *La sève tend toujours à monter verticalement des racines aux branches.* Il en résulte que la sève abonde dans les branches verticales et qu'elle se trouve en plus faible quantité dans les branches inclinées.

2° *Les branches qui reçoivent beaucoup de sève produisent beaucoup de bois et peu de fruits ; celles qui en ont moins donnent plus de fruits et moins de bois.* Par suite, pour avoir des fruits, on doit incliner ou arquer les branches verticales trop vigoureuses et redresser les branches horizontales qui sont trop faibles.

3° *Une taille courte donne des pousses vigoureuses mais peu fructifères ; une taille longue donne des pousses plus faibles, mais chargées de fruits.* On en conclut que, pour fortifier un arbre faible, il faut le tailler court, et que pour faire produire des fruits à un autre qui est vigoureux, il faut le tailler long.

4° *Plus un arbre porte de fruits, plus il s'épuise.* Par conséquent on est obligé de tailler court de temps en temps afin de rendre aux arbres leur vigueur épuisée par plusieurs années d'abondante production.

Dans les arbres à pépins, ne peut-on pas distinguer les bourgeons à bois des bourgeons à fruits même avant leur développement?

416. Dans les arbres à pépins, les bourgeons à bois sont minces, allongés et appliqués contre les rameaux, sans support particulier, tandis que les bourgeons à fruits sont gros, arrondis, entourés d'écailles, et portés par un support particulier, nommé, selon sa forme, *dard*, *brindille*, *bourse* ou *lambourde*.

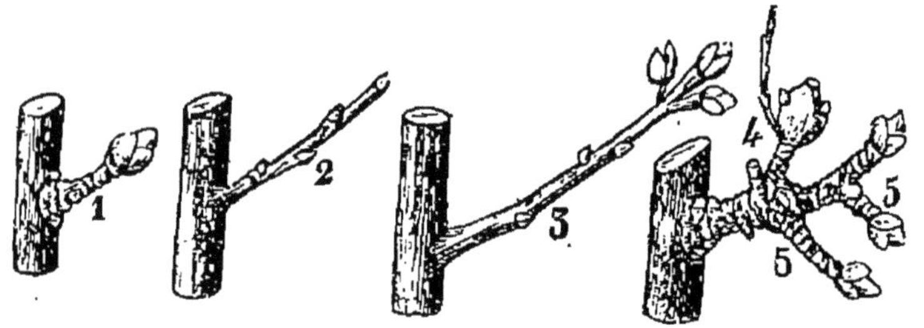

Fig. 150. — Différentes sortes de bourgeons d'un arbre fruitier à pépins.

1. Bourgeon à fruit, — 2. Dard. — 3. Brindille. — 4. Bourse. — 5. Lambourde.

1) Le **dard** est un petit rameau long de quelques centimètres, portant latéralement plusieurs bourgeons à bois et terminé par un petit œil pointu qui deviendra un bourgeon fructifère. On ne le taille pas.

2) La **brindille** est un rameau grêle et flexible, qui porte à son extrémité des bourgeons fructifères. On ne la taille qu'après qu'elle a donné son fruit.

3) La **bourse** est un renflement charnu, lisse et tronqué à sa partie supérieure, qui donne toujours des bourgeons à fruits. Les bourses sont la richesse des arbres fruitiers; on se contente de pincer les bourgeons qui en naissent.

4) La **lambourde** est un rameau très court qui a pris naissance sur une bourse; son écorce est ridée et son extrémité est terminée par un bourgeon à fruit. Sa taille consiste à la raccourcir lorsqu'elle a donné son fruit.

Combien distingue-t-on de sortes de tailles relativement à l'époque où on les pratique?

417. Relativement à l'époque où elles se font, on distingue deux sortes de tailles : 1° la **taille d'hiver**, qui est la suppression des rameaux et des branches avant le développement des feuilles; 2° la **taille d'été**, qui se fait sur les jeunes rameaux, au moment de la végéta-

tion; elle comprend l'*ébourgeonnement*, le *pincement* et le *cassement*.

1) **L'ébourgeonnement** est la suppression totale des bourgeon superflus, pour ne laisser que les bourgeons à fruits et ceux destinés à donner le bois nécessaire à la formation de l'arbre. Il se fait en avril et en mai, quand les bourgeons ont atteint une dizaine de centimètres de longueur.

Fig. 151. — Taille d'été.

1. Pincement. — 2. Cassement. — 3. Torsion. — 4. Arcure faite dans le but de ralentir la vigueur de la branche.

2) Le **pincement** consiste à couper un rameau avec le bout des doigts pour l'empêcher de se développer d'une manière trop considérable aux dépens des autres. Il se fait au commencement de l'été; lorsqu'un rameau a été oublié lors de cette opération, on y supplée par la *torsion*.

3) Le **cassement** est la rupture partielle d'un rameau : il a pour effet d'augmenter le volume des fruits et le développement des branches principales.

Quelles sont les principales formes que l'on donne aux arbres fruitiers par la taille?

418. Les principales formes que l'on donne aux arbres fruitiers par la taille sont : l'*espalier*, le *contre-espalier*, la *quenouille*, la *pyramide*, le *buisson* et le *plein-vent*.

1) **L'espalier** est la forme des arbres dont les branches sont étalées contre un mur. On en distingue plusieurs variétés; les principales sont : l'*espalier à la Montreuil*, constitué par deux branches principales disposées en forme de V et garnies en dessus et en dessous de branches à fruits; l'*espalier en éventail*, qui diffère du précédent en ce qu'il a trois ou cinq branches principales au lieu de deux; l'*espalier en palmette*, formé ordinairement par une branche verticale émettant des branches latérales dirigées horizontalement; on donne quelquefois à la palmette la forme d'un candélabre, tels sont la *palmette Verrier* et la *palmette Luizet*.

2) Le **contre-espalier** ne diffère de l'espalier que parce qu'au lieu d'être étalées contre la paroi d'un mur, les branches des arbres sont fixées sur des treillages ou sur des fils de fer situés en plein air. Le *cordon* est un contre-espalier souvent employé comme bordure dans les jardins.

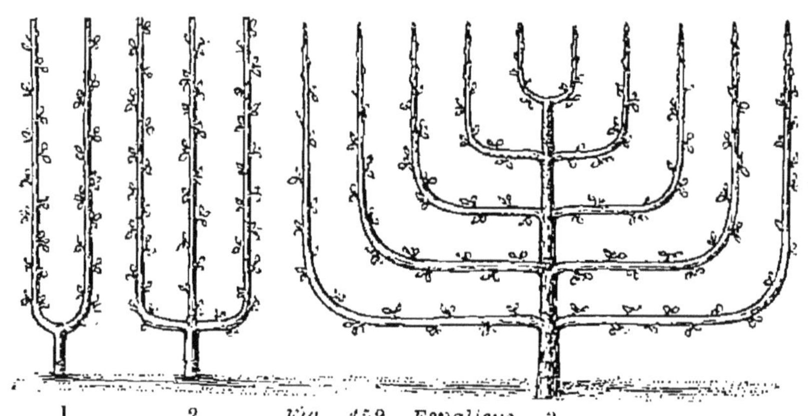

Fig. 152. Espaliers.

1. Cordon vertical un U. — 2. Palmette Verrier. — 3. Palmette Luizet,

3) La **quenouille** s'obtient en laissant l'arbre se garnir de branches sur toute la longueur de sa tige et ayant soin de veiller à ce qu'elles ne chevauchent pas les unes sur les autres. Le plus grand diamètre d'un arbre taillé en quenouille est vers le milieu de la hauteur.

4) La **pyramide** est une quenouille dont les branches inférieures sont les plus longues et les supérieures les plus courtes. Sa forme est celle d'un cône.

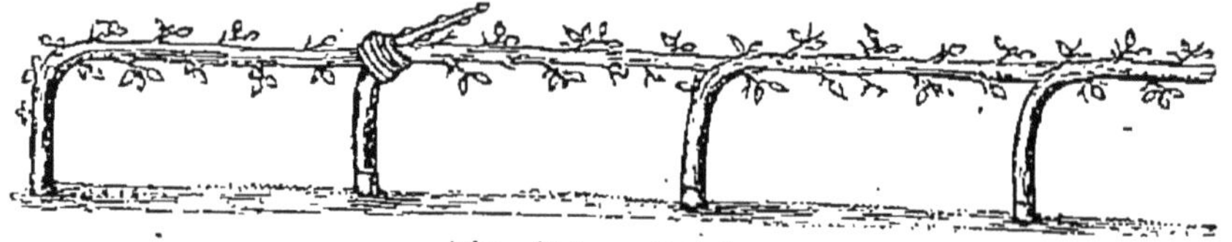

Fig. 153. — Cordon.

5) Le **buisson** est un arbre nain que l'on laisse croître comme il veut, sans lui donner de forme déterminée; on ne cherche qu'à lui faire produire le plus de fruits possible. Cette taille s'applique surtout aux poiriers nains.

6) Le **plein-vent** est la forme des arbres qu'on laisse croître avec une tige unique, que l'on coupe à la hauteur que l'on désire. Il sort du sommet de cette tige trois ou quatre branches qui constituent la tête de l'arbre, et que l'on rabat par la taille lorsqu'elles tendent à trop s'élever verticalement.

IV. — PRINCIPAUX ARBRES FRUITIERS

En combien de catégories peut-on diviser les arbres fruitiers?

419. On peut diviser les arbres fruitiers en cinq catégories, savoir :

1° Les arbres dont le fruit est à *pépins ;*
2° Les arbres dont le fruit est à *noyau ;*
3° Les arbres dont le fruit est une *baie ;*
4° Les arbres dont le fruit est *oléagineux ;*
5° Les arbres dont le fruit est *farineux.*

Quels sont les principaux arbres fruitiers à pépins?

420. Les principaux **arbres fruitiers à pépins** sont : le *poirier*, le *pommier*, l'*oranger* et le *cognassier*.

1) Le **poirier** est un des arbres fruitiers les plus utiles à cause de l'abondance et de la qualité de ses fruits. Il en existe un très grand nombre de variétés. Toutes réussissent bien dans les terres argilo-silicieuses, profondes, fraîches, plutôt légères que fortes, et redoutent les sols calcaires. C'est principalement dans les climats tempérés et sous l'influence d'une atmosphère brumeuse et humide que les poiriers se développent vigoureusement et donnent les plus beaux fruits. Ils demandent un bon engrais tous les quatre ans et deux ou trois labours chaque année. Les poiriers peuvent se reproduire par semis et par bouture, mais on les multiplie généralement par la greffe sur *franc*, c'est-à-dire sur lui-même, sur *cognassier* et sur *aubépine*. Greffé sur franc, le poirier vient bien dans les terres riches et profondes; sur cognassier, il réussit parfaitement dans les sols et argileux; sur aubépine, il croît avec vigueur, même dans les terrains secs et calcaires. Les jeunes sujets se greffent à l'écusson, durant l'été, ceux qui sont plus âgés se greffent en fente, au printemps ou en automne, et les vieux arbres se greffent en couronne à la sortie de l'hiver. Le poirier se prête par la taille à toutes les formes connues en arboriculture.

Fig. 151. — Poires.

2) Les **pommiers** forment également de très nombreuses variétés ; les unes sont cultivées pour le *cidre* et les autres pour la *table*. Tous les pommiers aiment une terre franche, légère, douce et suffisamment humide ; ils s'accommodent de toutes les expositions, sauf celle du midi : la chaleur fait couler leurs fleurs. Les pommiers se cultivent à peu près comme les poiriers, et se greffent sur *franc*, sur pommier *doucin* et sur pommier *paradis*. Le sujet franc convient pour les arbres à haute tige, le doucin pour les arbres en pyramide ou en espalier, et le paradis pour les arbres en buisson. Greffés sur paradis, les pommiers donnent de beaux fruits, mais vivent peu ; greffés sur franc, ils préfèrent la plaine et la colline aux coteaux élevés et réussissent bien dans les sols argileux mêlés de sable et de gravier.

3) Les **orangers** ne prospèrent en pleine terre que dans les régions les plus chaudes du Midi ; au delà du 43e degré de latitude, ils sont détruits par les gelées d'hiver. Ils paraissent peu difficiles pour la nature du sol ; mais ils craignent la sécheresse. Les orangers se multiplient ordinairement par la greffe sur franc, et plus rarement par boutures et par marcottes. Ils demandent d'abondantes fumures, faute de quoi ils seraient vite épuisés par leur très grande productivité.

4) Le **cognassier** est plus cultivé pour fournir des sujets pour le greffage que pour ses fruits, dont on fait cependant des liqueurs, des sirops et d'excellentes conserves. Il se multiplie au moyen de semis, de boutures et surtout de marcottes. Les cognassiers viennent bien partout, sauf dans les terrains crayeux ; ils préfèrent néanmoins les sols frais, légers et les expositions au levant et au couchant. On ne peut les soumettre à la taille régulière, parce qu'ils ne produisent des fruits qu'aux extrémités de leurs branches.

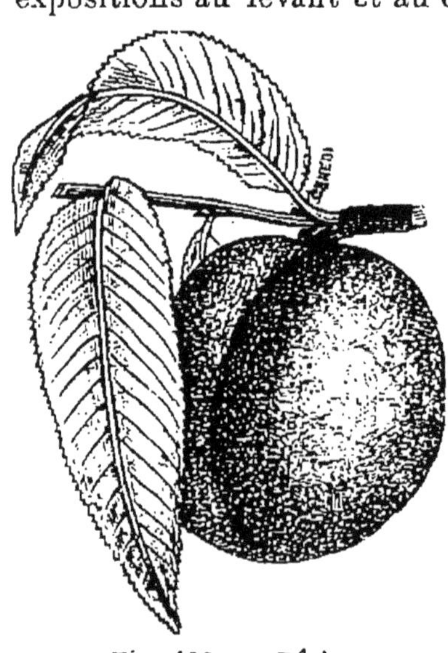

Fig. 155. — Pêche.

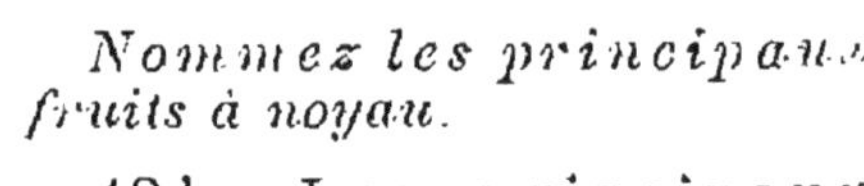

Nommez les principaux fruits à noyau.

421. Les principaux **arbres fruitiers à noyau** sont : le *pêcher*, le *cerisier*, l'*abricotier* et le *prunier*.

1) Le **pêcher** exige un sol profond, perméable, de consistance moyenne et contenant une certaine proportion de calcaire ; il redoute beaucoup l'humidité. Dans le midi de la France, on le cultive en plein vent, mais dans le centre et dans le nord, on le rencontre presque toujours en espalier et quelquefois en quenouille ou en pyramide. Le pêcher se multiplie ordinairement par la greffe en écusson sur amandier et sur prunier; les meilleures variétés de pruniers pour la greffe du pêcher sont le *damas noir* et le *Saint-Julien*.

2) Les **cerisiers**, comme les pêchers, redoutent les terrains humides et argileux et s'accommodent bien des sols légers et calcaires. Ils n'aiment pas que la terre soit cultivée à leur pied, parce que les labours détruisent leurs radicelles supérieures, par lesquelles ils puisent une bonne partie de leur sève; aussi réussissent-ils très bien lorsqu'ils sont plantés dans les prairies ou les plates-bandes semées de pelouse. On multiplie les cerisiers par la greffe sur franc, en fente ou à l'écusson; lorsque les cerisiers doivent être plantés dans de très mauvais terrains, on les greffe sur *mohaleb*, espèce de cerisier excessivement rustique.

3) L'**abricotier** s'accommode assez bien de tous les terrains, sauf de ceux qui sont argileux et compacts; il a de la préférence pour les sols chauds, profonds et légèrement calcaires. On le multiplie rarement par semis, parce que ce mode de reproduction ne donne jamais de belles variétés. Dans les terres fortes et froides, on le greffe sur *Saint-Julien* ou sur *damas noir*, et dans celles qui sont chaudes, légères et profondes, on le greffe sur amandier. La greffe de l'abricotier se fait à l'écusson, à œil dormant, en août ou en septembre. Cultivé en espalier et exposé au levant ou au couchant, l'abricotier donne de très beaux fruits; cultivé en plein vent, ses fruits sont plus petits mais plus savoureux et plus nombreux.

4) Le **prunier** réussit très bien dans tous les sols argilo-calcaires un peu frais; l'exposition qui lui est le plus favorable est

Fig. 156. — Prunes.

celle des penchants des coteaux regardant le sud-est ou le sud-ouest; ses racines, à court pivot, permettent de le cultiver dans les terrains peu profonds. On le multiplie par drageons ou mieux par semis. La multiplication par drageons offre l'inconvénient de donner des arbres qui émettent de nombreux rejetons, qui les épuisent; il faut donc les débarrasser de ces rejetons à mesure qu'ils paraissent; de plus, la multiplication par drageons donne des sujets privés de racines pivotantes; il en résulte que ces arbres sont mal assurés dans la terre, et qu'ils craignent beaucoup la sécheresse. Les jeunes pruniers se greffent à l'écusson, à la fin de juillet, et les plus âgés, en fente; les meilleurs sujets pour la greffe sont ceux qui proviennent des noyaux du Saint-Julien et du damas noir.

Quels sont les principaux arbres ou arbustes fruitiers à baies?

422. Les principaux **arbres** ou **arbustes fruitiers à baies** sont la *vigne*, le *figuier*, le *framboisier* et le *groseiller*.

1) Le **figuier** réussit dans tous les terrains, mais c'est dans les sols calcaires, riches et frais, qu'il donne les meilleurs fruits. Il appartient surtout au climat du Midi; ses fruits sont d'autant meilleurs qu'ils ont mûri par une température plus élevée; dans le Nord, il faut le garantir contre les froids de l'hiver. Lorsque ses branches ont été atteintes par la gelée, on les coupe près du sol; la souche produit alors des bourgeons qui portent du fruit dès la seconde année. On multiplie rarement le figuier par semis, mais ordinairement par drageons, par marcottes et par boutures; ces dernières se font au printemps avec du bois de deux ans. Dans les pays chauds, le figuier donne deux récoltes chaque année : une en juillet-août, celle des *figues-fleurs*, et l'autre en automne.

Fig 157. — Framboises.

2) Le **framboisier** aime les terres légères et redoute le soleil du Midi; aussi, pour qu'il réussisse bien, doit-on le planter dans des terrains exposés au nord, mais pas trop ombragés. Au printemps, on coupe les branches qui ont porté du fruit l'année précédente, on taille à un mètre l'extrémité des jeunes tiges et on les courbe en cerceau. Le framboisier se multiplie par des rejetons qui poussent à son pied. Cet arbrisseau étant très épuisant, on doit le changer de place tous les quatre ou cinq ans.

3) Le **groseiller** s'accommode bien des terrains sablonneux, doux et frais ; il aime les climats tempérés : dans le Nord, on lui choisit les expositions au midi, et dans le Midi, on l'expose au nord. Les soins à lui donner consistent en quelques labours. Dans la taille d'hiver, on doit tenir compte de ce que le groseiller ne produit de fruits que sur le bois de deux ans; il faut donc retrancher tout le vieux bois. Les groseillers se multiplient par drageons, par marcottes et par boutures; ces dernière se font au printemps ou en automne. On distingue trois espèces principales de groseillers : le *groseiller à grappes*, le *cassissier* ou *groseiller noir* et le *groseiller à marquereau*.

Nommez les principaux arbres fruitiers oléagineux.

423. Les principaux arbres **fruitiers oléagineux** sont : l'*olivier*, l'*amandier*, le *noyer* et le *noisetier*.

1) L'**amandier** aime les terrains chauds et légers des coteaux, et a une préférence marquée pour ceux qui sont calcaires et pierreux; il ne réussit jamais dans les sols humides. Il se multiplie par semis; sa reproduction est fort usitée dans les pépinières pour former des sujets propres à recevoir la greffe du pêcher et de l'abricotier. Pour multiplier les meilleures variétés de l'amandier, on les greffe sur d'autres variétés obtenues par semis.

2) Le **noyer** exige un sol profond et léger en même temps que beaucoup d'air. On le reproduit par semis de noix que l'on fait stratifier durant l'hiver et que l'on met en place au printemps. Les sujets qui proviennent de ces semis sont ensuite greffés en fente ou en flûte, avec la variété que l'on veut reproduire. Les soins à donner au noyer consistent à le débarrasser de ses branches mortes et à faire quelques labours, lorsqu'il est planté en verger.

3) Le **noisetier** s'accommode de tous les climats, mais il redoute la sécheresse et la compacité du sol; il préfère donc les terrains légers et frais, exposés au nord ou au couchant. On le multiplie au moyen de semis, de marcottes ou de drageons que l'on plante en automne. Il ne commence à produire que la troisième année. Dans le Midi, on cultive la variété dite *aveline*, qui donne un gros fruit rond, et dans le Nord, on plante de préférence le *noisetier franc*, à fruit allongé, parce qu'il y mûrit mieux.

Quel est le plus important de nos arbres fruitiers farineux?

424. Le plus important de nos **arbres fruitiers farineux** est le *châtaignier*.

Le **châtaignier** ne peut être cultivé dans le nord de la France, parce qu'il craint les gelées du printemps; mais il vient bien dans toutes nos autres régions; c'est sur le flanc des montagnes du Centre et du Midi, au milieu des rochers granitiques et schisteux, qu'il produit les plus beaux fruits. On le multiplie par semis, et, lorsque les plants ont acquis une certaine grosseur, on les transplante, puis on les greffe en flûte ou en écusson. Les soins à donner au châtaignier consistent à élaguer les branches inutiles et à biner de temps en temps le terrain à leur pied.

Comment conserve-t-on les fruits après leur récolte?

425. On conserve les fruits, après leur récolte, en les plaçant dans un local, appelé *fruitier* ou *fruiterie*, où ils sont l'objet de *soins particuliers.*

1) Le **fruitier**, pour réunir les meilleures conditions, doit être très sec, exposé au nord et impénétrable à la gelée. Le point le plus important pour la longue et parfaite conservation des fruits, c'est que la température y soit peu variable et se maintienne toujours au-dessus de zéro degré, que l'air y soit plutôt sec qu'humide, et qu'il ne s'y renouvelle que lorsqu'on le juge nécessaire pour enlever l'humidité surabondante dégagée par les fruits eux-mêmes, et, enfin, que la lumière n'y pénètre que bien affaiblie.

2) Les **soins** à donner aux fruits, une fois cueillis, consistent à les placer d'abord dans un appartement bien aéré, où on les étale pour les faire ressuyer. Cinq ou six jours après, on les porte sur les tablettes du fruitier, que l'on a eu soin de garnir auparavant d'un lit de paille neuve, très sèche, exempte d'odeur et la plus fine qu'on aura pu trouver. On arrange les fruits sur les tablettes du fruitier, espèce par espèce, les uns à côté des autres, en les posant sur l'œil autant que possible. Si le temps est beau, on pourra laisser le fruitier ouvert pendant les quatre ou cinq premiers jours, afin d'en chasser l'humidité, puis on le fermera hermétiquement. On devra ensuite s'assujettir à le visiter en entier deux fois par semaine, afin d'en retirer les fruits tachés, dont la présence et le contact détérioreraient les autres.

3) Pour les **raisins**, le meilleur moyen de les conserver frais jusqu'à la fin de l'hiver consiste à couper les sarments qui les portent un peu au-dessous de leur pédoncule, et de tenir l'extrémité inférieure de ces sarments constamment plongée dans l'eau. On se sert pour cela de fioles à ouverture un peu large, que l'on suspend par le goulot à des rateliers construits exprès et qui sont enfermés dans des appartements clos et obscurs.

VARIÉTÉS RECOMMANDABLES D'ARBRES FRUITIERS

1) **Abricotiers.** — Précoce, gros Saint-Jean, Angoumois, abricot royal, abricot Luizet, etc.

2) **Amandiers.** — *A coque dure :* grosse ordinaire, grosse verte, matherone, molière, etc. *A coque tendre* : sultane, ronde fine, grosse tendre, amande à la dame, etc.

3) **Cerisiers.** — *Cerises proprement dites* : Montmorency, Impératrice, reine Hortense, etc. *Griottes* : anglaise hâtive, griotte du Nord, griotte noire, griotte du Portugal, etc. *Bigarreaux* : gros blanc, gros rouge, bigarreau Jaboulay, bigarreau Elton, etc.

4) **Cognassiers.** — Cognassier du Portugal, cognassier d'Anger.

5) **Figuiers.** — *Figues du Midi* : Marseillaise, barnisotte, servantine grise, feuillade, etc. *Figues du Centre et du Nord* : blanche ronde, violette longue, figue d'Argenteuil, etc.

6) **Framboisiers.** — *Framboises ordinaires* : Falstoff, grosse de Tours, Gambon, etc. *Variétés remontantes* : Belle de Fontenay, merveille des quatre saisons, la perpétuelle des Alpes, etc.

7) **Pêchers.** — *Pêchers cultivés en plein vent* : alberge, persèque, de Pavie, brugnon, nicarde, etc. *Pêchers cultivés en espaliers* : Amsden, précoce Béatrix, précoce Rivers, reine des vergers, princesse de Galles, lord Palmerston, etc.

8) **Poiriers.** — *Poires d'été* : beurré Giffard, bergamotte d'été, beurré d'Amanlis, doyenné de juillet, beurré d'Apremont, William, etc. *Poires d'automne* : bergamotte crassanne, Louise-Bonne d'Avranche, beurré gris des deux sœurs, duchesse d'Angoulême, etc. *Poires d'hiver* : beurré d'Hardenpont, beurré Clairgeau, beurré d'Aremberg, bergamotte Espéren, beurré gris d'hiver, bon-chrétien d'hiver, etc.

9) **Pommiers.** — *Pommes pour la table* : Api rose, Astrakan rouge, calville blanche, calville rouge d'Anjou, reinette grise, reinette du Canada, reinette d'Espagne, reinette royale, etc. *Pommes pour le cidre* : blanc-mollet, jaunet pointu, gros muscadet, doux-évêque, reine des hâtives, etc.

10) **Pruniers.** — *Prunes consommées fraîches* : Reine-Claude d'Oullins, Reine-Claude verte, Reine-Claude violette, précoce de Tours, prune monsieur, grosse mirabelle, petite mirabelle, etc. *Prunes à sécher* : prune d'Agen, Sainte-Catherine, quetsche d'Allemagne, Reine-Claude de Bavay, etc.

APPENDICE

NOTIONS DE SYLVICULTURE. — ANIMAUX NUISIBLES. — ANIMAUX UTILES.
COMPTABILITÉ AGRICOLE. — NOTIONS DE DROIT RURAL. — DE L'ASSOCIATION.

I. — NOTIONS DE SYLVICULTURE

Qu'est-ce que la sylviculture ?

426. La **sylviculture** est la science qui a pour objet la création, l'entretien et l'exploitation des *bois* et *forêts*.

Qu'appelle-t-on bois et forêts ?

427. On appelle **bois** un espace de terrain planté d'arbres. Lorsque l'espace planté est très étendu, on lui donne le nom de **forêt**. Les diverses espèces d'arbres dont se compose une forêt ou un bois sont désignées, en sylviculture, sous le nom générique d'*essences*.

L'utilité des forêts est-elle bien grande?

428. L'utilité des forêts est très grande, soit à cause de *produits* qu'on en retire, soit à cause du *rôle bienfaisant* qu'elles jouent dans la nature.

1) Les principaux **produits** qu'on retire des forêts sont : 1° le *bois de construction*, employé par la charpenterie et les constructions navales; 2° le *bois d'œuvre*, employé par la menuiserie, le charronnage, la tonnellerie, la boissellerie, l'ébénisterie, etc.; 3° le *bois de chauffage*, d'un usage si important dans la boulangerie et l'économie domestique; 4° le *charbon de bois*, que l'on obtient par la combustion incomplète des bois durs, à l'abri du contact de l'air; 5° le *tan*, fabriqué avec l'écorce de chêne et de quelques autres arbres; 6° le *liège*, fourni par l'écorce du chêne de ce nom et qu'on emploie à de nombreux usages; 7° la *térébenthine*, qui suinte du tissu de divers arbres résineux, etc.

2) Quant au **rôle** que les forêts jouent dans la nature et l'économie générale du globe, il est également très important. Elles brisent la fureur des vents, abritent les vallées contre les froids rigoureux, empêchent par leur ombrage le sol de se dessécher, conservent aux sources leur abondance; de plus elles assainissent l'air en lui enlevant son excès d'humidité, et surtout en maintenant intacte et constante sa composition altérée par l'action de la vie animale.

Comment peut-on classer les diverses essences d'arbres forestiers ?

429. On peut répartir les diverses essences d'arbres forestiers en deux grandes catégories : les arbres *feuillus* et les *arbres résineux*.

1) Les **arbres feuillus** sont ceux qui ont de véritables feuilles, c'est-à-dire des feuilles à limbe plat et généralement caduques. Ils ont une ramification irrégulière et poussent des rejets lorsqu'on les coupe par la base. Ce sont les plus nombreux dans nos forêts, où ils entrent pour les 4/5 environ.

2) Les **arbres résineux** sont ceux qui contiennent de la résine dans leurs tissus. Ils ont, pour la plupart, des feuilles persistantes, coriaces et rétrécies en forme d'aiguilles. Leurs fruits sont des cônes, d'où le nom de *conifères* par lequel on les désigne aussi. Ils ne donnent jamais de rejets lorsqu'on les coupe par la base, et leur ramification est axillaire, c'est-à-dire que toutes les branches partent d'un axe central.

Quelles sont les principales essences feuillues qu'on rencontre dans nos forêts?

430. Les principales espèces d'arbres feuillus qui entrent dans nos forêts peuvent se diviser en deux catégories :

1° Le **chêne**, l'*alizier*, le **hêtre**, le **bouleau**, le *charme*, le *châtaignier*, l'*érable*, l'*orme*, le *robinier*, le *sorbier* et le *tilleul*, qui prospèrent surtout dans les terrains secs et perméables.

2° L'*aune*, le **peuplier**, le *saule*, le *frêne* et le *platane*, qui préfèrent les terrains humides et frais.

Fig. 158. — Chêne.

1) Le **chêne**, surnommé avec raison le *roi des forêts*, occupe, dans nos pays, le premier rang parmi les arbres forestiers feuillus. Par sa compacité, sa durée, sa solidité, sa résistance à l'humidité, son bois est un des plus estimés soit comme *bois de chauffage*, soit comme *bois d'œuvre*, soit surtout comme *bois de construction* ; ses fruits ou *glands* sont une bonne nourriture pour certains animaux; l'écorce d'une de ses espèces produit le liège et celle des autres est très employée, à cause du tannin qu'elle renferme, à la préparation du cuir. Il compte un grand nombre d'espèces, dont les plus importantes, en France, sont : le *chêne-rouvre*, à fruits sessiles, le *chêne à fruits pédonculés*, le *chêne-vert* ou *yeuse* et le *chêne-liège*.

2) Le **hêtre** ou *fayard* (fig. 159), au tronc droit et élancé, à l'écorce blanche et lisse, au feuillage épais et luisant, mérite d'être placé au second rang de nos arbres feuillus. Son bois, moins élastique et moins résistant que celui du chêne, n'est pas employé dans les charpentes; mais il est d'une grande utilité pour la boissellerie, pour faire des sabots, des rames, des pieux pour pilotis, etc. C'est aussi un excellent bois de chauffage. Il peut venir dans presque tous les terrains, mais il se plaît surtout sur les sols argileux un peu graveleux et sur les flancs des montagnes exposées au midi,

3) Le **bouleau**, moins commun dans nos forêts que le hêtre et le chêne, est un arbre précieux, parce qu'il peut supporter des froids très intenses; aussi s'avance-t-il beaucoup vers le nord et dans les régions élevées des montagnes. Son bois, d'un grain fin et qui prend bien le poli, quelquefois nuancé de rouge, est assez recherché par les menuisiers, les tourneurs et les sabotiers de même que pour la fabrication des cercles. Les Esquimaux en font des embarcations très légères, qu'ils transportent pour aller d'un lac dans un autre. Il est très bon pour le chauffage des fours.

4) Le **peuplier**, type des arbres à bois blanc, renferme un grand nombre d'espèces, dont les plus répandues dans nos climats sont : le *peuplier blanc*, cultivé surtout dans les plaines humides de la Flandre et de la Hollande ; le *tremble*, caractérisé par l'extrême mobilité de son feuillage, le *peuplier noir* ou *liardier*, dont les feuilles d'un vert sombre, sont crénelées sur les bords, et le *peuplier pyramidal* ou *peuplier d'Italie*, dont les rameaux se dressent le long de la tige, et qui est fréquemment employé pour orner les avenues.

Fig. 159. — Rameau de hêtre. *Fig. 160. — Branche de mélèze.*

Quelles sont les principales essences résineuses ?

431. Les principales essences résineuses qu'on rencontre dans les forêts françaises sont : le *sapin*, le *pin* et le *mélèze*.

1) Le **sapin** occupe, parmi les arbres résineux de nos forêts, le même rang que le chêne parmi les arbres feuillus. Son tronc droit et long, parfois de plus de 40 mètres, a été recherché de tout temps pour les constructions navales, les grandes charpentes et partout où l'on a besoin de poutres de longue portée. Débité en planches, son bois est employé en menuiserie et pour une foule d'autres usages. Aussi léger que le peuplier, il a une dureté plus grande. On en distingue deux espèces principales : le *sapin commun* (fig. 161), et le *sapin épicea*.

2) Le **pin** s'élève moins haut que le sapin, mais il est peut-être plus **commun**; les belles forêts composées presque exclusivement de cet arbre sont une des richesses de nos montagnes, et il est à regretter qu'elles diminuent sensiblement par l'immense consommation qu'on fait de son bois pour les galeries des mines, les constructions et d'autres usages. C'est aussi avec cette essence qu'on a boisé depuis un siècle une grande partie des landes de Gascogne. On en retire divers produits, entre autres la térébenthine, que l'on recueille en faisant une incision au tronc de l'arbre. Parmi ses nombreuses variétés, il faut citer, comme les plus communes : le *pin sylvestre*, le *pin maritime*, le *pin pignon*, le *pin laricio*, le *pin d'Alep*, etc.

Fig. 161. — Sapin commun.

Comment peut-on créer une forêt?

432. Pour créer une forêt ou, ce qui est la même chose, **pour boiser un terrain**, on peut employer deux procédés différents : le *semis* et la *plantation*. Le premier consiste à semer directement la graine à l'endroit où l'arbre doit croître; le second, à semer d'abord les graines en *pépinière*, puis à les transplanter à demeure, lorsqu'ils ont acquis un certain accroissement.

1) Le semis est un procédé expéditif, mais de réussite chanceuse. On l'emploie principalement pour ensemencer de grandes surfaces avec des essences très pivotantes, dont la plantation serait trop coûteuse. Il peut se faire *à la volée*, comme cela a lieu ordinairement pour les arbres résineux; *en lignes*, comme cela se pratique souvent pour le hêtre, et enfin par *potets*, c'est-à-dire par petits trous convenablement espacés que l'on creuse dans le sol et dans chacun desquels on met une ou plusieurs semences. C'est le procédé ordinairement appliqué au chêne, et que l'on peut employer également pour le hêtre et plusieurs autres essences.

2) La **plantation** est un procédé plus long et plus dispendieux que le semis, mais sa réussite est beaucoup moins problématique. Elle est particulièrement recommandable pour les terrains crayeux et granitiques, dans lesquels les jeunes racines des semis pourraient être soulevées et mises à nu par la gelée. Il en est de même pour les terrains humides qui se couvrent d'une herbe épaisse au milieu de laquelle les jeunes plants pourraient être étouffés.

Que sont les principaux soins d'entretien qu'exige une forêt en formation?

433. Les principaux soins d'entretien que réclame une forêt en voie de formation sont : l'*éclaircissage*, le *repiquage*, le *recépage*, l'*élagage*, l'*émondage* et le *nettoyage*.

1) On entend par **éclaircissage** l'action de supprimer certains plants dans les endroits où ils sont trop serrés, afin de favoriser la croissance des autres, et par **repiquage** l'action de remplacer par d'autres les plants qui ont fait défaut ou qui sont trop peu vigoureux.

2) Le **recépage** consiste à couper à fleur de terre les jeunes plants peu vigoureux, lorsque leur nature le comporte, afin qu'ils poussent ensuite avec plus de force; l'**élagage**, à retrancher, en tout ou en partie, les branches d'un jeune arbre jusqu'à une certaine hauteur, et l'**émondage**, à couper toutes les branches latérales jusqu'à l'extrémité, à laquelle on ne doit pas toucher. Ces trois opérations doivent être pratiquées avec beaucoup de circonspection et d'intelligence, autrement elles risqueraient souvent de produire un mauvais résultat.

3) Enfin, **nettoyer** un bois ou une forêt, c'est enlever les branches mortes, détruire les ronces, les épines, les espèces peu productives, etc.

De combien de manières peut-on exploiter une forêt?

434. On peut exploiter une forêt de deux manières principales en *futaie* ou en *taillis*. La première consiste à laisser prendre aux arbres, avant de les couper, un développement considérable; elle donne surtout des bois de construction et des bois d'œuvre. Dans la seconde, on coupe les arbres, alors qu'ils sont encore jeunes, afin qu'ils puissent repousser de leurs souches. Elle n'est applicable qu'aux arbres feuillus et donne principalement du bois de chauffage. Quel que soit le mode employé, il est essentiel de procéder de manière à *assurer la régénération de la forêt* et *procurer aux jeunes arbres, dans la mesure du possible, l'air, la*

lumière et l'humidité dont ils ont besoin pour végéter dans de bonnes conditions.

On peut réunir les avantages respectifs du taillis et de la futaie en adoptant un mode d'exploitation mixte, appelé **taillis sous futaie**. Il consiste à réserver à chaque coupe un certain nombre d'arbres appelés *baliveaux*, auxquels on laisse acquérir tout leur développement. Les baliveaux, suivant leur âge, prennent successivement les noms de *modernes* (au-dessus de 50 ans), d'*anciens de 2e classe* (au-dessus de 90 ans), d'*anciens de 1re classe* (au-dessus de 120 ans), et de *vieilles écorces* (au-dessus de 150 ans). Après un certain temps, en abattant à chaque coupe le taillis et les vieilles écorces, on aura à la fois du bois de chauffage, des bois d'œuvre et même des bois de construction.

II. — ANIMAUX NUISIBLES A L'AGRICULTURE

L'agriculteur ne trouve-t-il pas dans certains animaux des ennemis redoutables?

435. Oui, certains animaux sont pour l'agriculteur des ennemis redoutables, voire même parfois de terribles fléaux, contre lesquels il ne saurait lutter avec trop d'énergie et de persévérance.

Comment peut-on classer les animaux nuisibles à l'agriculture?

436. La plupart des animaux nuisibles à l'agriculture appartiennent à quatre classes du règne animal, savoir : la classe des *mammifères*, celle des *oiseaux*, celle des *mollusques* et celle des **insectes**. Cette dernière est, de beaucoup, celle qui en fournit le plus grand nombre.

Quels sont les principaux mammifères nuisibles à l'agriculture?

437. Les principaux **mammifères nuisibles** à l'agriculture sont : le *loup*, le *renard*, la *belette*, le *putois*, la *fouine*, le *rat*, la *souris*, le *mulot*, le *campagnol*, le *loir*, etc. On s'en débarrasse soit au moyen de pièges, dans lesquels on les attire avec des appâts de leur goût; soit en les asphyxiant dans leurs terriers avec des fumées irrespirables; soit en les empoisonnant avec des substances vénéneuses que l'on mêle aux aliments dont on sait qu'ils sont friands; soit, enfin, en multipliant les animaux qui sont leurs ennemis naturels.

1) Le **loup** a été pendant longtemps la terreur des troupeaux, parmi lesquels il causait les plus grands ravages. Heureusement, grâce à la chasse active qu'on lui a faite, il est devenu assez rare en France.

Fig. 162. — Mammifères nuisibles.

1. Loup. — 2. Renard. — 3. Belette. — 4. Campagnol. — 5. Fouine. — 6. Rat. — 7. Souris.

2) Le **renard**, dont l'adresse et la ruse sont proverbiales, est le fléau des basses-cours. Il y pénètre pendant la nuit, tue les volailles et les emporte ensuite dans son terrier pour les dévorer à loisir.

3) La **belette**, la **fouine** et le **putois** exercent dans les poulaillers et les colombiers des dégâts considérables, soit en tuant les volailles, soit en mangeant les œufs.

4) Le **rat**, la **souris** et le **mulot**, de même que le *campagnol* et le *loir*, commettent surtout leurs déprédations dans les greniers, les jardins et les champs, en dévorant les grains, les fruits et toutes sortes de produits végétaux. Le rat se nourrit aussi de produits végétaux.

Quels sont les principaux oiseaux nuisibles?

438. C'est une question de savoir s'il y a, dans nos pays, des oiseaux vraiment nuisibles, car plusieurs de

ceux qu'à première vue on serait tenté de considérer comme tels compensent les dégâts qu'il nous occasionnent par des services qui les égalent et souvent les dépassent. Les oiseaux de proie diurnes, tels que les *faucons*, les *autours*, les *éperviers*, les *busards*, les *milans* et quelques autres paraissent être les seuls que l'on puisse considérer avec fondement comme plus nuisibles qu'utiles.

Fig. 163 — Epervier.

Quels sont les mollusques nuisibles?

439. Nous pouvons grouper les **mollusques nuisibles** de nos climats dans deux grandes catégories : les *escargots* et les *limaces*. Le moyen de s'en débarrasser autant que possible est de leur faire la chasse après la pluie, ou de les attirer dans des pièges-abris et de tuer chaque jour ceux qui sont venus s'y réfugier. Dans le but de les empêcher de pénétrer dans les carrés de légumes, on saupoudre les abords de ces carrés avec de la chaux, de la fleur de soufre ou de la sciure de bois mêlée de goudron.

1) Les nombreuses espèces d'**escargots** ou de *limaçons* causent de grands dégâts dans les jardins, surtout pendant la nuit et après la pluie, en dévorant les salades, les épinards, les choux, les artichauts, les feuilles tendres des haricots, etc. Le jour, ils se réfugient sous les fraisiers ou autres plantes qui les mettent facilement à l'ombre et vivent à leurs dépens.

2) Avec leur corps mou et dépourvu de coquille, qui leur permet de se faufiler partout, et leur couleur terne, qui les fait échapper facilement au regard de celui qui les poursuit, les **limaces** sont encore plus redoutables que les escargots. « On serait effrayé, dit un de leurs plus patients observateurs, si l'on pouvait voir tout le tort qu'elles font à l'agriculture et principalement aux jardins. C'est par millions, peut-être par centaines de millions, que doit se chiffrer le dégât que ces terribles

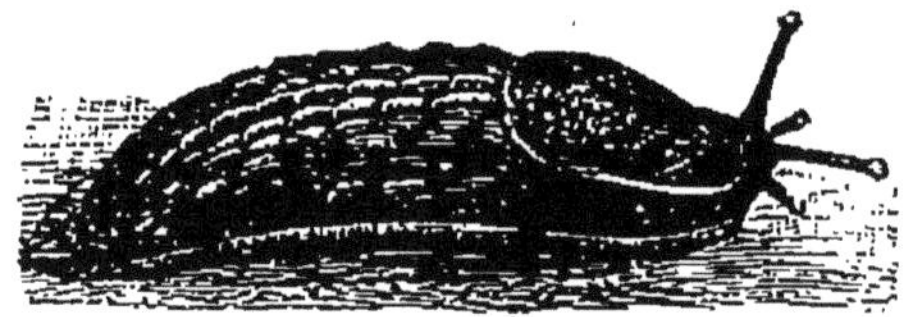

Fig. 164. — Limace.

mollusques accomplissent chaque nuit avec une infatigable persévérance. »

Comment classe-t-on les insectes nuisibles à l'agriculture?

440. Les principaux insectes nuisibles à l'agriculture, dans nos pays, peuvent être divisés en sept classes suivant qu'ils sont nuisibles : 1° *aux cultures en général;* 2° *aux céréales;* 3° *aux plantes fourragères;* 4° *aux plantes sarclées et potagères;* 5° *à la vigne;* 6° *aux arbres fruitiers;* 7° *aux forêts.*

Quels sont les insectes nuisibles aux cultures en général?

441. Les principaux insectes nuisibles aux cultures en général sont : le *hanneton*, la *courtillère* et les *sauterelles.*

1) Le **hanneton**, soit à l'état de larve, soit à l'état d'insecte parfait, commet des dégâts extrêmement importants. Sa larve, appelée *ver blanc, turc* ou *man*, passe trois ans sous terre, où elle ronge les racines des plantes, causant parfois dans les champs et dans les jardins des ravages qui équivalent à une complète destruction de la récolte. A l'état d'insecte parfait, il dépouille les végétaux de leurs feuilles. Les moyens les plus simples et les plus efficaces pour le détruire sont : 1° d'en ramasser des quantités aussi grandes que possible pendant qu'il pullule et de les faire périr dans l'eau bouillante ou de tout autre manière; 2° de bêcher ou de labourer le sol au pied des plantes, de ramasser toutes les larves qu'on trouve et de les détruire d'une manière quelconque.

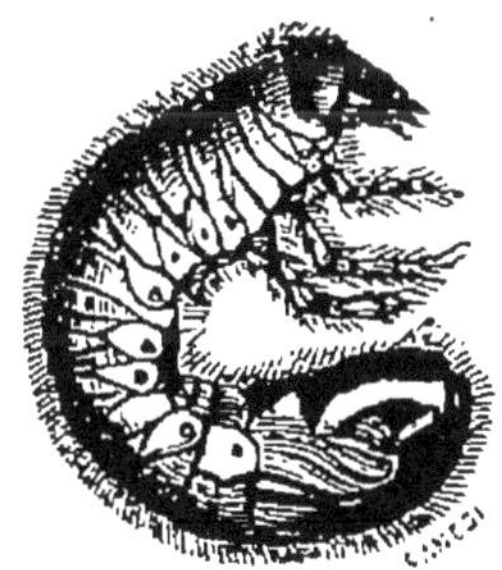

Fig. 165. — Le hanneton et sa larve.

2) Les **courtillères** ou *taupes-grillons* dévastent les champs et surtout les jardins en creusant des galeries sous terre et en coupant, avec leurs mandibules ou leurs pattes, les racines des plantes qu'elles rencontrent. Pour les détruire, on fait en terre des trous carrés remplis de fumier où elles ne tardent à accourir et où on les prend par centaines. On peut aussi enfoncer dans la terre des pots ventrus et vernissés à l'intérieur où elles tombent sans pouvoir sortir.

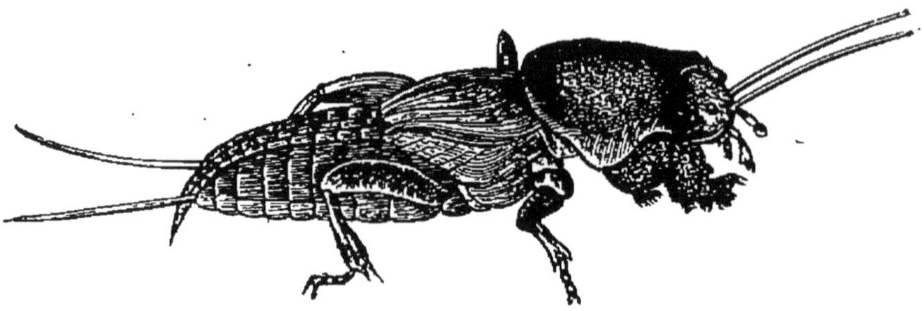

Fig. 166. — Courtilière.

3) Les **sauterelles** de nos pays ne causent pas de très grands dommages; mais, dans certaines contrées de l'Afrique, une de leurs espèces, le *criquet voyageur*, produit parfois d'immenses désastres. En s'abattant sur le sol, ces insectes y forment des couches profondes souvent de plusieurs centimètres, dévorent tout ce qu'ils rencontrent de verdure et ne laissent après eux que le désert. A plusieurs reprises, certaines régions de l'Algérie ont été entièrement dévastées par ce terrible fléau, contre lequel toute résistance est, malheureusement, presque impossible.

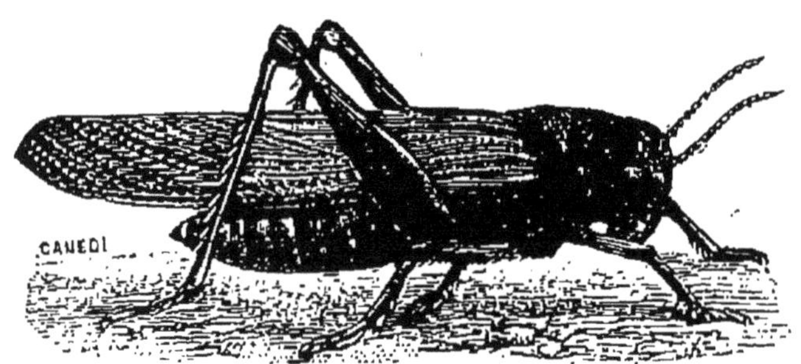

Fig. 167. — Criquet voyageur.

Quels sont les principaux insectes nuisibles aux céréales?

442. Les principaux insectes nuisibles aux céréales sont : 1° le *zabre* ou *carabe bossu*, les *taupins*, l'*aiguillonnier* et la *mouche à blé*, dont les larves attaquent la plante sur pied ; 2° le *charançon* ou *calandre du blé*, l'*alucite des céréales* et la *teigne des grains*, qui causent de grands ravages dans les greniers.

Fig. 168. — Teigne des grains.

Pour détruire les premiers, il convient le plus souvent, lorsque la récolte a été plus ou moins compromise, de couper les blés aussi bas que possible pour éviter que les larves se réfugient dans la partie inférieure; puis d'extirper les chaumes et de les brûler aussitôt après la moisson. L'épandage de tourteaux de colza pulvérisé est conseillé contre la mouche à blé. Enfin, pour ceux qui attaquent le grain déjà récolté, on propose de placer dans les greniers des plantes à odeur forte, d'y tenir une grande propreté et de remuer le grain de temps en temps. Le mieux, lorsqu'on s'aperçoit que le grain est attaqué, est de l'envoyer sans retard au moulin.

Fig. 169. — Taupin des moissons et sa larve.

Quels sont les principaux insectes nuisibles aux plantes fourragères?

443. Les insectes les plus nuisibles aux **plantes fourragères** sont des espèces de **coléoptères** et de **papillons**. Parmi les premiers, il faut citer en première ligne le *charançon du trèfle*, dont les larves rongent la base des fleurs et empêchent la fructification de la plante; puis les *colaphes* et les *eumolpes*, qui rongent les parties vertes du trèfle et de la luzerne. Parmi les seconds, les plus malfaisants sont la *noctuelle glyphique* et plusieurs sortes de *phalènes*, dont les chenilles causent de grands ravages dans les prairies artificielles en dévorant les feuilles et les tiges des plantes qui les composent.

Fig. 170. — Coccinelle (un peu grossie).

Nos moyens de défense contre ces légions d'ennemis qui, certaines années, pullulent d'une manière effrayante, sont malheureusement bien faibles. A peu près tout ce que nous pouvons faire, c'est de restreindre dans une certaine mesure leur multiplication en favorisant celle de leurs ennemis naturels qui sont : pour les coléoptères, la *coccinelle* ou *bête à bon Dieu;* pour les papillons, le *calosome* et les *petits oiseaux* qui se nourrissent de chenilles.

Quels sont les principaux insectes nuisibles aux plantes sarclées et potagères?

444. Les insectes nuisibles aux **plantes sarclées** et potagères sont très nombreux. En dehors du *hanneton*

et de la *courtillère*, qui font à ces plantes plus de mal encore qu'aux autres cultures, leurs plus grands ennemis sont : 1° parmi les **coléoptères**, les *bruches*, qui rongent les graines des pois, des lentilles, des haricots et autres plantes légumineuses ; le *criocère* de l'asperge, qui ronge pendant l'été les feuilles de cette plante ; les *altises* ou *puces de terre*, qui font de grands ravages dans les champs de navets et de colza ; 2° parmi les **lépidoptères**, les *papillons blancs* ou *piérides*, dont les chenilles dévastent également les champs de choux, de navets et de colza ; 3° les diverses espèces de **pucerons**, dont chacune vit généralement sur une espèce particulière de plantes, aux dépens de laquelle elle se nourrit.

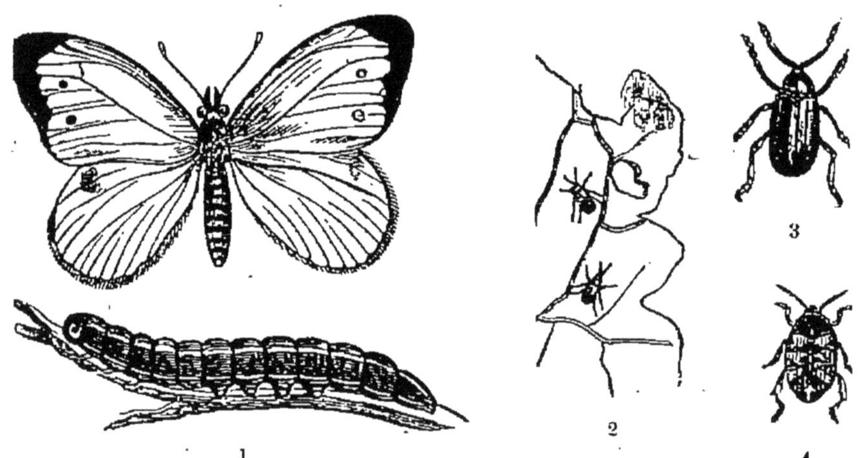

Fig. 171. — Insectes nuisibles aux plantes sarclées.

1. Piéride du chou et sa chenille. — 2. Altises de grandeur naturelle. — 3. Altise grossie. — 4. Bruche du pois (grossie).

Pour détruire ces insectes, on a proposé divers moyens plus ou moins expéditifs, qui réussissent quelquefois ; mais le plus efficace et le plus pratique est encore, dans la majorité des cas, de récolter ces divers insectes en aussi grande quantité que possible, à l'état d'œuf, à l'état de larve ou à l'état d'insecte parfait.

Quels sont les principaux insectes nuisibles aux arbres fruitiers?

445. Parmi le grand nombre d'insectes qui vivent aux dépens des **arbres fruitiers**, il convient de signaler

comme tout particulièrement nuisibles : le papillon *bombyx livrée*, les *anthonomes* du poirier et du pommier, le *puceron lanigère*, les *rhynchites*, les *pyrales*, les *guêpes*, les *fourmis*, les *forficules* ou *perce-oreille*, etc.

Fig. 172. Puceron lanigère (très grossi).

Fig. 173. Anthonome du poirier.

1) Le **bombyx livrée**, à l'état de chenille, dépouille parfois presque entièrement certains arbres fruitiers de leurs feuilles. Il colle ses œufs autour des jeunes branches, en forme de bracelet.

2) Le **puceron lanigère** est un véritable fléau pour les pommiers, dont les jeunes branches, sous l'action de ses mille piqûres, se nouent, se tortillent, et deviennent chancreuses.

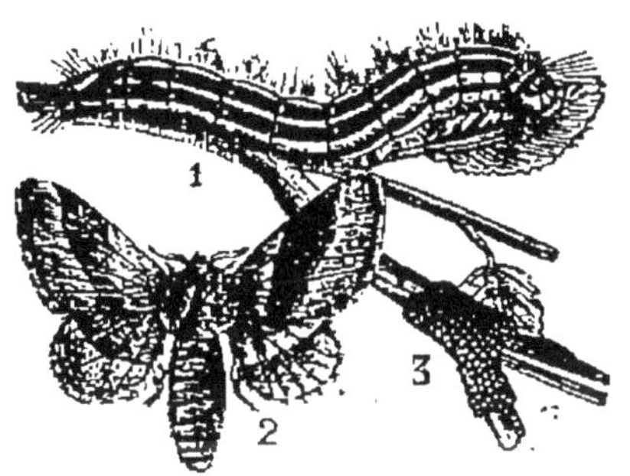

Fig. 174. — Bombyx livrée.
. Chenille. — 2. Papillon. — 3. Œufs.

3) Les larves des **anthonomes** du poirier et du pommier attaquent les fleurs de ces arbres, lorsqu'elles sont en boutons et les font périr avant qu'elles aient pu éclore, et les **rynchites** rongent les jeunes bourgeons.

4) Diverses sortes de **pyrales**, à l'état de chenille ou de larve, vivent à l'intérieur des pommes, des prunes, des poires, des châtaignes, etc., se nourrissent de leur pulpe, les font tomber avant la maturité et produisent ce qu'on appelle des fruits véreux.

Fig. 175. — Perce-oreille.

Fig. 176. — Guêpe.

5) Enfin les **guêpes**, les **fourmis**, les **perce-oreille**, etc., attaquent les fruits mûrs et se nourrissent aux dépens de leur substance sucrée.

6) Ce sont donc autant d'ennemis qu'il ne faut jamais se lasser de poursuivre par tous les moyens en notre pouvoir (échenillage, poudres insecticides, badigeonnages à l'huile de lin ou au goudron, etc.).

Quels sont les principaux insectes nuisibles aux forêts?

446. Les insectes nuisibles aux forêts, comme ceux qui nuisent aux autres cultures, sont en nombre fort considérable. Nous nous bornerons à citer :

Fig. 177. Lucane.

1° Parmi les **coléoptères**, les *scolytes*, les *bostriches* et les *helsines*, qui rongent le bois ; diverses espèces de *charançons* et de *chrysomèles*, qui rongent les feuilles ; les *lucanes*, qui ont pour type le cerf-volant, dont la larve, armée de fortes mandibules, ronge le chêne jusqu'au cœur et lui porte grand préjudice, etc.

2° Parmi les **névroptères**, le *termite lucifuge*, le terrible rongeur de bois qui, non content de ravager les forêts, commence, en certaines contrées, à envahir les maisons.

3° Parmi les **lépidoptères**, un grand nombre de chenilles telles que celles du *bombyx processionnaire* du chêne, du *bombyx livrée*, du *sphynx du pin*, de l'*hibernie défeuillante*, de la *phalène du bouleau*, etc.

III. — ANIMAUX UTILES A L'AGRICULTURE

Quel est ordinairement le moyen le plus sûr d'empêcher la trop grande multiplication des animaux nuisibles?

447. Ordinairement, le moyen le plus sûr d'empêcher la trop grande multiplication des animaux nuisibles est de favoriser, autant que possible, la multiplication d'autres animaux qui en sont les ennemis naturels et que, pour cela, on désigne sous le nom d'**animaux utiles.**

Il y a cependant une distinction à faire, parmi les destructeurs d'animaux nuisibles, relativement à la protection qu'il convient de leur accorder. Quelques-uns, en effet, nous font payer leurs services si cher, qu'ils deviennent eux-mêmes plus incommodes ou plus malfaisants que les ennemis dont ils nous délivrent. Les seuls qui soient vraiment utiles et qui, par conséquent, méritent d'être protégés, sont ceux qui nous procurent plus de bien que de mal.

Comment peut-on classer les animaux utiles?

448. La plupart des animaux utiles comme auxiliaires de l'agriculteur, dans la destruction des animaux nuisibles, sont des *mammifères*, des *oiseaux*, des *reptiles*, des *batraciens*, des *poissons* et des *insectes*.

Quels sont les principaux mammifères utiles à l'agriculteur comme destructeurs d'animaux nuisibles?

449. Les principaux mammifères utiles au cultivateur comme destructeurs d'animaux nuisibles, sont : la *chauve-souris*, la *taupe*, la *musaraigne* et le *hérisson*.

1) Les **chauves-souris**, qu'on voit voler à la tombée de la nuit comme des hirondelles, sont des mammifères, malgré leur apparence d'oiseaux. Celles de nos pays se nourrissent d'insectes, particulièrement de papillons crépusculaires, dont elles détruisent un grand nombre. Elles méritent à ce titre d'être protégées.

2) Les **taupes** sont désagréables en ce que, pour creuser leurs galeries souterraines, elles coupent quelquefois les racines des plantes, et en ce que les amas de terre pulvérulente, appelés *taupinières*, qui forment le déblai de ces galeries sont gênants pour le fauchage des prairies; mais elles sont aussi très utiles par la grande quantité d'insectes nuisibles, particulièrement de courtillères et de vers blancs, qu'elles dévorent.

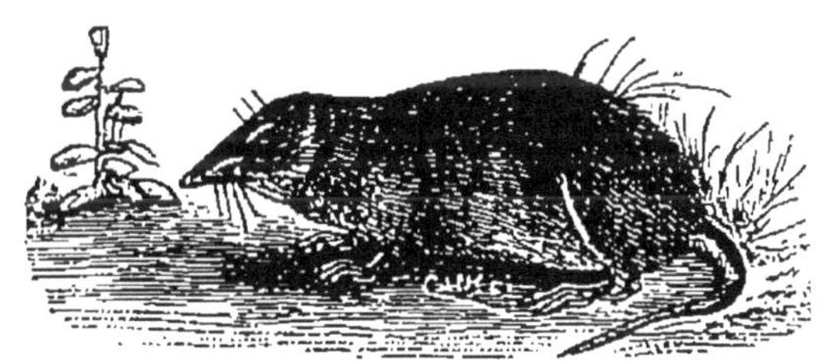

Fig. 178. — Musaraigne.

3) Le **hérisson**, au corps couvert de piquants, qui se roule en boule dès qu'on le touche, est aussi un grand mangeur d'insectes nuisibles. Il en est de même de la **musaraigne**, dont la forme générale rappelle celle de la souris, mais qui diffère totalement de cette dernière par sa denture et par ses mœurs.

Quels sont les principaux oiseaux utiles à l'agriculture?

450. La plupart des oiseaux de nos climats sont utiles

à l'agriculture, malgré les dégâts momentanés de quelques-uns d'entre eux, parce que leurs légères déprédations sont largement compensées par les services qu'ils nous rendent. Citons comme particulièrement dignes de protection : 1° les **rapaces nocturnes** : *hiboux, chouettes, chats-huants*, etc., qui détruisent une quantité considérable de rongeurs malfaisants; 2° les **petits oiseaux insectivores** : *rossignols, mésanges, pinsons, roitelets, engoulevents, hirondelles, fauvettes, grives, merles*, etc., qui nous délivrent d'une multitude de chenilles et autres insectes nuisibles. (*Dictée XLIII*).

Fig. 179. — Quelques oiseaux insectivores.
1. Rossignol. — 2. Pinson. — 3. Fauvette. — 4. Roitelet. — 5. Bouvreuil. 6. Engoulevent.

1) Il faut donc bien se garder d'imiter la coutume barbare et insensée des paysans de certains pays, qui clouent à leur porte, comme des trophées, les hiboux qu'ils peuvent prendre; il faut, au contraire, regarder ces oiseaux comme des auxiliaires précieux et protéger leurs nids par tous les moyens en notre pouvoir. *(Dictée XLIV).*

2) A plus forte raison encore, s'il est possible, faut-il protéger les petits oiseaux insectivores qui, tout en nous délivrant, comme les chouettes et les hiboux, des plus grands ennemis de nos récoltes, nous réjouissent de leur chant, et, par la vivacité et la grâce de leurs mouvements, font un des plus beaux ornements de la campagne. Détruire leurs nids, c'est faire acte non seulement d'imprévoyance, mais de véritable cruauté.

Quels services les batraciens, les reptiles et les poissons rendent-ils à l'agriculture?

451. Les *crapauds*, les *grenouilles* et les *salamandres*, qui sont des batraciens, se nourrissent d'animaux pour la plupart nuisibles, dont ils débarrassent ainsi nos récoltes. Il en est de même des reptiles de nos pays (*couleuvres*, *orvets*, *lézards*, etc.) qui, presque tous, sont d'ailleurs inoffensifs. Seule la vipère peut nous causer, par sa morsure, un dommage sérieux. Quant aux poissons, ils sont utiles à l'agriculture en tant qu'ils détruisent une grande quantité d'insectes nuisibles dont les larves sont aquatiques.

Quels sont les principaux insectes utiles à l'agriculture?

452. La plupart des insectes sont plus ou moins nuisibles ; quelques-uns cependant sont pour l'agriculteur de véritables auxiliaires, parce qu'étant insectivores, ils détruisent pour leur nourriture des quantités considérables d'insectes nuisibles. Tels sont : 1° parmi les coléoptères ; les *calosomes*, les *carabes*, le *staphylin*, les *réduves*, les *coccinelles* et les *cicindèles ;* 2° parmi les orthoptères : les *grillons champêtres* et les *mantes ;* 3° parmi les hyménoptères : l'*ichneumon*.

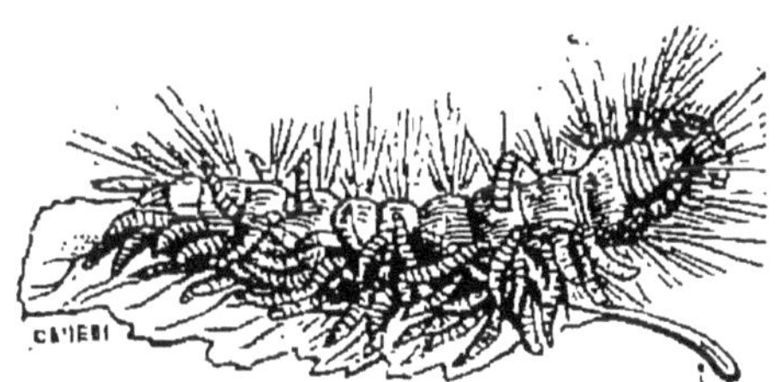

Fig. 180. — Larves d'ichneumon dévorant une chenille.

Fig. 181. Calosome.

L'**ichneumon** n'est pas insectivore, mais il fait périr un nombre prodigieux de chenilles en déposant ses œufs sous leur épiderme, qu'il perce au moyen d'une triple tarière dont son abdomen est armé. Les larves qui en proviennent vivent aux dépens de la chenille jusqu'au moment de se transformer en nymphes.

IV. — COMPTABILITÉ AGRICOLE

Qu'est-ce que la comptabilité agricole?

453. La **comptabilité agricole** est l'art de tenir les écritures d'une exploitation agricole ou d'un domaine.

Une comptabilité bien tenue renseigne exactement l'agriculteur sur sa position de fortune et sur les résultats financiers de son système de culture, c'est-à-dire sur les *pertes* et les *profits* de son entreprise. Elle l'aide, en outre, à remonter aux causes de ses succès ou de ses revers et l'éclaire sur les modifications à apporter dans son exploitation.

Quels sont les principaux livres de comptabilité que doit tenir un agriculteur ?

454. Les livres les plus nécessaires à la bonne comptabilité d'un agriculteur sont : le *Carnet de poche*, le *Journal*, le *Livre de Caisse*, le *Grand Livre* et le *Livre des Inventaires*.

En quoi consiste le carnet de poche ?

455. Le **Carnet de poche** est un petit registre où l'agriculteur note les différentes opérations au fur et à mesure qu'elles ont lieu. Il n'est autre chose qu'un aide-mémoire pour la rédaction du journal.

Qu'est-ce que le Journal?

456. Le **Journal** est le registre sur lequel l'agriculteur transcrit les opérations qu'il a notées sur son Carnet de poche : achats, ventes, livraisons de marchandises, payements, emprunts, etc.

Il doit être bien tenu, sans blancs ni ratures, mentionner les différentes opérations par ordre de date, et contenir toutes les indications nécessaires pour établir les comptes auxquels elles peuvent donner lieu. Voici deux articles qui peuvent servir de modèle pour la rédaction du Journal :

8 DÉCEMBRE		
Acheté de Laurent 10 tonnes d'engrais chimiques à 3 fr. 20 les 100 kilos, payables à trois mois. . . .	320	»
DU DIT		
Vendu au comptant, à Dumont, 420 Kg de blé à 27 fr. les 100 Kg	113	40

A quoi sert le Livre de Caisse?

457. Le **Livre de Caisse** sert à tenir le compte des *recettes* et des *dépenses*. Les recettes sont inscrites dans une colonne spéciale et il en est de même des dépenses.

A la fin de chaque semaine ou de chaque mois, selon l'importance de l'exploitation, on fait le total des recettes et celui des dépenses, puis on en fait la différence ; le résultat obtenu doit être égal à la somme en caisse, faute de quoi il y aurait une erreur dans les calculs ou dans les écritures, erreur qu'il serait nécessaire de trouver. La disposition du Livre de Caisse est ordinairement la suivante :

LIVRE DE CAISSE			RECETTES		DÉPENSES	
Xbre	1	Espèces en caisse	1512	10		
»	8	Reçu de Dumont pour blé	113	40		
»	20	Payé à Richard pour engrais . . .			850	»
»	25	Reçu de Dumont pour un bœuf . .	1000	»		
»	28	Reçu de Durand, à compte	500			
»	31	Payé pour dépenses de ménage . .			150	40
		Balance			2125	10
		Total	3125	50	3125	50
Janv.	1	Espèces en caisse	2125	50		

On ne peut inscrire dans les livres de compte toutes les menues dépenses exigées quotidiennement par l'entretien du ménage. Ces dépenses sont notées au fur et à mesure dans un petit carnet appelé *Livre de ménage*, et leur total est porté au Journal et au Livre de Caisse à la fin de chaque mois ou de chaque semaine.

Qu'est-ce que le Grand Livre?

458. Le **Grand Livre** ou *Livre des comptes particuliers* est celui où l'agriculteur tient les comptes de toutes les personnes avec lesquelles il fait des opérations à crédit. Sa disposition est semblable à celle du Livre de Caisse, comme le montre l'exemple suivant :

COMPTE DE DURAND, boucher			DÉBIT		CRÉDIT	
Xbre	10	Livré un bœuf. . . . . . ;	800	»		
»	18	Reçu viande pour le ménage.			25	40
»	20	Livré 4 moutons à 40 fr. l'un	160	»		
»	25	— un veau de 80 kg à 1 fr. le kg	80	»		
»	28	Reçu en espèces, à compte.			500	»
		Balance.			514	60
		Total.	1040	»	1040	00
Janv.	1	Débiteur à nouveau	514	60		

Qu'est-ce que le Livre des inventaires?

459. Le **Livre des inventaires** est celui où l'agriculteur établit, à la fin de chaque année et aussi exactement que possible, la situation de sa fortune ou au moins celle des capitaux consacrés à son entreprise. La comparaison de deux de ces situations faites à un an d'intervalle lui indique les bénéfices réalisés ou les pertes éprouvées pendant ce temps.

1) L'état qui exprime la situation de fortune de l'agriculteur porte le nom d'*inventaire*. Pour l'établir, il écrit du côté gauche du livre, nommé **actif**, le montant de *tout ce qu'il possède* et de *tout ce qui lui est dû* (1), et au côté droit, appelé **passif**, il porte *tout ce qu'il doit* à ses créanciers, prêteurs ou fournisseurs. Il fait ensuite le total des sommes de l'actif, puis le total de celles du passif; la différence de ces deux totaux lui donne son *avoir* ou son **capital**. Voici un modèle d'inventaire :

Inventaire du 31 décembre 1897.

ACTIF			PASSIF		
Espèces en caisse . . .	3.125	50	Dû à Laurent	320	
Mobilier de ménage . .	2.300		Dû à Julien.	350	
Mobilier agricole . .	2.800		Dû aux fournisseurs. .	250	
Bétail	5.400		Dû pour ferme	1.150	
Récoltes et provisions .	1.000				
Créances diverses . . .	1 740		Balance . . .	14.295	50
Total	16.365	50	Total . .	16.365	50

Cet inventaire indique un capital actuel de 14.295 fr. 50, car l'actif surpasse le passif de cette même somme.

Les registres précédemment indiqués sont-ils les seuls employés dans la comptabilité agricole?

460. Non, dans les grandes entreprises agricoles, on tient encore plusieurs autres registres qui renseignent d'une manière plus précise sur le résultat des différentes cultures.

---

(1) L'actif de l'inventaire se compose : 1° des *espèces en caisse;* 2° du *mobilier de ménage :* meubles, effets, linge, etc., du cultivateur et de sa famille, estimés non d'après le prix d'achat, mais d'après leur valeur actuelle; 3° du *mobilier agricole :* voitures, instruments aratoires, mobilier d'écurie, etc , évalués à leur valeur actuelle; 4° du *bétail :* chevaux, vaches, porcs, etc., estimés à leur valeur réelle; 5° des *récoltes* et des *provisions :* foin, paille, blé, comestibles, engrais, etc., comptés au cours du jour de l'inventaire; 6° des *créances.*

Ainsi, on peut avoir un registre spécial pour chacun des articles suivants : *bétail, laiterie, basse-cour, vignes, terres à blé, prairies*, etc. Ces registres se tiennent comme le Livre de Caisse, c'est-à-dire que l'on porte dans une colonne spéciale toutes les dépenses occasionnées par l'exploitation qu'ils représentent, et, dans une autre colonne, tous les produits que l'on retire de cette exploitation ; la différence des totaux de ces deux colonnes donne le bénéfice ou la perte.

V. — NOTIONS DE DROIT RURAL

Qu'est-ce que le droit rural?

461. Le **droit rural** est la partie du Code civil qui règle ce qui concerne les champs et ce qui s'y rattache.

Pour donner une connaissance complète de notre législation rurale, il faudrait un traité spécial ; nous nous bornerons donc à indiquer d'une manière très sommaire les notions de droit rural se rapportant au sol ou s'y rattachant, et les principales lois concernant les animaux domestiques.

Indiquez quelques notions de droit rural se rapportant au sol.

452. Parmi les notions de droit rural se rapportant au sol, on peut citer, comme plus essentielles, celles qui concernent l'*échange des immeubles ruraux*, les *eaux*, le *droit de bornage* et le *droit de passage*.

1) **L'échange des immeubles ruraux** a été considérablement facilité par la loi du *3 novembre 1884*, laquelle a eu pour but de contribuer à la reconstitution des domaines morcelés par des partages successifs. D'après cette loi, le droit à percevoir pour les échanges d'immeubles a été réduit à *20 centimes par 100 francs*, pour tout droit proportionnel d'enregistrement et de transcription, lorsque les immeubles échangés sont dans la même commune ou dans des communes limitrophes.

2) Pour les **eaux**, le droit rural règle ce qui concerne : 1° les *servitudes ;* 2° les *sources ;* 3° les *irrigations ;* 4° les *drainages*.

1° *Servitudes.* — Les sols inférieurs sont assujettis à recevoir les eaux qui découlent naturellement des sols supérieurs. Le propriétaire inférieur ne peut empêcher cet écoulement et le propriétaire supérieur ne peut rien faire qui aggrave la servitude auquel le fonds inférieur est assujetti, sauf en cas de danger imminent d'inondation.

2° *Sources.* — Le propriétaire qui a une source dans son fonds peut en user à sa volonté, sauf le droit que le propriétaire du fonds inférieur pourrait avoir acquis par titre ou par prescription (1); il ne peut changer le cours de cette source lorsqu'elle fournit aux habitants d'une commune, d'un village ou d'un hameau l'eau qui leur est nécessaire; mais si les habitants n'en ont pas acquis ou prescrit l'usage, le propriétaire peut réclamer une indemnité.

3° *Irrigations.* — Tout propriétaire dont le sol borde une eau courante n'appartenant pas au domaine public peut s'en servir à son passage, pour l'irrigation de ses propriétés; celui dont cette eau traverse l'héritage peut même en user dans l'intervalle qu'elle y parcourt, mais à la charge de la rendre, à la sortie de ses fonds, à son cours ordinaire. Tout propriétaire qui voudra se servir pour l'irrigation de ses propriétés des eaux dont il a le droit de disposer pourra obtenir le passage de ces eaux sur les fonds intermédiaires, mais à la condition d'une juste et préalable indemnité. Il pourra également, à la charge d'une semblable indemnité, obtenir la faculté d'appuyer sur la propriété du riverain opposé les ouvrages d'art nécessaires à la prise d'eau. Sont exceptés de cette double servitude les bâtiments, cours, jardins et enclos attenant aux habitations. Les propriétaires des fonds inférieurs devront recevoir les eaux des terrains ainsi arrosés, sauf, dans le premier cas, l'indemnité qui pourra leur être due.

4° *Drainages.* — Tout propriétaire qui veut assainir son fonds par le drainage ou un autre mode d'assèchement peut, moyennement une juste et préalable indemnité, en conduire les eaux, souterrainement ou à ciel ouvert, à travers les propriétés qui séparent ce fonds d'un cours d'eau ou de tout autre voie d'écoulement. Sont exceptés de cette servitude les maisons, cours, jardins, parcs et enclos attenant aux habitations.

Qu'est-ce que le droit de bornage?

463. Le **droit de bornage** est une conséquence du droit de propriété; aussi, d'après notre législation rurale, tout propriétaire peut obliger son voisin au bornage de leurs propriétés contiguës. Ce bornage se fait à frais communs.

Le bornage peut se faire à *l'amiable* lorsque les voisins sont d'accord et majeurs; il leur suffit de dresser un acte sous seing privé en double, ou d'en faire rédiger le procès-verbal authentique par un notaire. Lorsque les voisins ne peuvent s'entendre, le bornage est fait en *vertu d'un jugement*, par des experts assermentés convenus entre les parties ou nommés d'office par le Juge de Paix.

(1) La prescription, dans ce cas, ne peut s'acquérir que par une jouissance non interrompue pendant l'espace de trente années, à compter du moment où le propriétaire du fonds inférieur a fait terminer des ouvrages apparents destinés à faciliter la chute et le cours de l'eau dans sa propriété.

Que savez-vous sur le droit de passage?

464. Le **droit de passage** a été de nouveau défini par la loi du 20 août 1881. D'après cette loi, tout propriétaire dont les fonds sont enclavés ou qui n'a sur la voie publique aucune issue, ou qu'une issue insuffisante pour l'exploitation de sa propriété, peut réclamer un passage sur les fonds de ses voisins, moyennant une indemnité proportionnée aux dommages qu'il peut occasionner.

1) Le passage doit être régulièrement pris du côté où le trajet du champ enclavé à la voie publique est le plus court; néanmoins, il doit être fixé de préférence du côté où il cause le moins de dommages aux fonds voisins. Si l'enclave résulte de la division d'une propriété par suite d'une vente, d'un échange, d'un partage ou de tout autre contrat, le passage ne peut être demandé que sur les terrains qui ont fait l'objet de ces actes.

2) Les **chemins** et **sentiers** d'exploitation, c'est-à-dire ceux qui servent exclusivement à la communication entre divers héritages ou à leur exploitation, sont, en l'absence de titres, présumés appartenir aux propriétaires riverains, chacun en droit soi; mais l'usage en est commun à tous les intéressés. Tous les propriétaires dont ils desservent les héritages sont tenus, dans la proportion de leur intérêt, aux travaux nécessaires à leur entretien et à leur mise en état de viabilité. Ces chemins et sentiers ne peuvent être supprimés que du consentement de tous ceux qui ont le droit de s'en servir.

Que savez-vous sur la mitoyenneté?

465. Notre ancienne législation sur la **mitoyenneté** a été aussi modifiée par la loi du 20 août 1881. Voici ce que cette loi a de plus important concernant les *murs*, les *fossés* et les *haies*.

1) Tout **mur** séparant deux propriétés est présumé mitoyen, s'il n'y a titre ou marque du contraire. Il y a marque de non-mitoyenneté : 1° lorsque la sommité est droite et à plomb du parement d'un des côtés du mur et présente un plan incliné de l'autre; 2° lorsqu'il n'existe que d'un côté des pierres en saillie destinées à supporter des poutres ou des solives d'un bâtiment construit ou à construire. La construction et les réparations d'un mur mitoyen sont à la charge des copropriétaires; mais chacun d'eux peut se dispenser de cette charge en abandonnant son droit de mitoyenneté, pourvu que ce mur ne soutienne pas un bâtiment qui lui appartienne.

2) Tout **fossé** entre deux héritages est réputé mitoyen, s'il n'y a titre ou marque du contraire. Il y a marque de non-mitoyenneté lorsque le rejet de la terre ne se trouve que d'un côté du fossé, qui est alors censé appartenir exclusivement à celui des voisins du côté duquel se trouve le rejet. Le fossé mitoyen doit être entretenu par les copropriétaires; mais, comme pour les murs mitoyens, chacun d'eux peut se soustraire à cette charge en renonçant à la mitoyenneté, pourvu que le fossé ne serve pas habituellement à l'écoulement des eaux. Tout propriétaire qui veut pour clore sa propriété par un fossé non mitoyen doit laisser de son terrain, en accotement du voisin, une largeur égale à la profondeur qu'il désire donner à ce fossé.

3) Toute **haie** située entre deux propriétés est considérée comme mitoyenne, à moins de titre ou de marque du contraire, ou encore lorsqu'une seulement des deux propriétés est en *état de clôture*. Tous les produits d'une haie mitoyenne appartiennent, par moitié, aux copropriétaires. Les arbres qui se trouvent dans une haie mitoyenne sont mitoyens comme la haie; chacun des copropriétaires a le droit d'exiger que ces arbres soient arrachés. Le copropriétaire d'une haie mitoyenne peut la détruire jusqu'à la limite de sa propriété, mais à la condition de construire un mur sur cette limite; il en est de même pour un fossé qui ne sert qu'à la clôture. Le voisin dont l'héritage est séparé par une clôture non mitoyenne (fossé ou haie) ne peut obliger le propriétaire de cette clôture à lui en vendre la mitoyenneté.

Indiquez quelques-uns des points de notre droit rural concernant les plantations.

466. La partie de notre droit rural concernant les **plantations** a également été modifiée par la loi du 20 août 1881; les articles les plus importants de cette loi peuvent être résumés comme suit :

A moins de règlements particuliers contraires ou d'usages constants reconnus, on ne peut avoir des arbres qu'à la distance de *deux mètres* de la ligne séparative de deux propriétés, si leur hauteur dépasse deux mètres, et à la distance d'*un demi-mètre* pour les autres plantations. Les arbres, arbustes et arbrisseaux de toute espèce peuvent être plantés en espalier de chaque côté d'un mur mitoyen, sans que l'on soit tenu d'observer aucune distance, mais ils ne peuvent dépasser la crête du mur. Si le mur n'est pas mitoyen, le propriétaire seul a le droit d'y appuyer ses espaliers. Le propriétaire sur le fonds duquel avancent les branches des arbres du voisin peut contraindre celui-ci à les couper; si ce sont les racines qui empiètent sur son héritage, il peut les y couper lui-même.

Quelles sont les principales de nos lois concernant les animaux domestiques?

467. Parmi celles de nos lois se rapportant aux **ani-**

maux domestiques, on peut citer, comme les plus importantes, la loi du 2 juillet 1850, dite *loi Grammont*, qui punit les auteurs des mauvais traitements qui peuvent leur être infligés ; la loi du 21 juillet 1881, complétée par le décret du 28 juillet 1888 et la loi du 31 juillet 1895, qui règle ce qui concerne la *police sanitaire des animaux;* la loi du 2 août 1884, modifiée par celle du 31 juillet 1895, concernant les *vices redhibitoires*.

1) D'après la **loi Grammont**, seront punis d'une *amende de 5 à 10 francs* et pourront l'être *d'un à cinq jours de prison* ceux qui auront exercé publiquement et abusivement des mauvais traitements envers les animaux domestiques. La peine de la prison sera toujours appliquée en cas de récidive.

2) La **police sanitaire des animaux** a pour but de prévenir, d'arrêter la propagation des maladies contagieuses et d'éteindre les foyers de contagion, au moyen de mesures spéciales édictées par la loi susdésignée. Les maladies visées par cette loi sont les suivantes : la *peste bovine* (ruminants), la *péripneumonie*, la *fièvre aphteuse* et la *tuberculose* (espèce bovine), la *clavelée* et la *gale* (moutons et chèvres), la *morve*, le *farcin* et la *dourine* (solipèdes), la *rage* et le *charbon* (toutes les espèces), le *rouget* et la *pneumo-entérite* (porc).

Les propriétaires d'animaux atteints de ces maladies sont tenus : 1° de déclarer ces animaux au maire de la commune; 2° de les séparer immédiatement des animaux sains ; 3° de laisser sur place les cadavres jusqu'à ce que le maire en fasse faire l'examen. Des *pénalités* sont infligées aux propriétaires qui ne se conforment pas à cette loi, et des *indemnités* sont allouées à ceux dont les animaux ont été abattus dans le but d'empêcher la contagion.

La vente d'un animal atteint ou soupçonné atteint de maladie contagieuse est interdite, et si la vente a lieu elle est *nulle* de plein droit, soit que le vendeur ait connu ou ignoré la maladie.

3) On appelle **vices redhibitoires** ceux qui annulent la vente ou l'échange d'un animal domestique, lorsqu'ils sont reconnus et constatés dans un délai fixé. Sont réputés vices redhibitoires : 1° Pour le cheval, l'âne et le mulet : l'*immobilité*, l'*emphysème pulmonaire*, le *cornage chronique*, le *tic proprement dit*, avec ou sans usure des dents, les *boiteries anciennes intermittentes*, la *fluxion périodique des yeux*. 2° Pour les porcs : la *ladrerie*.

Les formalités à remplir pour l'acheteur, pour résilier la vente, sont : la *requête* et l'*assignation*, précédée et souvent remplacée par la *citation à l'expertise*. La requête, verbale ou écrite, doit être présentée au juge de paix du lieu où est l'animal, dans les trente jours pour la fluxion périodique, et dans les neuf jours pour les autres cas, sans comprendre celui de la livraison. L'assignation doit être lancée dans les mêmes délais, sauf une prolongation d'un jour par cinq myriamètres de distance entre le lieu où réside le vendeur et celui où est l'animal.

VI. — DE L'ASSOCIATION.

Qu'est-ce que l'Association ?

468. L'**Association** est l'exercice d'un droit naturel ; elle procède de cet esprit de sociabilité qui pousse les hommes à se réunir pour s'entr'aider ; elle est encore le moyen de produire plus et mieux par la communauté des efforts.

Combien y a-t-il de genres d'associations agricoles?

Jusqu'au 21 mars 1884, il n'y en avait réellement que deux : les *Sociétés d'agriculture* ou *d'horticulture*, sortes d'académies plus spécialement chargées d'étudier les produits de la science agricole, et les *Comices*, qui ont principalement pour but d'organiser des concours entre les cultivateurs, pour distribuer des récompenses aux plus méritants. Actuellement, il y a un troisième genre d'association, les **Syndicats agricoles**, groupements professionnels d'agriculteurs et de personnes exerçant une profession connexe, pour la défense de leurs intérêts.

Que faut-il penser de la loi du 21 mars 1884?

469. Cette loi, qui est la première reconnaissance du droit d'association en France, limité il est vrai à la profession, est une loi vraiment libérale, laquelle peut transformer les conditions d'existence des agriculteurs, s'ils savent s'en servir.

Pourquoi dites-vous que cette loi peut produire d'aussi grands effets?

470. Parce que les Syndicats agricoles, en groupant les agriculteurs pour la défense de leurs intérêts, leur donnent le moyen de présenter, avec la force qui résulte du nombre, leurs justes revendications économi-

ques, tant à propos des lois intérieures qu'à l'occasion des tarifs douaniers.

Les Syndicats agricoles, comme les *Sociétés d'agriculture*, étudient les procédés nouveaux de culture; mais, par leur composition et leur mode d'action, ils les répandent bien plus complètement parmi les cultivateurs; comme les *Comices*, ils peuvent organiser des concours, distribuer des récompenses; mais, comprenant que là n'est pas leur but véritable, ils s'appliquent non à récompenser quelques-uns, mais à être utiles à tous, par l'organisation de services matériels.

Quels sont les principaux services matériels rendus aux agriculteurs par les syndicats?

471. C'est d'abord **l'achat** de tous les produits nécessaires à l'exercice de la profession, aux meilleures conditions de qualité et de prix; c'est ensuite la **vente** des produits agricoles aux meilleurs prix possibles; double résultat obtenu par le groupement, lequel permet de grosses transactions plus facilement débattues et plus économiquement surveillées. Les syndicats utilisant la *Coopération* et la *Mutualité*, dont ils ont appris l'usage aux cultivateurs, organisent, dans les campagnes, le *Crédit*, la *Prévoyance* et l'*Assistance*.

Qu'est-ce donc que la coopération?

472. La **Coopération** peut se définir : *une association où tous travaillent pour un et chacun pour tous*, puisque l'économie obtenue par le groupement de tous est répartie à chacun individuellement au *prorata* de son concours. Il y a des Coopératives de *production*, de *consommation*, de *production* et de *consommation*, de *crédit*.

Les Syndicats agricoles, si la loi de 1884 ne leur avait donné une personnalité spéciale, ressembleraient fort à des Coopératives réunissant tous ces genres; c'est pourtant une confusion qu'il faut se garder de faire; en effet, le syndicat ne répartit pas individuellement les économies obtenues par l'association, puisque celles-ci restent la propriété de tous, sans *prorata*.

Quel est l'objet des Coopératives de production?

473. Procurer aux membres de l'association les matières premières nécessaires à l'exercice de leur profession, en vue d'en diminuer le prix de revient, puis parfois de

mettre le travail en commun pour en augmenter et améliorer le produit, et enfin de grouper les produits pour les mieux vendre.

Quel est l'objet des Coopératives de consommation?

474. Acquérir en commun, pour se les répartir, tous les objets nécessaires à la vie afin d'en diminuer le coût.

Quelles sont les Coopératives de production et de consommation?

475. Leur nom l'indique, ce sont celles qui ont en vue l'un et l'autre de ces deux objets : production et consommation; telles sont notamment les *Coopératives agricoles.*

Quel est l'objet des Coopératives de crédit?

476. Procurer à leurs membres, par le groupement, le crédit dont ils ont besoin, crédits qu'isolés ils n'obtiendraient parfois que fort difficilement, bien que le méritant individuellement.

1) Parmi ces associations, les Caisses rurales dites Raiffeisen, à responsabilité illimitée et solidaire entre tous les adhérents, ont rapidement pris un très grand développement, ce qui s'explique par la simplicité de leur fondation et de leur fonctionnement; de plus, c'est évidemment au sein des populations rurales les plus pauvres que la *responsabilité illimitée* et *solidaire* peut rendre le plus de services et rencontrer le moins d'objections.

2) Pour les régions où cette responsabilité absolue n'est que difficilement acceptée, il existe depuis 1894 une loi spéciale, qui, faite en vue des Syndicats agricoles, permet à leurs membres de constituer entre eux des sociétés à responsabilité *limitée* et *non solidaire.*

Qu'est-ce que la Mutualité?

477. La **Mutualité**, comme son nom l'indique, c'est l'aide réciproque que se doivent les membres d'une association. Cette aide se donne sous deux formes différentes qui sont : la *Prévoyance* et l'*Assistance.*

Dites en quoi consiste la Prévoyance?

478. La **Prévoyance** consiste à se garantir contre les nécessités et les accidents plus ou moins probables de

l'avenir, en s'imposant de légers sacrifices dans le présent. On peut arriver à ce résultat de deux façons principales :

1° Par le versement mensuel ou annuel d'une certaine somme appelée *cotisation*, soit à une *Caisse de secours mutuels*, en vue d'obtenir sûrement des secours en cas de maladies, d'accidents, de chômage, etc., soit à une *Caisse de retraite pour la vieillesse*, en vue de s'assurer une rente pour les vieux jours ;

2° Par des versements déterminés appelés *primes*, faits à une *compagnie d'assurances*, mutuelle ou non, en vue de s'assurer une compensation en cas de maladies, d'accidents corporels, de mort, d'incendie, de perte de bestiaux, etc.

Les Syndicats agricoles peuvent-ils organiser ou faciliter la Prévoyance sous ces différentes formes?

479. Les Syndicats agricoles sont merveilleusement aptes à organiser des sociétés de secours mutuels ou de retraites pour la vieillesse sans qu'il soit besoin pour cela d'autorisation spéciale, la loi de 1884 leur en ayant donné la faculté.

1) Ils peuvent aussi ouvrir entre leurs membres, ou entre un certain nombre de leurs membres, des comptes spéciaux de prévoyance, en vue de se garantir de tels ou tels risques, comme la mortalité de leurs bestiaux, sans qu'il soit besoin pour cela de constituer des sociétés distinctes.

2) Ils peuvent également obtenir des Compagnies d'assurances des avantages spéciaux en faveur de leurs membres, au double point de vue de la prime à payer et des conditions générales des polices.

3) Enfin, ils peuvent faire naître à côté d'eux des Compagnies d'assurances mutuelles proprement dites, limitées ou non à leurs seuls adhérents.

Qu'entendez-vous par Assistance?

480. L'**Assistance** est la dernière forme de l'aide dans la mutualité, mais, à l'opposé de la *Prévoyance*, elle ne constitue pas un droit strict et défini, car elle ne résulte d'aucun versement spécial.

1) L'assistance se donne à l'associé malade, infirme, vieux, ou momentanément frappé d'un sinistre. L'assistance par l'association professionnelle n'a rien d'humiliant pour celui qui en bénéficie, car elle est un des plus beaux bienfaits de l'association.

2) L'assistance se peut donner en travail exécuté pour le compte de l'associé malade, en remèdes ou visites de médecin, en secours en argent, enfin en pensions pour les orphelins, en retraites pour les vieillards, afin de conserver les uns et les autres aux champs.

3) C'est l'association professionnelle libre, ce sont les Syndicats agricoles, qui seuls peuvent organiser pratiquement et économiquement l'assistance dans les campagnes.

Savez-vous s'il y a de nombreux Syndicats agricoles?

481. Le 31 octobre 1897, à la suite d'un concours organisé dans toute la France, à la séance de distribution des récompenses présidée par le Président du Conseil des Ministres, à Paris, leur nombre était fixé à 1.700 déjà, mais ce nombre s'accroît très rapidement; bientôt ces utiles associations, dont tous les agriculteurs doivent faire partie, couvriront le sol de la France entière, ce sol qu'avec l'aide de Dieu ils rendront plus productif; puis, groupant, dans leurs associations mixtes, ouvriers et propriétaires, ils leur apprendront à s'aimer en se connaissant et contribueront ainsi à l'apaisement social et à la grandeur de la Patrie.

TABLE DES MATIÈRES

PREMIÈRE PARTIE

DEUXIÈME PARTIE

Lyon. — Imprimerie Emmanuel VITTE, rue de la Quarantaine, 18.

www.ingramcontent.com/pod-product-compliance
Ingram Content Group UK Ltd.
Pitfield, Milton Keynes, MK11 3LW, UK
UKHW020313230726
13925UKWH00002B/388

9 782013 672948